Heidi Gehrig

Individualisierende Gemeinschaftsschule

Demokratie und Menschenrechte leben und lernen.

Zwölf Impulse

Impressum

Heidi Gehrig

Individualisierende Gemeinschaftsschule
Demokratie und Menschenrechte leben und lernen.
Zwölf Impulse

In der Reihe «Impulse zur Unterrichtsentwicklung»

Lektorat: Christian Graf, Bern
Gestaltung: Magma Branding, Bern und St. Gallen
Titelbild: Jürg Zürcher, St. Gallen
Bilder: Zur Verfügung gestellt.

Das Werk und seine Teile sind urheberrechtlich geschützt. Jede Verwertung in anderen als den gesetzlich zugelassenen Fällen bedarf der vorherigen schriftlichen Einwilligung des Verlages.

Nicht in allen Fällen war es dem Verlag möglich, den Rechteinhaber ausfindig zu machen. Berechtigte Ansprüche werden im Rahmen der üblichen Vereinbarungen abgegolten.

schulverlag plus

© 2018 Schulverlag plus AG
1. Auflage 2018

Art.-Nr. 88588
ISBN 978-3-292-00842-8

Inhaltsverzeichnis

Dank 4

EINLEITUNG
Kurzporträts der Kontaktschulen 6
Ein Rückblick: Linda – eine 22-jährige Kauffrau blickt auf ihre Schulzeit zurück 8
Ein Einblick: Ein Team setzt sich mit Veränderungsprozessen auseinander 10
Ein Ausblick: Die Individualisierende Gemeinschaftsschule als Schulentwicklungsprojekt 12
Ein Überblick: Zwölf Impulse mit Informationen und Anregungen 14

ZWÖLF IMPULSE
Ziele der Individualisierenden Gemeinschaftsschule
1 Individuum und Gemeinschaft respektieren und stärken 18
2 Demokratie und Menschenrechte leben und lernen 32
3 Anerkennung leben und lernen 44
4 Beteiligung leben und lernen 54
5 Menschenbilder reflektieren und als Lehrpersonen professionell handeln 68
6 Schule öffnen und als Teil der demokratischen Gesellschaft gestalten 82

Umsetzung der Individualisierenden Gemeinschaftsschule
7 Rahmenbedingungen kennen und Freiräume nutzen 98
8 Lehr-, Lern- und Rollenverständnis der Lehrpersonen klären 112
9 Strukturen überprüfen und neu gestalten 126
10 Bausteine für Unterricht und Zusammenleben nutzen 140
11 Individuell und kooperativ lernen 156
12 Schulen demokratiepädagogisch und menschenrechtsorientiert entwickeln 172

Literatur 189

Dank

Diese Publikation basiert auf der gemeinsamen Arbeit mit Edwin Achermann. Dessen Vision von Schule und meine Erinnerungen an unsere Freundschaft und Zusammenarbeit haben mich beim Schreiben immer geleitet und inspiriert. Er hat meinen Weg zur Individualisierenden Gemeinschaftsschule entscheidend geprägt.

Die Publikation wurde von zahlreichen Personen und Institutionen unterstützt und ermöglicht. Ich danke
- meinem Arbeitgeber, der PHSG, für die Zeit, die ich für die Arbeit am Buch einsetzen konnte;
- den Schulleitungen und Lehrpersonen aus den sieben Kontaktschulen, die Beiträge und Fotos zur Verfügung stellten und meine Textvorschläge überprüften:
  Schule Ebersecken (LU): Adrian Vogel, Madeleine Renggli, Judith Studer
  Sekundarschule Erlen (TG): Christoph Huber, Markus Wiedmer
  Mikado-Mehrklassenschule Heimat Buchwald, St. Gallen (SG): Hanspeter Krüsi, Evelyn Fritsche, Alice Gimmi
  Primarschule Heiden (AR): Hans-Peter Hotz, Franziska Bannwart, Rhea Wiederkehr, Bernadette Engler
  Primarschule Schaanwald (FL): Peter Gantenbein, Catherine Lussi
  Primarschule Wyden, Winterthur (ZH): Felix Molteni, Peter Fuchs
  Schule Oberthal (BE): Urs Schürch, Sascha Wüthrich;
- den Kindern, Lehrpersonen und Schulleitungen sowie der Schulsozialarbeiterin aus folgenden Schulen, die einzelne Beiträge im Buch ermöglichten und Unterlagen sowie Fotos zur Verfügung stellten:
  Schule Grub (AR), ehemalige Grundstufe Goldbühl, Primarschule Feld, Wetzikon (ZH), Schule Oberhausen, Opfikon (ZH), Schule Ruopigen, Luzern (LU), Schule Jonschwil-Schwarzenbach (SG), Schule Allee/Prisma, Wil (SG), Oberstufe Sonnenhof, Wil (SG), Primarschule Zumikon (ZH), Schulen Hünenberg (ZG);
- Jürg Sonderegger, PHSG, und Irène Kraus, ehemalige Tandemklassenkollegin aus dem Allee-Schulhaus, für ihre kritische Überprüfung einzelner Texte und für ihre konstruktiven Anregungen;
- Thomas Kirchschläger, Leiter des Zentrums für Menschenrechtsbildung, PHLU, für die vielen interessanten und weiterführenden Gespräche; das Einbringen seiner Kompetenzen und seine Mitarbeit an Texten zur Menschenrechtsbildung haben verschiedene Impulse bereichert;
- Christian Graf vom Schulverlag plus. Seine Unterstützung und Beratung, sein Mitdenken und Mitarbeiten gingen weit über die eigentliche Projektbegleitung und über die Umsetzung des Manuskripts hinaus. Seine Erfahrungen mit Publikationen zur politischen Bildung und sein Wissen zu «Demokratie lernen» waren für die Ausarbeitung dieser Publikation ein Glücksfall.

Heidi Gehrig, Juni 2018

Die Nutzungslizenz ermöglicht den Zugang zu weiterführenden Texten sowie Praxiseinblicken von Schulen. Dieses Zeichen im Buch verweist auf die Unterlagen.

Als Besitzerin oder Besitzer dieses Buches sind Sie berechtigt, die geschützten Downloads herunterzuladen und diese in Ihrem Unterricht zu verwenden. Dazu müssen Sie beim Schulverlag ein Konto (Account) eröffnen und die Lizenznummer in der im Umschlag eingeklebten Nutzungslizenz auf diesem neuen Konto (oder auf einem bereits bestehenden Konto) aktivieren. Informationen zur Accounteröffnung und Freischaltung von Lizenzen erhalten Sie unter: www.schulverlag.ch/faq.

EINLEITUNG

Kurzporträts der Kontaktschulen

Ein Rückblick
Linda – eine 22-jährige Kauffrau blickt auf ihre Schulzeit zurück

Ein Einblick
Ein Team setzt sich mit Veränderungsprozessen auseinander

Ein Ausblick
Die Individualisierende Gemeinschaftsschule
als Schulentwicklungsprojekt

Ein Überblick
Zwölf Impulse mit Informationen und Anregungen

Die Individualisierende Gemeinschaftsschule (Achermann & Gehrig, 2011) ist eine Schule für alle, mit allen und von allen. Sie ist ein Erfahrungs- und Lernfeld für den Aufbau von Kompetenzen, welche die Kinder und Jugendlichen brauchen, um ihr Leben für sich und für ihr Zusammenleben in Gemeinschaften erfolgreich gestalten zu können.[1]
Der Umgang mit Spannungsfeldern prägt die Erziehung und Beziehungsgestaltung. Einerseits soll dem Individuum eine grösstmögliche Entfaltung der persönlichen Neigungen und Fähigkeiten ermöglicht werden, andererseits sind die Menschen soziale Wesen und als solche Teil einer Gemeinschaft. Die Schule hat als gesellschaftliche Institution ganz zentral einen Sozialisationsauftrag. Dieser muss sich in einer demokratischen Gesellschaft an den Kinderrechten orientieren. Die Schule muss klären, wie Kinder und Jugendliche auf eine demokratische Gesellschaft vorbereitet werden können, wie Bildung in einer demokratiefördernden Schule aussehen kann. Im Zeitalter von Digitalisierung und beschleunigtem Wandel sorgt sie für eine angemessene Entschleunigung und für die Förderung der zunehmend gefragten Selbst- und Sozialkompetenzen.
Das Individuum soll seine Bedürfnisse und Interessen in die Gemeinschaft einbringen können. Diese müssen aber in demokratischen Prozessen mit dem Gemeinschaftsinteresse abgestimmt und in Einklang gebracht werden.
Die Individualisierende Gemeinschaftsschule birgt grosses Bildungspotenzial, indem sie das Spannungsfeld zwischen Individuum und Gemeinschaft als demokratiefördernde Bildungschance zu nutzen versucht – nicht nur in Grossprojekten, sondern auch im Kleinen, im schulischen Alltag.

---

[1] In Deutschland versteht man unter dem Begriff Gemeinschaftsschule den strukturellen Zusammenschluss von Klassen, in denen sowohl leistungsschwache als auch leistungsstarke Kinder und Jugendliche vom 1. bis zum 10. Schuljahr (ohne Selektion nach dem 4. Grundschuljahr) gemeinsam unterrichtet werden.

Kurzporträts der Kontaktschulen

Primarschule Heiden (AR)

Das Primarschulhaus Dorf im Zentrum von Heiden strahlt den Charme seiner über 100 Jahre aus und wird demnächst zeitgemäss renoviert. Kindergarten und Primarstufe sind seit dem Schuljahr 2015/16 in einem altersdurchmischten Modell organisiert (6 Basisstufenklassen). Im Anschluss haben wir mit den Jahrgangsklassen 3 und 4 wie auch mit den Jahrgangsklassen 5 und 6 altersdurchmischte Doppelklassen gebildet. Das Konzept «Schule Plus» schliesslich bietet umfassende Blockzeiten und ein ganzheitliches Betreuungsangebot von 7.30 Uhr bis 18 Uhr, an fünf Tagen der Woche und auch in den Schulferien.

Eine Schule in einer Demokratie ist eine demokratische Schule; Verantwortung, Solidarität und Gemeinschaft sollen gelebt werden. Demokratielernen wird in beiden Primarschulhäusern gezielt gefördert: Im Schulhaus Dorf in einer «Just Community» mit Friedensrat, im Schulhaus Wies durch eine Schülerkonferenz mit «Peace-Makern».

Primarschule Ebersecken (LU)

Ebersecken ist eine kleine, ländliche Schule im Nordwesten des Kantons Luzern. Sie besteht aus einer Basisstufe und einer 3. bis 6. Klasse.

Die rund 50 Lernenden werden von acht Lehrpersonen unterrichtet.

Die Schule Ebersecken ist auf dem Weg zu einer Individualisierenden Gemeinschaftsschule. Dies bedeutet, dass sowohl dem individualisierenden Unterricht wie auch den partizipativen Strukturen und dem Leben in einer Gemeinschaft gleichermassen Rechnung getragen wird. Mitbestimmung ist an der Schule Ebersecken keine Floskel, sondern Programm. Hier wird Partizipation gelebt.

Die Lehrpersonen zeigen eine sehr hohe Identifikation mit der Schule und ihren Werten. Die gemeinsame Haltung und die von allen getragene Förderphilosophie bildet das Fundament für eine Schule für die Kinder.

Sekundarschule Erlen (TG)

Die Schule Erlen umfasst ca. 580 Schülerinnen und Schüler aus den Ortschaften Erlen, Engishofen, Ennetach, Kümmertshausen und Riedt der politischen Gemeinde Erlen sowie Andwil und Buch aus der politischen Gemeinde Birwinken.

Als Volksschulgemeinde bietet sie alle Stufen der obligatorischen Schulzeit an, vom Kindergarten über die Primarschule (1. bis 3. und 4. bis 6. Klasse mit Altersdurchmischtem Lernen) bis zur Sekundarschule. Die Schule legt Wert auf individualisierende Unterrichtsformen und auf Gemeinschaftsorientierung auf allen Stufen, welche die Schülerinnen und Schüler ins Zentrum stellen.

Eine sportliche Besonderheit ist die «swiss unihockey Schule» Erlen auf der Sekundarstufe. Hier lernen und trainieren Schülerinnen und Schüler aus dem ganzen Kanton und darüber hinaus.

Primarschule Wyden, Winterthur (ZH)

Im Sommer 2011 wurde im Zuge grosser Bautätigkeiten und im Hinblick auf die zu erwartende Bevölkerungszunahme das Schulhaus Wyden beim Bahnhof Winterthur-Wülflingen als Entlastungsstandort zum Schulhaus Langwiesen eröffnet. Während im Schulhaus Langwiesen jeweils Kinder des gleichen Jahrgangs einer Klasse zugeteilt sind, kommt im Schulhaus Wyden Altersdurchmischtes Lernen (AdL) zur Anwendung. Nebst 3 Kindergarten-Abteilungen werden im Schulhaus Wyden 4 Unterstufenklassen (1. bis 3. Klasse) und 4 Mittelstufenklassen (4. bis 6. Klasse) mit insgesamt ca. 220 Kindern geführt. Den Entscheid, am Standort Wyden eine AdL-Schule einzurichten, fällte die Schulpflege bereits vor der Einweihung des Schulhauses. Wyden arbeitet mit Morgenkreis, Klassenrat und Schulversammlungen.

Primarschule Schaanwald (FL)

Die kleine Schule mit 60 Kindern von der 1. bis zur 7. Stufe aus dem Fürstentum Liechtenstein führt zwei Klassen in der Basisstufe sowie eine Mittelstufe. Das innovative Stammteam bilden 8 Lehrpersonen. Dazu kommen verschiedene Fachlehrpersonen. Der Fremdsprachenanteil bei den Schülerinnen und Schülern beträgt ca. 40 Prozent. Seit 2012/13 wird AdL stufenweise eingeführt und umgesetzt. Dabei ist die Balance zwischen Gemeinschaft und Individualität wichtig. Eine gute Zusammenarbeit ergibt sich im Rahmen des Elternrates.

Mikado-Mehrklassenschule Heimat Buchwald, St. Gallen (SG)

Die in einem sozialen Brennpunkt der Stadt St. Gallen gelegene Schule (im Quartier leben Menschen aus über 70 Nationen) zeichnet sich durch eine überdurchschnittliche kulturelle Vielfalt aus. Ungefähr 70 Prozent der Schulkinder sind fremdsprachig.
In zwei Schulhäusern und in fünf Kindergärten leben und lernen 342 Kinder (6 Klassen 1. bis 3., 6 Klassen 4. bis 6., 1 Kleinklasse 3. bis 6.) und 30 bis 35 Lehrpersonen, 1 leitender Hauswart mit Personal sowie Mitarbeitende des Hortes.

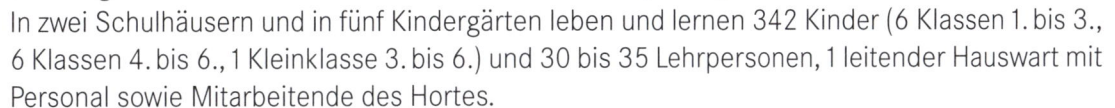

Heimat

Die besondere Situation der Schule führte zur Frage: Welche Schule brauchen unsere Schülerinnen und Schüler? Seit August 2010 ist die Schule auf dem Weg zu einer Individualisierenden Gemeinschaftsschule mit AdL.

Buchwald

Schule Oberthal (BE)

Die Primar- und Realschule Oberthal ist dreiteilig (1. bis 3. Klasse, 4. bis 6. Klasse und 7. bis 9. Klasse). Gegenwärtig werden 54 Schülerinnen und Schüler von der 1. bis zur 9. Klasse und 12 Kindergartenkinder unterrichtet. Seit dem Schuljahr 2008/09 führt die Schule Oberthal eine eigene Tagesschule.

Ein Rückblick
Linda – eine 22-jährige Kauffrau blickt auf ihre Schulzeit zurück

«Ich bin 22 Jahre alt, arbeite als Kauffrau in einer grossen Firma und habe im Herbst 2017 die Ausbildung als Berufsbildnerin abgeschlossen. Nach der Primarschule besuchte ich die Realschule. Meine Stärken lagen und liegen heute noch im Umgang mit Menschen. Zuhören, mitdenken und mitreden machte ich schon in der Primarschule gerne. Ende Volksschule wusste ich, dass ich unbedingt einen Beruf lernen möchte, in dem ich mit Menschen zusammenarbeiten kann. Während der KV-Lehre arbeitete ich auch in der Personalabteilung und war am Rekrutierungsprozess der zukünftigen Lernenden beteiligt. Die Arbeit und die Kontakte mit den Jugendlichen gefielen mir sehr gut. Deshalb machte ich auch noch die Ausbildung als Berufsbildnerin.

Ich wollte schon immer Sprachen lernen, doch meine Eltern empfahlen mir, zuerst eine Ausbildung zu machen. Jetzt kann ich diesem Traum nachgehen. Ich lege monatlich Geld zur Seite, damit ich in Paris und in New York Sprachschulen besuchen kann. Mir ist wichtig, dass ich diese Schulen ohne die finanzielle Hilfe meiner Eltern besuchen kann.

Was bedeutet Demokratie? Ist es einfach eine Staatsform? Demokratie ist mehr als das. Demokratie kennt kein Geschlecht, keine Herkunft, keine Religion, kein Alter. Demokratie ist Freiheit und Unabhängigkeit. Das Privileg, in einer Demokratie zu leben, ist keine Selbstverständlichkeit. Ich kenne das aus eigener Erfahrung. Ich wuchs in einer traditionellen albanischen Familie auf. Meine Eltern sind Kosovaren. Sie kamen als Jugendliche in die Schweiz. Ich wuchs hier in verschiedenen Kulturen auf, zum einen in der albanischen, zum anderen in der schweizerischen, aber in meinem Umfeld war ich mit Kindern aus verschiedenen Ländern zusammen.

Demokratie ist für mich wie ein Puzzle, in dem sich alles zusammenfügt. Demokratie bedeutet, zuzuhören, eine eigene Meinung zu haben und sie auch sagen zu dürfen, miteinander zu diskutieren, gemeinsam stark zu sein. Sie bedeutet Unabhängigkeit. Ich genoss meine Kindheit und Jugend in der demokratischen Schweiz. Für ein Kind, dessen Eltern nicht Schweizer sind, bedeutet Demokratie mehr als ein Wort. Mein Vater sagte zu mir: «Lerne, andere Meinungen zu akzeptieren. Du darfst nicht vergessen, dass es nicht überall auf der Welt Gerechtigkeit und Freiheit gibt.» Für mich ist die Demokratie ein Geschenk. Ich hatte das Privileg, Demokratie beziehungsweise das demokratische Denken sehr früh, schon in der Primarschule zu lernen. Wir alle hatten unsere Freiheiten. Das mag für den einen oder anderen sehr absurd klingen. Wie kann ein zehnjähriges Mädchen in der Schule Meinungsfreiheit haben?

In der Primarschule hatten wir zum Beispiel Vollversammlungen und diskutierten im Klassenzimmer über Dilemmageschichten. Die Vollversammlung hiess bei uns PVV (Prisma-Vollversammlung). Die knapp 200 Kinder waren in 20 Farbgruppen eingeteilt. Alle trugen einen einfarbigen Button, damit schon die Kleinen wussten, zu welcher Gruppe sie gehören. Wir diskutierten zum Beispiel über die Gestaltung des neuen Spielplatzes oder ob mit dem Kickboard zur Schule zu fahren erlaubt wird. Nach einer PVV stellten wir grosse Abfalleimer für den Pausenplatz her. Wir Kinder entsorgten den Abfall fast immer in den kleinen Kübel, aber die Grossen (die Bewohner und Bewohnerinnen von Wil), die am Abend auf dem Pausenplatz waren, liessen den Abfall einfach auf dem Boden oder auf dem Tischtennistisch liegen. Auch solche Probleme wurden an der PVV diskutiert, und es wurde gemeinsam nach einer Lösung gesucht.
Als Leiterin der Vollversammlungsgruppe nahm ich auch an den Kinderkonferenzen der Kinderlobby Schweiz teil.

Linda (rechts) an der Kinderkonferenz 2007 in Trogen

In der Mittelstufe gefielen mir die Dilemma-Diskussionen am besten. Die Geschichten waren auf unser Alter abgestimmt. Jeder und jede hatte eine eigene Meinung. Wir sprachen darüber, ob etwas gerecht oder ungerecht ist. Es gab kein Richtig oder Falsch. Auch wenn meine beste Freundin anderer Meinung war, äusserte ich meine ohne schlechtes Gewissen. Wir lernten, dass die Meinungen der anderen nicht falsch, sondern lediglich anders waren. Ich lernte mitzureden, mitzuentscheiden, mitzustimmen, zuzuhören, zu akzeptieren, mich hineinzuversetzen, «über den Tellerrand zu schauen», vorzubereiten, zu planen, umzusetzen, zu informieren, zu gestalten, zu kreieren und aufzubereiten.
Während dieser Zeit hatte ich Freude, Spass, übernahm Verantwortung für mich und für andere, lernte Selbstdisziplin und das Verstehen anderer. So entdeckte ich schon früh mein Interesse an der Demokratie.

Während der drei Jahre in der Oberstufe vertrat ich meine Klasse im Schülerrat. Im letzten Oberstufenjahr wählte mich die Schulgemeinschaft zur Präsidentin. Im Schuljahr 2011/12 führten wir mit der ganzen Oberstufe das Stadtprojekt Saliente durch. Ich wurde als «Stadtpräsidentin» gewählt. Das war eine sehr spannende Aufgabe. Mein Interesse an Demokratie und Mitbestimmen hatte auch in der Oberstufe wieder Platz.

Linda als «Stadtpräsidentin» im Stadtprojekt Saliente 2012

Unsere Familie fuhr jeden Sommer in den Kosovo. Ich habe meinen Verwandten von den Dilemma-Diskussionen und vom Schülerrat berichtet. Für sie war das alles neu und interessant. Ich ging auch einmal mit in den Unterricht. Der war sehr streng. Sie hatten klare Regeln und wenig Freiraum. Die eigene Meinung zählte kaum. Da begriff ich, welches Glück ich und andere Schüler und Schülerinnen doch eigentlich hatten. Ich konnte zum Beispiel meine Hausaufgaben selbst bestimmen. Ich wusste, dass ich 30 Minuten arbeiten musste. Mir kam es nie in den Sinn, weniger Hausaufgaben mitzunehmen oder weniger als 30 Minuten zu arbeiten.
Meine Cousine konnte nicht wählen, jede Hausaufgabe wurde vorgegeben und streng kontrolliert. Ich erlebte das selbst erst in der Oberstufe. Die Lehrpersonen gaben die gleichen Hausaufgaben, gleich viel und die gleichen Inhalte. Das war für mich eine Umstellung. Ich musste zuerst lernen, dass Gleichaltrige alle das Gleiche machen. Alle mussten gleich schnell sein, weil alle in der gleichen Stunde die Prüfung machen mussten. Als ich das meinem Arbeitskollegen, der einige Jahre älter ist, erzählte, sagte er: «Das ist doch normal, dass Gleichaltrige das Gleiche machen und die gleichen Hausaufgaben haben.» Irgendwann habe ich mich dann daran gewöhnt. Dabei half es mir, dass ich der Primarschule gelernt hatte, selbstständig zu arbeiten, selbst zu planen, wann ich was lerne.

Vor meiner Volljährigkeit wurde ich Schweizer Bürgerin. Ich freute mich auf die Möglichkeit, an Abstimmungen und Wahlen teilzunehmen, denn ich interessiere mich für alles, was in der Schweiz geschieht. Jetzt kann ich auch auf politischer Ebene mitbestimmen. Wenn ich zu den Unterlagen Fragen habe, schaue ich im Internet nach oder frage Kolleginnen und Kollegen. Ich bin in keiner Partei, aber es interessiert mich, was die Parteien zu den Themen sagen. Ich kann all das, was ich in der Primar- und Oberstufe gelernt habe, nutzen. Demokratie bedeutet für mich auch die Freiheit, eigene Ideen zu haben und entscheiden zu können, ob man mitreden will.

Ein Einblick
Ein Team setzt sich mit Veränderungsprozessen auseinander

Am 13. Dezember 2017 durfte die Hünenberger Delegation den Schweizer Schulpreis (CHF 20 000) entgegennehmen. Vladimir Petkovic, Trainer der Fussballnationalmannschaft, übergab den Preis und erklärte in seiner Laudatio: «Die Schulen Hünenberg erhalten den Schulpreis für eine sorgfältig erarbeitete und ausgezeichnete Umsetzung eines Changemanagement-Prozesses, der für viele andere Schulen, die sich auf den Weg machen wollen, Vorbild und Beispiel sein kann.»

Die Schulen Hünenberg bestehen aus vier Primar-Schuleinheiten und der Oberstufe Sek I. Die Primarschulen erhielten den Preis
- für den Mut, ein funktionierendes Schulsystem zugunsten einer neuen pädagogischen Haltung, dem Altersdurchmischten Lernen, komplett zu verändern,
- für die Innovation, die Unterschiedlichkeit der Schülerinnen und Schüler als positive Aufgabe anzunehmen und damit die eigene Haltung zu verändern,
- für die Bereitschaft, Widerständen Raum und Zeit zu geben und gemeinsam daran zu wachsen
- und für die Vision einer Individualisierenden Gemeinschaftsschule.

Bilder: Homepage Schulen Hünenberg, Preisverleihung

Im Besuchsbericht der Jury vom 2./3. Oktober 2017 heisst es unter dem Titel «Leistung» u. a.: «Der Kern der Schulentwicklung von Hünenberg bildete und bildet die Umstellung der ganzen Schule auf Altersdurchmischtes Lernen. Dabei orientiert man sich am Konzept der Individualisierenden Gemeinschaftsschule (vgl. Achermann & Gehrig, 2011). Für die Umstellung wurde von Beginn weg eine lange Entwicklungszeit vorgesehen (ca. 10 Jahre). Die Umstellung wurde trotz erheblicher Ängste und Widerstand in der Bevölkerung durchgezogen. Hilfreich waren dabei der klare Wille und die Standhaftigkeit der Schulleitung und der Schulbehörde sowie eine intensive und sorgfältige Vorbereitung.
Diese Sorgfalt zeigt sich auch im Umsetzungsprozess. Es wurden Schwerpunkte gesetzt (z. B. anfangs Arbeiten im Klassenkreis, später bei der Freiarbeit, der Beteiligung der Schülerinnen und Schüler). Diese Fokussierung auf gemeinsame Entwicklungsbereiche bewirkten intensive Auseinandersetzungen in den Teams der Lehrpersonen. Innerhalb von vorgegebenen Bandbreiten konnten aber die einzelnen Schulhäuser und Teams der Lehrpersonen eigene Schwerpunkte setzen, sodass sie sich mit dem Inhalt identifizieren und eigene Initiativen entwickeln konnten. Eine kontinuierliche Reflexion der Erfahrungen und regelmässige systematische Evaluationen begleiteten den Prozess und unterstützten ein kollektives Gefühl, auf dem richtigen Weg zu sein.»

Ausgehend von gemeinsamen Jahreszielen formuliert jede Schuleinheit ihre Perspektiven und leitet daraus ihr Motto ab. Diese geben einen Einblick in die Entwicklungsschritte/Schuljahr 2017/18:

Ehret A Matten «kunterbunt und ehretstark!» – «Prima Klima»
- Wir konsolidieren unser Erfahrungswissen aus dem AdL-Prozess (demokratisches Lernen, Beurteilen und Fördern, soziales Lernen) und verknüpfen es mit dem Lehrplan 21.

Eichmatt «Eichmatt Mit Munter»
- Das forschende Lernen ist ein Bestandteil des Unterrichts.
- Wir geben den Kindern die Möglichkeit mitzugestalten.
- Wir beteiligen die Kinder bei der Auswahl von Projektthemen und Unterrichtsinhalten.

Kemmatten «CHeese! – Idee Kemmatten»
- Demokratie lernen
  «Idee Kemmatten»: Schülerräte und -parlament sowie Peacemaker sind wichtige Formen der Mitbestimmung.
- Freiräume schaffen
  Mit dem Fach «Freie Tätigkeit» fördern und fordern wir Selbstständigkeit und Mitbestimmung.

Rony «Reisend unterwegs»
- Wir lernen und leben Demokratie:
  Rücksichtnahme, Achtsamkeit, Wertschätzung sowie Gelassenheit begleiten uns im Alltag und im Umgang mit Neuem.
- Wir geben der «Freien Tätigkeit» Raum, Zeit und Struktur.

Oberstufe Sek I «Zäme sind mier stark!»
- Grundlagen der Unterrichtsqualität
- Selbstreguliertes Lernen fördern
- Auseinandersetzung mit Kompetenzorientierung

Anmerkung der Autorin

Als Schulbegleiterin bei der Umstellung vom Jahrgangsklassensystem auf das Mehrklassensystem der Schulen Hünenberg beeindruckten mich vor allem die Ruhe und Zuversicht des Gemeinderates (Vorsteher Bildung), des Rektors, der Schulleitungen und der Mitglieder der Steuergruppe. Sie waren stets offen für die Kritik und Befürchtungen der Lehrpersonen, erhielten jedoch auch Energie und Zuversicht durch die Lehrpersonen, die dem Schulentwicklungsprojekt positiv gegenüberstanden und sich für den Veränderungsprozess öffneten. Mit grosszügigen Weiterbildungsangeboten (einwöchige Vorbereitung auf die Umstellung für alle Stufen während der Unterrichtszeit), bedürfnisorientierten schulhausinternen Beratungen und Bewilligungen zusätzlicher Materialien gaben sie den Anliegen und Fragen der Lehrpersonen Raum und Zeit.

Als unsere Schule (Prisma, Allee Wil) 2006 den Pestalozzipreis erhielt, sagte Claudio, ein Sechstklässler, im Interview mit dem Journalisten des Beobachters: «Nur weil unsere Schule den Pestalozzipreis gewonnen hat, heisst das noch lange nicht, dass wir besser sind als andere. Wir sind ganz normale Kinder und haben eben auch ganz normale Probleme wie andere auch.» Er hat es damit auf den Punkt gebracht. Viele Schulen hätten für ihre innovative Schulentwicklung einen Preis verdient.

Ein Ausblick
Die Individualisierende Gemeinschaftsschule als Schulentwicklungsprojekt

Die Umsetzung der Ziele einer Individualisierenden Gemeinschaftsschule ist ein Schulentwicklungsprojekt, das Veränderungen auslöst und deshalb auch auf Widerstand – gerade auch im Team – stossen kann.

Die Erfahrung zeigt, dass die Bereitschaft eines Teams wächst, wenn die Menschen die Notwendigkeit erkennen, Veränderungen aktiv anzugehen und sie die Möglichkeit erhalten, an wichtigen Entscheidungen und Veränderungen beteiligt zu sein. Dabei spielen sowohl die individuelle als auch die kollektive Erfolgszuversicht eine bedeutende Rolle. Veränderungsprozesse in Lehrpersonenteams müssen sorgfältig angegangen werden. Die Veränderungsbereitschaft hängt von verschiedenen Einflussfaktoren ab.

Einflussfaktoren der Veränderungsbereitschaft (nach Schuhmacher, 2008)

1. Art und Inhalt des Veränderungsvorhabens
Was soll verändert werden? Wie tiefgreifend sind die Veränderungen? Bringen sie Verhaltensanforderungen mit sich? Wie gross ist die Wahrscheinlichkeit des Widerstandes?

2. Gestaltung des Wandelprozesses
Wie kann der Veränderungsprozess so gestaltet werden, dass die Veränderungsbereitschaft der Betroffenen gefördert wird?

3. Merkmale der betroffenen Personen
Ist die Notwendigkeit der geplanten Veränderung vor Beginn des Veränderungsvorhabens geklärt, und sind die geplanten Massnahmen begründet? Werden mögliche Ängste von Personen (z. B. Angst vor Überforderung) ernst genommen?

4. Merkmale der Organisation
Wie hoch ist die Selbstwirksamkeit der einzelnen Personen? Wie hoch ist die kollektive Selbstwirksamkeit? Wie gross ist die Mitarbeiterorientierung der Institution? Wie gross sind die Unterstützung und Wertschätzung durch eine mitarbeiterorientierte Führung? Welche Partizipationsmöglichkeiten bestehen für die Mitarbeitenden?

➡ Impuls 12   Viele Lehrpersonen und Schulteams setzen bereits einzelne oder mehrere Bereiche einer Individualisierenden Gemeinschaftsschule um. Lehrpersonen und Schulteams werden zu Veränderungen verpflichtet, zum Beispiel bei der Umstellung auf den neuen Lehrplan. Sie können jedoch auch aus eigenem pädagogischem Interesse Veränderungen angehen. In der Begleitung dieser Schulen werden die Chancen und Herausforderungen einer tiefgreifenden Veränderung sichtbar, der sich die Schule nicht entziehen kann.

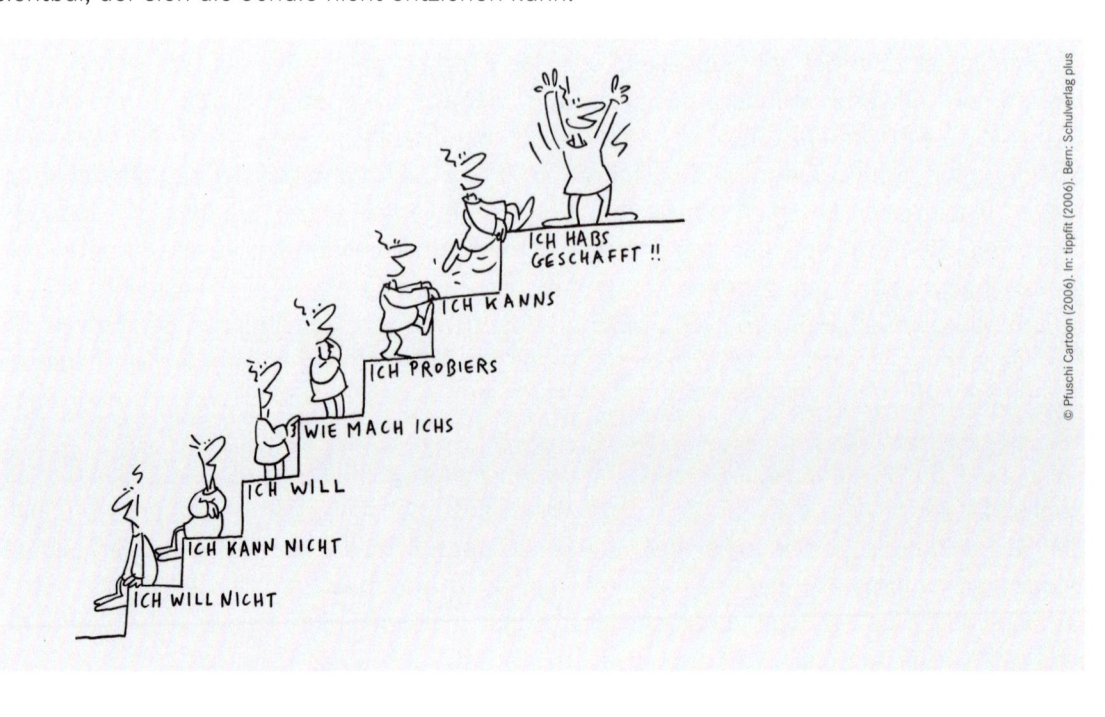

Für das Gelingen von Veränderungsprozessen legt Radatz folgende Rahmenbedingungen fest:

Rahmenbedingungen für das Gelingen von Veränderungsprozessen (Radatz 2009, S. 68)

1. «Veränderung erzeugt nicht Widerstand. Wir erzeugen den Widerstand!
2. Veränderung kann nur innerhalb des eigenen Denkens stattfinden.
3. Veränderung braucht die Einbeziehung aller Team-/Unternehmensmitglieder.
4. Setzen wir bei Veränderungsprozessen bei den Strukturen an, nicht bei den Menschen.
5. Veränderung bedeutet Entscheidung für neue Ergebnisse, nicht ‹Entwicklung› (neuer Handlungen).
6. Veränderungsprozesse müssen dramatisch gekürzt werden.
7. Veränderung ist kein rationales, sondern ein emotionales Thema.
8. Fokus auf der Zukunftsgestaltung – anstatt die Vergangenheit zu analysieren.
9. Veränderung muss kontinuierlich passieren (können).
10. Veränderung braucht ein Prozessdesign, keine Präsentation von Inhalten.»

Diese Publikation soll Schulen ermutigen, sich intensiver mit dem Konzept der Individualisierenden Gemeinschaftsschule zu beschäftigen und Schritte zu deren Verwirklichung anzugehen.

Evelyn Fritsche, Unterstufenlehrerin aus der Schule Heimat Buchwald, blickt auf die Umstellung auf das Mehrklassensystem zurück: «Ich war keineswegs erfreut, als unsere Schule von Jahrgangsklassen zum Mehrklassensystem wechseln wollte. Warum sollte ich als erfahrene Jahrgangsklassenlehrerin glauben, dass das Mehrklassensystem und die neuen Unterrichtsformen tatsächlich greifen würden? Die anstehende Veränderung von der ‹Dozentin› zum Coach, die neuen Unterrichtsstrukturen und Lernformen überzeugten mich nicht unbedingt.
Es brauchte eine grosse Portion persönlichen Mut, Vertrauen in den natürlichen Lernwillen der Kinder zu setzen. Konnte ich ihnen zutrauen, sich beim Lernen gegenseitig zu helfen? Merken sie selbst, wenn sie etwas noch nicht verstanden haben? Alte Muster loszulassen, war das Schwierigste.
Durch Learning by doing in kleinen Schritten entdeckte ich aber, dass wir den Kindern mit den neuen Unterrichtsformen die Möglichkeit geben, auch voneinander zu lernen. Das ermöglicht es mir, mich intensiver auf die Bedürfnisse des einzelnen Kindes einzulassen. Es gelingt mir heute viel besser und nachhaltiger, die Kinder in ihrer Entwicklung zu begleiten. Individuelle Fortschritte zeigen sich oft auch unerwartet. Ich freue mich, wenn sich plötzlich individuelle Lernfortschritte zeigen, auf die ich es im Speziellen gar nicht abgesehen hatte – die Kinder haben es von anderen Kindern gelernt. Diese neue Klassenstruktur und damit verbunden Auseinandersetzungen mit Lehren und Lernen birgt auch nach zehn Jahren Unterricht in Mehrklassen ein grosses Potenzial, vor allem im Von- und Miteinander-Lernen.»

Evelyn schreibt auf den Ballonzettel, was sie mit dem Jahrgangsklassensystem loslässt (➡ Seite 136).

Ein Überblick
Zwölf Impulse mit Informationen und Anregungen

Die vorliegende Publikation bietet kein fixes Schulkonzept an und ist auch keine Rezeptsammlung. Sie lädt vielmehr mit Impulsen ein, sich auf den Weg zu einer demokratie- und menschenrechtsfördernden Individualisierenden Gemeinschaftsschule zu begeben und gibt Anregungen für weitere Schritte. Die Impulse bieten Gelegenheiten für Informationsaustausch, für Dialoge, für Einblicke und Präsentationen, für Diskussionen von Fragen und zur Vertiefung in Publikationen. Sie sind nicht trennscharf, ergänzen oder überschneiden sich.
Die zwölf Impulse sind in zwei Schwerpunkte aufgeteilt:
Eine demokratische Individualisierende Gemeinschaftsschule **denken und klären** (Impulse 1 bis 6), **planen, umsetzen und reflektieren** (Impulse 7 bis 12).

Impulse 1 bis 6:
Die Individualisierende Gemeinschaftsschule denken und klären

In diesem Schwerpunkt geht es um die grundlegenden Ziele. Wie sieht eine Schulkultur aus, in der das Individuum und die Gemeinschaft respektiert und gestärkt werden, in der eine Kultur der Anerkennung und Beteiligung gelebt wird, in der die Kinderrechte Bedeutung haben, sich die Schulen als Teil der demokratischen Gesellschaft verstehen und öffnen, in der Menschenbilder und die damit verbundenen Haltungen im Dialog reflektiert werden?

Impulse 7 bis 12:
Die Individualisierende Gemeinschaftsschule planen, umsetzen und reflektieren

Dieser Schwerpunkt zeigt konkrete Schritte und Wege zum Angehen und Umsetzen der Ziele auf. Diskutiert werden Gestaltungsspielräume innerhalb der Rahmenbedingungen und der gesetzlichen Grundlagen, Veränderungen von Strukturen, Auswirkungen auf das Lehr- und Lernverständnis und auf die verschiedenen Rollen der Lehrpersonen, mögliche Bausteine für den Unterricht und für das Zusammenleben sowie Formen des individuellen und kooperativen Lernens. Der Fokus liegt dabei auf Beispielen aus mehreren Schulen, die Mut machen, sich als Lehrperson, Klasse, Schuleinheit auf den Weg zu begeben.

Der abschliessende Impuls 12 thematisiert, wie demokratiepädagogische und menschenrechtsorientierte Schulentwicklung mit «Demokratie und Menschenrechte leben und lernen» geplant, realisiert und reflektiert wird. Konkrete Beispiele aus Schulen zeigen auf, wie Schulentwicklung gemeinsam mit möglichst allen an der Schule Beteiligten regelmässig überprüft und Leitbilder und Schulprogramm in gemeinsamen Schulentwicklungsprozessen gestaltet werden können.

Die zwölf Impulse haben eine ähnliche Gliederung:
Zwei **Zitate** leiten in das Thema ein. Sie decken unterschiedliche Perspektiven ab, sind entweder praxisnah, wissenschaftsbezogen, individuums- oder gemeinschaftsorientiert.
Unter dem Titel **«Darum geht es»** sind die Kernüberlegungen des betreffenden Impulses zusammengefasst. **«Leitfragen für die Arbeit in den Schulen»** regen zur individuellen und teaminternen Reflexion an. **«Mehr dazu»** verweist auf weiterführende Publikationen, die Schulteams und Lehrpersonen auch die Möglichkeit geben, im Austausch mit Eltern, Behörden und mit dem schulischen Umfeld auf theoretische Hintergründe und wissenschaftliche Erkenntnisse zurückzugreifen. **«Zugefallenes aus dem Schulalltag»** beschreibt Erfahrungen der Autorin und zeigt (meist anonymisiert) auf, dass gelebte Demokratie nicht immer geplant werden kann und ermutigt Lehrpersonen, in ihrem Schulalltag die Augen offen zu behalten für solche stärkenden Situationen. **Beispiele aus der Praxis** konkretisieren die Thematik des jeweiligen Impulses. Die «Beispiele aus der Praxis» stammen aus der Unterrichtstätigkeit der Autorin, aus deren Tätigkeit als Schulberaterin oder aus Kontaktschulen, die an diesem Buch mitgearbeitet haben.

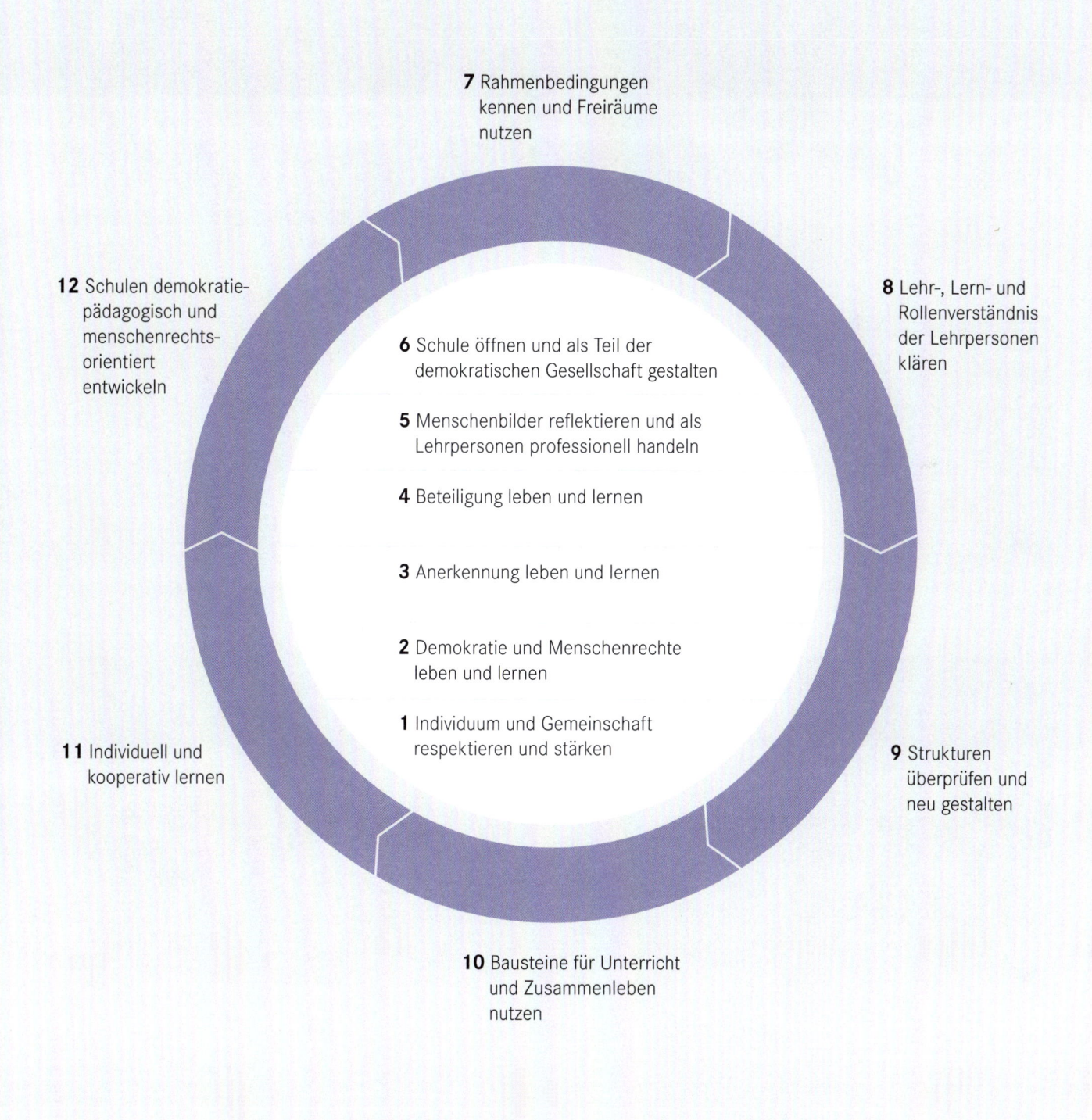

7 Rahmenbedingungen kennen und Freiräume nutzen

12 Schulen demokratiepädagogisch und menschenrechtsorientiert entwickeln

8 Lehr-, Lern- und Rollenverständnis der Lehrpersonen klären

6 Schule öffnen und als Teil der demokratischen Gesellschaft gestalten

5 Menschenbilder reflektieren und als Lehrpersonen professionell handeln

4 Beteiligung leben und lernen

3 Anerkennung leben und lernen

2 Demokratie und Menschenrechte leben und lernen

1 Individuum und Gemeinschaft respektieren und stärken

11 Individuell und kooperativ lernen

9 Strukturen überprüfen und neu gestalten

10 Bausteine für Unterricht und Zusammenleben nutzen

Impulse 1–6
Ziele der Individualisierenden Gemeinschaftsschule

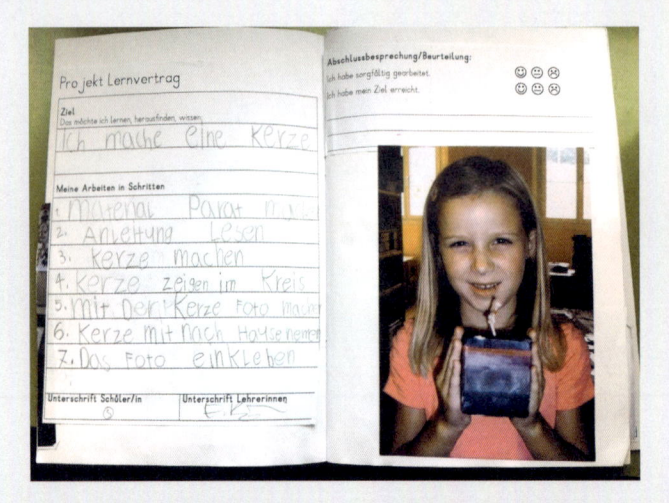

Die Grossen spielen mit denn Kleinen.

Ja Klar! gehen was wir Spielen? Denn?

Motto: Einer für Alle, alle für einen! Wir halten zusammen.

Jasin du hast gut gezeichnet aba du hast ein paburchstabe fdgesenre jan

Dise Woche

Ich bin gestern drausen gi spielen gage und ha mit Rejan und Amed dausen gi spiele gange.

Jasin Rejan Amed

Impuls 1

Individuum und Gemeinschaft respektieren und stärken

Individuum und Gemeinschaft bedingen einander und stärken sich gegenseitig. Sie sind zentrale Elemente einer demokratisch ausgerichteten und menschenrechtsorientierten Schule.
In der respektvollen Auseinandersetzung mit anderen Denk- und Handlungsweisen bauen die Kinder und Jugendlichen ihr Wissen und Können auf. Für ihre soziale und kognitive Entwicklung brauchen sie Gruppen und Gemeinschaften, in denen sie sich zugehörig, wohl und sicher fühlen, in denen sie mit anderen zusammen lernen und zusammenleben.

Die Individualisierende Gemeinschaftsschule
- stellt sich dem Spannungsfeld Individuum und Gemeinschaft und sorgt für eine Balance zwischen Individuums- und Gemeinschaftsorientierung;
- fördert und unterstützt die Persönlichkeitsentwicklung und die Gemeinschaftsfähigkeit aller an der Schule Beteiligten gleichwertig, aber nicht gleichartig;
- bietet vielfältige Erfahrungs- und Lernfelder sowohl für individuelles, altersunabhängiges, entwicklungs-, lernstandsorientiertes als auch für soziales Von- und Miteinander-Lernen an;
- gibt dem dialogisch-konstruktiven Lernen in Gruppen, Gemeinschaften und in der demokratischen Gesellschaft viel Platz;
- ist eine Schule für möglichst alle Kinder und Jugendliche und lebt einen konstruktiven Umgang mit Vielfalt und Verschiedenheit vor.

Darum geht es

«Der Mensch ist gleichzeitig frei und engagiert, gleichzeitig autonom und solidarisch. Er lebt in der Spannung zwischen diesen beiden Polen, dem Besonderen und dem Allgemeinen; zwischen den beiden Verantwortungen, seiner eigenen Bestimmung und dem Gemeinwesen gegenüber; zwischen diesen zwei unlösbar miteinander verbundenen Lieben: derjenigen, die er sich selber schuldet und derjenigen, die er seinem Nächsten schuldet.»
Denis de Rougemont (Rougemont, de, 2012, S. 36)

«Resümierend befürchte ich, dass mit Individualisierung eine Reduzierung des Sozialen einhergeht und sich ein Menschenbild durchsetzt, das nur auf sich selbst bezogen ist. Was wir demgegenüber nötiger haben denn je, sind gemeinwesenorientierte Menschen, für die Wertschätzung anderer genauso wichtig ist wie das eigene Wohlergehen.»
Hans Günther Rolff (Rolff, 2010, S. 69)

Spannungsfeld Individuum («Ich») und Gemeinschaft («Wir»)

Individuum und Gemeinschaft sind die beiden Leitprinzipien für die Individualisierende Gemeinschaftsschule. Sie bedingen sich, brauchen einander und fordern sich gegenseitig heraus. Im Spannungsfeld zwischen Individuums- und Gemeinschaftsorientierung gilt es immer wieder, eine Balance anzustreben. Ein positiver Wert kommt nur dann zu einer konstruktiven Wirkung, wenn er sich in der Balance zum positiven Gegenwert befindet. Ohne dieses Spannungsfeld läuft er Gefahr, in seiner entwertenden Übertreibung zu verkommen.

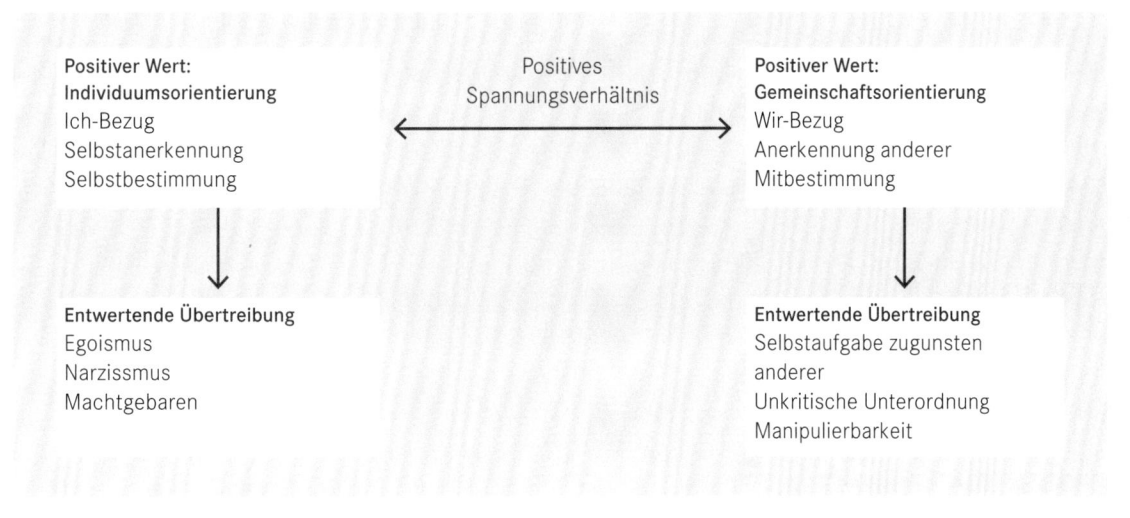

Positiver Wert: Individuumsorientierung Ich-Bezug Selbstanerkennung Selbstbestimmung	Positives Spannungsverhältnis ⟵⟶	Positiver Wert: Gemeinschaftsorientierung Wir-Bezug Anerkennung anderer Mitbestimmung
↓		↓
Entwertende Übertreibung Egoismus Narzissmus Machtgebaren		Entwertende Übertreibung Selbstaufgabe zugunsten anderer Unkritische Unterordnung Manipulierbarkeit

Nach Schulz von Thun, 2005, S. 38ff.

Die Balance muss stets neu ausgehandelt und erarbeitet werden, es muss darum gerungen werden, dass das «Ich» und das «Wir» sich gegenseitig konstruktiv ergänzen und unterstützen. Starke Persönlichkeiten fördern und unterstützen starke Gemeinschaften – und umgekehrt. Aus dem subjektiv geprägten «Ich» wird so ein sozial und demokratisch geprägtes «Selbst», welches sich in Gemeinschaften sowohl persönlich als auch solidarisch positionieren kann.

Persönlichkeitsbildung und Bildung zur Gemeinschaftsfähigkeit

Persönlichkeitsbildung und -stärkung sowie die Bildung und Förderung der Gemeinschaftsfähigkeit prägen Lehren, Lernen und Zusammenleben in der Individualisierenden Gemeinschaftsschule.

Bereits vor dem Eintritt in die Schule haben alle Kinder und Jugendlichen im individuellen Lernen als auch im Von- und Miteinander-Lernen Erfahrungen gemacht.
Erste Erfahrungen in Gemeinschaften und Gruppen bringen sie aus der Familie, aus der Verwandtschaft, aus der Nachbarschaft, aus der Spielgruppe in die Schule mit.
Auch während ihrer Schulzeit treffen sich Kinder und Jugendliche ausserhalb der Schule in unterschiedlichen Gemeinschaften und Gruppen, im Freundes- und Kollegenkreis, in der Pfadi, in der Jubla, im Sportverein. Auch diese Erfahrungen nehmen sie in die Schule mit. Es lohnt sich, diese für das Lernen und Arbeiten in schulischen Gemeinschaften und in Spiel-, Lern- und Arbeitsgruppen mit den Kindern und Jugendlichen zu thematisieren und bei der Gestaltung des Unterrichts und Zusammenlebens zu berücksichtigen.

Schulen haben die Aufgabe, Kinder und Jugendliche auf eine Welt von morgen vorzubereiten, auf eine Welt, von der wir heute nicht wissen, wie sie aussehen wird. Deshalb sind neben Fachkompetenzen auch überfachliche Kompetenzen, personale, methodische und soziale Kompetenzen gefragt wie zum Beispiel Selbstorganisation, Selbstbestimmung, Umgang mit Herausforderungen in komplexen Situationen, Flexibilität, Kreativität, Umgang mit Verschiedenheit, die Fähigkeit zum Perspektivenwechsel, Empathie, Respekt, Solidarität, Umgang mit Multikulturalität, Engagement im Zusammenleben mit anderen sowie Konsensfähigkeit und Mitsprache bei demokratischen Entscheidungsprozessen. Werden solche Kompetenzen früh erworben, sind sie eher nachhaltig und zukunftsfähig.
Die zeitlich vorverlegte Einschulung der Kinder, die wachsende Zahl von Einzelkindern, von wechselnden und herausfordernden Familienverhältnissen, von Kindern und Jugendlichen mit mangelnden Sprachkenntnissen und erhöhten Sozialisationsschwierigkeiten stellen zusätzliche Anforderungen an die Persönlichkeitsbildung und die Bildung der Gemeinschaftsfähigkeit. Keine andere gesellschaftliche Einrichtung ist besser geeignet, diese Aufgaben und Herausforderungen anzugehen als die Schule. Nur in der Schule treffen Kinder und Jugendliche auf so viele verschiedene Mitmenschen, lernen und leben mit ihnen zusammen. Kinder und Jugendliche lernen täglich von ihren Kolleginnen und Kollegen.
Individuelles Lernen und das Lernen in Gemeinschaften, in Gruppen und in der demokratischen Gesellschaft sind gleichwertig.

Lernen als Individuum

Jedes Individuum ist einzigartig – einzig in seiner Art. Jeder Mensch lernt anders. Kein Kind ist von Natur aus bequem oder lernunwillig. Alle Kinder wollen lernen. Für das Lernen bringen sie jedoch unterschiedliche Voraussetzungen mit, unterschiedliche Eigenschaften, Begabungen, Interessen, Wertehaltungen, Vorstellungen, kognitive und motivationale Voraussetzungen, unterschiedliches Vorwissen und vor allem unterschiedliche Entwicklungsstände. Die Schule versucht, die Verschiedenartigkeit der Kinder und Jugendlichen zu respektieren.

Verschiedene Aspekte im Umgang mit Vielfalt

Äussere Differenzierung, z. B.:
- Aufteilung der Volksschule in verschiedene Schularten wie Primarschule (inkl. Kindergarten), Real-, Sekundarschule;
- Jahrgangsklassen, Mehrklassen, Kleinklassen, Niveauklassen;
- Separation, Integration, Inklusion;
- Aufteilung einer Schulklasse in Lerngruppen und Unterricht in einem zusätzlichen Lernraum.

Innere Differenzierung, z. B.:
- adaptiver Unterricht mit individuell passenden Aufgabenangeboten;
- Formen der Binnendifferenzierung nach verschiedenen Kriterien wie Lerninteressen, Lernmethoden, Materialien, Medien, Textsorten, Arbeitsformen, Leistungsanforderungen bzw. Schwierigkeitsgraden, Lerninhalten, Lernzielen, Lernzeiten, Lerntechniken und -strategien.

Individualisierung, z. B.:
- durch die Lehrperson bestimmte individualisierte Lernangebote aufgrund von Lerndiagnosen;
- den Entwicklungsständen angepasster Förderunterricht;
- Arbeit mit Portfolios;
- Beratung und Begleitung durch die Lehrperson.

Personalisierung, z. B.:
- von Lernenden ausgehen, individuelle Ziele und individuelle Verbindlichkeiten, individuelle Lernschritte und persönlich gestaltbare Prozesse, Steuerung des Lernens durch formative Lernkontrollen;
- Arbeit mit Portfolios, Mitsprache bei der Beurteilung und Bewertung von Lernprozessen und Lernergebnissen;
- Öffnung von Unterricht und Zusammenleben, selbst- und mitbestimmtes Lernen mit Verantwortungsübernahme;
- soziale Eingebundenheit, Lernen in schulischen Gemeinschaften und in Gruppen;
- Beratung und Begleitung durch andere Kinder und Jugendliche oder durch Lehrpersonen.

Die Kinder und Jugendlichen bringen durch ihre Individualität, mit ihren unterschiedlichen Lerninteressen, Lernbedürfnissen und Kompetenzen bereits eine Form der Individualisierung/Personalisierung mit ins individuelle und kooperative Lernen in der Individualisierenden Gemeinschaftsschule. Sie haben eigene Ziele, verfügen über eigene Lernmethoden und gehen eigene Lernwege.

Lernen und Zusammenleben in schulischen Gemeinschaften

Lernen und Zusammenleben in verschiedenen Gemeinschaften gehören zum schulischen Alltag. Kinder und Jugendliche treffen sich in der Klassengemeinschaft, mit anderen Klassen, in der Stufengemeinschaft und in der Schulgemeinschaft. Lehrpersonen und andere Mitarbeitende an der Schule treffen sich zu gemeinsamen Teamanlässen oder an Begegnungsanlässen mit Kindern, Jugendlichen und Eltern.
Gemeinschaften leben sowohl von der Vielfalt wie auch von den Unterschieden ihrer Mitglieder. Funktionierende Gemeinschaften sind geprägt von guten Beziehungen, von einem Wir-Gefühl, von Solidarität und vom Einstehen füreinander sowie vom Austragen von Meinungsverschiedenheiten. Alle setzen sich mit den verschiedenen Werten und Ansichten auseinander, arbeiten zusammen, sind füreinander da, setzen sich füreinander ein, unterstützen sich gegenseitig, wertschätzen die Interessen und Kompetenzen anderer, sind für das Wohlbefinden und die Sicherheit aller besorgt und freuen sich über individuelle und gemeinsame Erfolge. Individuen und Gemeinschaften sind füreinander bedeutsam, stärken und unterstützen sich gegenseitig: Was ich für mich selbst mache, wie ich bin, ist auch für andere entscheidend. Was andere in einer Gemeinschaft machen, wie sie sind, betrifft auch mich.
Gemeinschaften fordern ihre Mitglieder auch heraus. Zugehörigkeit zu und Orientierung in einer Gemeinschaft fordern die Bereitschaft, sich mit Verschiedenartigkeit, mit Konkurrenz und Konfliktsituationen auseinanderzusetzen. Für ein konstruktives Miteinander braucht es Klärungen, Vereinbarungen und Regeln. Alle sorgen dafür, dass diese im Interesse der Gemeinschaft und jeder/jedes Einzelnen eingehalten und immer wieder reflektiert werden. Gemeinschaftsfähigkeit setzt sich aus Selbst- und Sozialkompetenzen zusammen.

Die Zusammensetzung schulischer Gemeinschaften wie die Schul- oder die Klassengemeinschaft ist nur bedingt beeinflussbar. Wohnort und schulinterne Kriterien für die Klasseneinteilung lassen wenig Spielraum zu. Mitspracherecht und Mitbestimmung der Kinder, Jugendlichen und Eltern sind dabei minimal.

Schulische Gemeinschaften bleiben oft über einen längeren Zeitraum, zum Teil während mehrerer Jahre, in gleicher oder ähnlicher Zusammensetzung beisammen. Der Beziehungsaspekt und die Beziehungsarbeit sind deshalb zentral. Tragfähige Gemeinschaften sind gleichzeitig Basis, Lernressource und Herausforderung für erfolgreiches, individuelles und gemeinsames Lernen.

Das tägliche Lernen in Gemeinschaften wird bei Planung und Gestaltung des Unterrichts und des Zusammenlebens berücksichtigt, denn Gemeinschaftsfähigkeit muss stets in wechselnden sozialen Situationen und Kontexten gelernt und geübt werden.

Klassengemeinschaft

Viele Kinder und Jugendliche verbringen während ihrer Volksschulzeit mehr Zeit mit ihren Klassenkolleginnen und -kollegen als mit ihren Familienmitgliedern. Deshalb muss die Klassengemeinschaft besonders gut gepflegt und gestärkt werden. Neben der Arbeit mit Bausteinen für Unterricht und Zusammenleben und individuellem und kooperativem Lernen kann sie zusätzlich gefestigt werden, zum Beispiel:

→ Impulse 10 und 11

- Kindern und Jugendlichen, die neu in eine Klasse eintreten oder die aus einer Klasse austreten, wird besondere Aufmerksamkeit entgegengebracht (Gotti/Götti).
- Kinder, Jugendliche und Lehrpersonen übernehmen Arbeiten für die Klassengemeinschaft.
- Die Gestaltung, regelmässige Reflexion und Pflege des Zusammenlebens in der Klasse finden täglich oder immer wieder statt.
- Die Kinder und Jugendlichen bringen ihre Fragen, ihre Herausforderungen beim Lernen und Zusammenleben, ihre besonderen Lern- und Verhaltensvoraussetzungen ein und erfahren dabei Verständnis, Solidarität und Unterstützung. Sie stärken das «Wir-Gefühl».

Schulgemeinschaft

Die Kinder und Jugendlichen, die Lehrpersonen und alle anderen Mitarbeitenden einer Schule bilden zusammen die Schulgemeinschaft. Sie sollen sich alle mit «ihrer Schule» identifizieren können und sich als dazugehörig erleben. An gemeinsamen Anlässen, an Schulversammlungen oder auf dem Pausenplatz zeigt es sich, wie gut das Zusammenleben in der Schulgemeinschaft gelingt. Die Schulgemeinschaft wird auf verschiedene Art und Weise gepflegt und gestärkt, zum Beispiel:

- Zum Wochenbeginn versammeln sich alle Klassen zum gemeinsamen Einstieg in die Schulwoche (15 bis 20 Minuten).
- Kinder und Jugendliche treffen sich regelmässig zu gemeinsamem Singen in der Schulgemeinschaft oder in einem Schulchor.
- Die mit den Kindern und Jugendlichen ausgearbeiteten Regeln für das Zusammenleben sind in allen Räumen der Schule visualisiert.
- An der Info-Wand im Schuleingangsbereich sind Informationen visualisiert, die alle betreffen und aktuell sind.
- Die Schulgemeinschaft trifft sich einmal pro Monat zum Schulhaus-Treff (→ Seite 53).
- Gemeinsame Feste und Feiern, Aktivitäten wie Wald-, Bachputztage, Spiel-, Sporttage, Sternwanderungen, Anlässe zur Unterstützung der Stufenübertritte und gemeinsame Unterrichtsaktivitäten sind feste Bestandteile des Jahresprogramms.
- Kinder und Jugendliche werden bei der Gestaltung der Schulräume und des Schulareals miteinbezogen.
- Die Vorbereitungsgruppe «Schulversammlungen» informiert an der Info-Tafel/-wand rollend über ihre Arbeit.

Lernen und Zusammenarbeiten in schulischen Gruppen

Eine Gruppe besteht aus einer überschaubaren Anzahl von Personen, die in der Regel gemeinsame Interessen oder gemeinsame Ziele verfolgen. Die Gruppenmitglieder stehen in Beziehung zueinander. Je nachdem, wie lange eine Gruppe zusammenbleibt, kann sich ein «Wir-Gefühl» entwickeln. Das Gruppenbewusstsein, das «Wir-Gefühl», drückt den inneren Zusammenhalt der Mitglieder aus. Die Art und Häufigkeit der sozialen Interaktionen, die Identifizierung mit Gruppennormen und -zielen prägen das Gruppenbewusstsein unterschiedlich. Durch gemeinsame Ziele, Interessen und Erlebnisse, aber auch durch Ausgrenzung und gemeinsame Feindbilder wird dieses Bewusstsein noch verstärkt. Dabei können typische Gruppenmerkmale wie hierarchische Rollen, Gruppenverhalten, aber auch Gruppendruck entstehen. Es lohnt sich, die Dynamik in Gruppen innerhalb und ausserhalb der Schule im Auge zu behalten, denn solche Erfahrungen prägen Sozialisierungsprozesse.

Schulische Spiel-, Lern- und Arbeitsgruppen

Lernen und Arbeiten in Gruppen gehören zum schulischen Alltag. Im schulischen Lernen und Zusammenleben treffen sich die Kinder und Jugendlichen in Spiel-, Lern- und Arbeitsgruppen, in klassen- und stufenübergreifenden Gruppen zum Spielen, Musizieren, Theater spielen oder an Sporttagen. Lehrpersonen und andere Mitarbeitende der Schule treffen sich zu Sitzungen im Gesamtteam, in fixen oder temporären Arbeitsgruppen, in professionellen Lerngemeinschaften, in Stufen- oder Unterrichtsteams.

Während die Zusammensetzung von Schul- und Klassengemeinschaften nur minimal beeinflusst werden kann, können Gruppen je nach Arbeitsauftrag gezielt gebildet werden. Kinder und Jugendliche lernen somit in immer wieder anders zusammengesetzten Spiel-, Lern- und Arbeitsgruppen.

Lehrpersonen sorgen bei der Planung und Gestaltung des Unterrichts und Zusammenlebens für pädagogisch und methodisch-didaktisch abgesicherte Gruppenarbeiten. Gruppen arbeiten in der Regel während eines festgelegten Zeitraumes, der sich von einer Lernsequenz bis zu einem Schuljahr (z. B. in fixen Gruppenlernberatungen) erstrecken kann, zusammen.

Gruppenbildung, Reflexion von Gruppen- und Teamprozessen und Umgang mit Konflikten in Gruppen sind entscheidend für das Gelingen von Gruppenarbeiten. Spezielle Methoden und strukturelle Hilfen wie kooperative Lernformen, projektartiges Arbeiten, Arbeit an Projekten, institutionalisierte Gruppenlernberatung, die Vorbereitungsgruppe und die Gesprächsgruppen für die Schulversammlung prägen Gruppenarbeiten. Diese werden während des Arbeitsprozesses und zum Abschluss individuell und gemeinsam reflektiert.

Bei der Gruppenbildung wird Folgendes beachtet:
- Gruppen werden gezielt oder nach Zufallsprinzip, wenn möglich immer in Absprache mit den Kindern und Jugendlichen, gebildet.
- Die ideale Gruppengrösse beträgt zwei bis vier Lernende und hängt von der Aufgabe und Lernform ab.
- Je nach Ziel und Ausrichtung der Gruppenarbeit werden leistungsähnliche, leistungsheterogene, interessenorientierte Gruppen oder Gruppen aufgrund persönlicher Zuneigung gebildet.
- Steht für die Arbeit in Partnergruppen das kognitive Lernen im Zentrum, werden geeignete Lernpartnerschaften gebildet und zur Unterstützung von Fachkompetenzen genutzt. Steht das soziale Lernen im Zentrum, werden geeignete Sozialpartnerschaften, zum Beispiel Gotti-Götti-Gruppen gebildet.

In verschiedenen Gruppenzusammensetzungen lernen sich die Kinder und Jugendlichen auch in ihrer Andersartigkeit kennen, respektieren und schätzen.

Lehrpersonen nutzen für die Arbeit in Partnergruppen Forschungsergebnisse zu sozialen Interaktionen in Partnerarbeiten:

Erfolgreiche Arbeit in Partnergruppen (Matter, 2017, Folie 23)

Typ 1 (fachlich ausgeglichen/sozial ausgeglichen) und Typ 2 (fachlich ausgeglichen/sozial unausgeglichen):
- hohe kognitive Aktivität, kognitives Miteinander, fortgesetztes Modifizieren von Bedeutungen
- Zone der aktuellen und nächsten Entwicklung

Typ 3 (fachlich unausgeglichen/sozial ausgeglichen):
- kognitives Miteinander, Deuten von Mitteilungen
- Lernfortschritte in der Zone der nächsten, der aktuellen oder der früheren Entwicklung

Typ 4 (fachlich unausgeglichen/sozial unausgeglichen):
- kognitive Aktivität z. T. unklar, kein kognitives Miteinander, kein Deuten von Mitteilungen
- Lernfortschritte in der Zone der aktuellen Entwicklung oder kein Lernzuwachs

In drei der vier Typen von Partnerarbeiten profitieren immer beide Lernende. Sie machen individuelle Lernfortschritte. In Mehrklassen können diese Erkenntnisse für Altersdurchmischtes Lernen zusätzlich gezielt genutzt werden.

Individualisierungs- und Gemeinschaftsorientierung werden durch entsprechende Lernarrangements und eine passende Schulzimmereinrichtung ermöglicht und unterstützt.

Impuls 11 — Lernen an der gleichen Sache – individuell und kooperativ

Die Formen von Mit- und Nebeneinander-Lernen ermöglichen und unterstützen gleichzeitig individuelles und kooperatives Lernen. Entsprechende Lernarrangements basieren auf didaktischen Konzepten, zum Beispiel Lernen an der gleichen Sache (Achermann & Gehrig, 2011).

Georg Feuser: Projektunterricht mit gemeinsamen Produkten

Feuser fordert eine integrative/inklusive Pädagogik, in der alle Kinder und Jugendlichen auf ihrem Entwicklungsniveau in Kooperation miteinander am gleichen Gegenstand spielen, arbeiten und lernen. Zudem stellt er den Projektunterricht mit gemeinsamen Arbeitsprodukten, die sich aus den individuellen Produkten der einzelnen Kinder und Jugendlichen zusammensetzen, ins Zentrum der Unterrichtsgestaltung. Jeder trägt mit seinem individuellen Arbeitsergebnis zu einem gemeinsamen Produkt bei und erkennt so seinen Teil als wichtigen Bestandteil eines gemeinsamen Ganzen.

Hans Wocken: Gemeinsame Lernsituationen

Wocken plädiert für gemeinsame und individuelle Lernsituationen. Dabei wird der Unterricht entweder unter dem Inhaltsaspekt (individuelle Ziele, individuumsorientiert) und/oder dem Beziehungsaspekt (Kommunikation und Zusammenarbeit mit anderen, gemeinschaftsorientiert) betrachtet. Wocken unterscheidet dazu vier Lernsituationen:

Lernsituationen mit Blick auf Inhaltsaspekt (individuumsorientiert) und/oder Beziehungsaspekt (gemeinschaftsorientiert)

Koexistente Lernsituationen: Die Kinder und Jugendlichen gehen eigenen Aufgabenstellungen nach, lernen beiläufig und/oder durch Austausch voneinander (Inhaltsaspekt).

Kommunikative Lernsituationen: Nicht die Sache, sondern die Interaktion steht im Zentrum (Beziehungsaspekt).

Subsidiäre Lernsituationen: Individuelles Arbeiten und unterstützende Lernsituationen, z. B. durch Helfen, wechseln sich ab (Inhalts- und Beziehungsaspekt).

Kooperative Lernsituationen: Es gelten unterschiedliche Zielsetzungen des Arbeitsprozesses: gleiche Ziele (solidarische Lernsituation) oder unterschiedliche Ziele (komplementäre Lernsituation) der Schülerinnen und Schüler (Inhalts- und/oder Beziehungsaspekt).

Lernen an der gleichen Sache kann in allen Stufen und in allen Fächern genutzt werden und passt zur Kompetenzorientierung und zu den überfachlichen Kompetenzen im Lehrplan.

Gemeinsame und individuelle Arbeitsplätze

In der Individualisierenden Gemeinschaftsschule findet das gemeinsame Lernen im fixen Lernkreis oder an Gruppentischen und das individuelle Lernen an persönlichen Arbeitsplätzen statt (Achermann 1992, S. 227).

Zur Standardeinrichtung eines Schulzimmers gehören:
- individuelle/persönliche Arbeitsplätze für alle
- Lernkreis, zum Beispiel fixer Sitzkreis mit Bänken, Stühlen, Hockern oder Kissen
- Gruppentisch
- Regale als Raumteiler und Aufbewahrungsort für zugängliche Lernmaterialien
- Ruhe-Ecke, kleine Bibliothek
- mobile Flipcharts oder mobile, tragbare kleine Wandtafeln für das Lernen im Kreis
- visualisierte Wochenstruktur, visualisierter Stundenplan, zum Beispiel an Wandtafel
- Pinnwände, Anschlagbrett

Eine neue Schulzimmereinrichtung garantiert jedoch noch keine neuen Formen von Lernen und Zusammenleben.

Schule im gesellschaftspolitischen Spannungsfeld

Schulen sind gesellschaftliche Institutionen und damit Teil des demokratischen Diskurses. Diskussionen über eine Schule für alle, zum Beispiel über Formen von Integration und Inklusion, sind auch Ausdruck von gesellschaftspolitisch relevanten Anliegen. Die Schule allein kann eine erfolgreiche Inklusion nicht realisieren. Sie ist auf die Unterstützung der Gesellschaft und auf das Mittragen der Inklusion in der Gesellschaft, in der Berufs- und Arbeitswelt angewiesen. Bedeutet Gemeinschaft Zugehörigkeit, Wohlbefinden und Sicherheitsgefühl, dann begnügt sich eine Individualisierende Gemeinschaftsschule nicht damit, Kinder und Jugendliche mit verschiedenen Förderbedürfnissen in die bestehenden Strukturen der Regelklassen zu integrieren. Sie setzt vielmehr alles daran, die Freiräume innerhalb der bestehenden Rahmenbedingungen zu nutzen, damit alle Kinder und Jugendlichen die Möglichkeit haben, allein sowie von und mit anderen zu lernen und mit ihnen zusammenzuleben. Nötigenfalls versucht sie, die Rahmenbedingungen und schulischen Strukturen zu verändern.
Lehrpersonen sind herausgefordert, ihre Wahrnehmungen, Einstellungen und Haltungen im Umgang mit Vielfalt zu reflektieren, zu entwickeln und zu stärken. Bei der Diskussion um schulische Inklusion spielt eine professionelle Haltung der Lehrpersonen eine zentrale Rolle. Sie zeigt sich in der Öffnung für Diversität, in der Akzeptanz von Anderssein und Heterogenität sowie in der Erkenntnis, dass Verschiedensein nicht nur normal ist, sondern sich auch als Lernangebot nutzen lässt. Vom Grundsatz der Separation «Du sicher nicht!», über das Anliegen der Integration «Du unter gewissen Umständen auch!», bis zur demokratischen Haltung der Inklusion «Wir alle!» ist es ein langer Weg. Er beginnt mit der Anerkennung und Akzeptanz der Vielfalt. Je heterogener eine Klasse, eine Schulgemeinschaft zusammengesetzt ist, umso breiter und anregender sind die Lernangebote für Interaktion, Kooperation, Kommunikation und Gemeinschaftsbildung.

⬇ Leitfragen für die individuelle und gemeinsame Reflexion

Mein Verständnis von «Individuum und Gemeinschaft respektieren und stärken»

- Wie erlebe ich das Spannungsfeld Individuums- und Gemeinschaftsorientierung in meiner Klasse? Was gelingt mir gut? Wie begegne ich den Herausforderungen?
- Wie gewichte ich Individuums- und Gemeinschaftsorientierung bei der Planung und Gestaltung des Unterrichts und des Zusammenlebens?
- Welche Formen des Umgangs mit Vielfalt praktiziere ich, und wie begründe ich sie? Worin erkenne ich Chancen und Herausforderungen?
- Worin liegen die Stärken unserer Klassengemeinschaft? Wie nutze ich sie als Lernressource, zum Beispiel mit gemeinsamen Lernreflexionen in der Klassengemeinschaft, mit Lernen an der gleichen Sache oder mit kooperativen Lernformen?
- Wie begründe ich Gruppenarbeiten, und worauf achte ich bei der Gruppenbildung? Wie begleite ich die Arbeitsgruppen, und wie sichere ich die Qualität von Gruppenarbeiten ab?
- Wie kommen Individuums- und Gemeinschaftsorientierung bei der Gestaltung des Stundenplans zum Ausdruck? Sorge ich für einen sinnvollen Wechsel zwischen individuellem und gemeinsamem Lernen?

Unser Verständnis von «Individuum und Gemeinschaft respektieren und stärken»

- Wie kommen Individuums- und Gemeinschaftsorientierung in unserem Leitbild zum Ausdruck? Wie setzen wir die entsprechenden Leitideen um?
- Über welches Wissen zu Chancen und Herausforderungen des individuellen und des gemeinsamen Lernens verfügen wir? Welche teaminternen Ressourcen können wir nutzen? Welches Wissen wollen wir uns noch aneignen?
- Woran erkennen wir, dass wir auf eine ausgewogene Individuums- und Gemeinschaftsorientierung achten? Wie zeigt sich das in den bestehenden Strukturen (z. B. Stundenplangestaltung, Gestaltung der Lernarrangements, Lehr- und Lernformen, Beurteilungsformen)? Mit welchen Instrumenten unterstützen, fördern und stärken wir individuelles und gemeinsames Lernen?
- Wie respektieren und stärken wir Individuum und Gemeinschaft auf Teamebene?
- Wie zeigen sich in unserer Schule die Anliegen einer Schule für alle?

MEHR DAZU

Müller (2014, S. 50): Mit personalisierten Lernkonzepten wird individuelles Lernen organisiert
«Schulen mit personalisierten Lernkonzepten heben sich in der Gestaltung ihrer Lernarrangements von klassischen Formen des Unterrichts ab (durch Verlagerung von Kompetenzen und Aktivitätsschwerpunkten zu den Lernenden). Merkmale sind: kooperative Arbeitsformen, aktivierender Support, Beziehungsprimat, flexible Lernlandschaften, offene Raum- und Zeitkonzepte, Werkzeuge zur Gestaltung, Dokumentation und Reflexion individueller Lernwege.»

Reichenbach (2013, S. 17): Schüler sind keine Individualkunden
«Die Schule fördert den Sinn für das Gemeinsame und Geteilte bzw. hätte diesen Sinn zu fördern. Schüler sind keine Individualkunden. Wer pädagogische Identität stärken will, muss die Stellung der Schule als Repräsentantin der Kultur und ihre konstitutive Bedeutung für die moderne Gesellschaft in Erinnerung rufen. Die zeitgenössische, marktförmige Instrumentalisierung der Schule ist mittel- und längerfristig aus pädagogischer Hinsicht ein Fehler.»

Booth & Ainscow (2017, S. 23): Inklusive Kulturen, Strukturen und Praktiken
«Der Index (Anm. für Inklusion) ist in drei Dimensionen unterteilt, die die Entwicklung einer Schule oder Einrichtung markieren:
- Kulturen spiegeln Beziehungen und tief verankerte Werte und Überzeugungen wider. Eine Veränderung der Kulturen ist für eine nachhaltige Entwicklung unabdingbar.
- Strukturen beschäftigen sich mit der Frage, wie die Schule geführt und organisiert wird und wie sie verändert werden kann.
- Praktiken beschreiben, wie und welche Lernbereiche und Lernarrangements gemeinsam entwickelt werden.»

Zugefallenes aus dem Schulalltag

Bei meiner Arbeit als Schulbegleiterin kommt es ab und zu vor, dass ich in den Genuss komme, Umsetzungsarbeiten in den Schulen spontan und vor Ort erleben zu können wie zum Beispiel im November 2017 in der Schule Oberhausen in Opfikon. Sieben Kinder präsentierten als Team ihre Arbeiten aus der freien Tätigkeit.[1]

Cinnia, Ejona, Enis, Hanz, Jens, Mevlan und Xhevrije

Über hundert Kinder aus der Unter- und Mittelstufe sitzen mit Lehrpersonen und anderen Gästen (Eltern und Grosseltern) gespannt im Musiksaal. Sieben Mittelstufenkinder aus der Klasse Nashorn begrüssen die Anwesenden zu ihrer Präsentationsstunde. Schon die Einrichtung im Musiksaal macht uns neugierig: ein Tipi, zwei Vulkanmodelle, ein Konstrukt aus Lego, eine Staffelei, eine Trommel und ein Klavier. Alle Kinder haben zu ihren Arbeiten kurze PowerPoint-Präsentationen zusammengestellt. Die Siebnergruppe ist aber gemeinsam für das Gelingen der Präsentation verantwortlich. Bei den einzelnen Präsentationen unterstützen sich alle gegenseitig. Während Ejona ihre Arbeit über die Indianer vorstellt, spielt Enis ab und zu auf der Trommel. Ejona und Cinnia sind als Indianermädchen verkleidet. Während Ejona über Gegenstände der Indianer berichtet, holt Cinnia diese aus dem Tipi und zeigt sie dem Publikum. Zum Auftakt von Mevlans Beitrag über den Maulwurf spielt Hanz Klavier. Ejona zeigt uns den kleinen Maulwurf, den Mevlan hergestellt hat. Hanz kommt aus Luzon, der grössten Insel der Philippinen. Er hat sich mit seinem Herkunftsland auseinandergesetzt. Nachdem er die Sprache Tagalog, die von 73 Millionen Menschen gesprochen wird, vorgestellt hat, unterhalten sich Jens und Cinnia in dieser Sprache. Wir staunen alle! Hanz erzählt uns vom Ausbruch des Vulkans Pinatubo. Er hat zwei Vulkanmodelle gebaut. Mit der Unterstützung von Jens und Cinnia simuliert er am kleineren Modell einen Vulkanausbruch. Als die rote Lava aus dem Krater fliesst, geht ein Raunen durch die Zuschauerschar. Jetzt ist die Reihe an Enis. Er berichtet über die Entwicklung vom Sputnik bis zu den heutigen Raumschiffen. Zum Abschluss seiner Präsentation geht Cinnia mit dem Raumschiffmodell von Enis herum. Eine angezündete Wunderkerze ragt aus dem hinteren Teil des Modells, und wir erleben den Flug eines Raumschiffes. Orchideen sind Cinnias Lieblingsblumen, sie ist eine Orchideen-Spezialistin. Während wir ihre selbstgemalten Orchideen bewundern, spielt Hanz Melodien auf dem Klavier. Xhevrije beginnt ihre Präsentation vor der Staffelei. Sie weiss viel über den Maler Picasso und hat vier Gesichtsbilder gemalt, also «gefälscht». Ihre Werke werden von den anderen dem Publikum gezeigt. Xhevrije ist eine richtige Künstlerin. Als Einstieg in Jens Präsentation seines Kuchenschneidroboters, spielt die Kindergruppe mit einem von Jens gesteuerten Roboter. Jens hat mit seinen Legoroboterteilen eine Kuchenschneidmaschine gebaut und führt sie uns vor. Der Roboter misst die Länge des Kuchens und schneidet ihn in die gewünschte Anzahl Kuchenstücke. Diese werden von den anderen Kindern im Zuschauerraum verteilt.

➡ Impuls 10

Nach jedem Beitrag können wir Fragen stellen, oder es wird mit ein paar Quizfragen überprüft, ob wir gut zugehört haben. Die sieben Kinder zeigen auf, was sie als Nächstes machen möchten. Wen wundert's, dass durch diese besondere Art der Präsentation bereits gemeinsame Projekte angedacht werden! Nach einer Stunde schliesst die Kindergruppe die Präsentation gemeinsam ab. Die Besucherinnen und Besucher bedanken sich mit einem grossen Applaus. Als fast alle den Musiksaal verlassen haben, stehen ein paar Kinder um Jens Kuchenschneidroboter herum, noch sind nicht alle Fragen geklärt.

Der Saal ist leer, und die sieben Kinder setzen sich mit ihrer Lehrerin zum Austausch in den Stuhlkreis. Mit einem dicken Lob an die Gruppe leitet Anne Tester die Reflexionsrunde ein.

---

1 Ich begleite diese Schule auf dem Weg zum Altersdurchmischten Lernen. Aktuell befasst sich eine Arbeitsgruppe auch mit dem Baustein «Freie Tätigkeit». Einzelne Lehrpersonen arbeiten schon mit diesem Baustein. Die Namen der Kinder und ihrer Lehrperson wurden mit ihrem Einverständnis nicht verändert.

Beispiele aus der Praxis

Primarschule Allee, Wil (SG), Heidi Gehrig: Regeln für das Zusammenleben

Nach Beginn unseres Schulentwicklungsprojekts (1997) sammelten die Kinder in allen acht Klassen mögliche Regeln, die dafür sorgen, dass sich in der Schule alle wohl und sicher fühlen. Mit drei Hauptregeln gaben wir eine Struktur vor:
- Ich trage Sorge zu mir! Wir tragen Sorge zu uns!
- Ich trage Sorge zu den anderen! Wir tragen Sorge zu den anderen!
- Ich trage Sorge zu den Sachen! Wir tragen Sorge zu den Sachen!

Eine Arbeitsgruppe (acht Kinder, zwei Lehrpersonen, Schulleitung) sichtete und ordnete die gesammelten Regeln und erstellte eine erste Fassung der «Regeln für unser Zusammenleben». Die Rückmeldungen aus der Vernehmlassung wurden überprüft und bei der Überarbeitung mehrheitlich berücksichtigt. Auf Anregung der Kinder wurde eine Liste unerwünschter Gegenstände in der Schule (z. B. Messer) gemeinsam ausgearbeitet. Kinder und Lehrpersonen verabschiedeten die Regeln und legten fest, dass diese in allen Räumen der Schule sowie auf dem gesamten Schulareal gelten. Zusätzlich wurden Ideen zusammengetragen, wie bei wiederholten Regelverstössen vorgegangen wird, zum Beispiel Helfersystem in der Klasse nutzen, Unterstützungsangebote ausarbeiten, fixes Traktandum im Klassenrat (Wie gut gelingt es mir, mich an die Regeln zu halten?), Gespräche mit der Klassenlehrperson, mit der Schulsozialarbeiterin, mit den Eltern, mit der Schulleitung.

Die Regeln konnten jederzeit an einer Vollversammlung ergänzt, abgeändert oder ersatzlos gestrichen werden. Wurden an einer Vollversammlung neue Angebote wie zum Beispiel ein Pausenkiosk beschlossen, diskutierten die Kinder in Anlehnung an die drei Hauptregeln das Verhalten bei der Nutzung des Pausenkiosks. Zum Beispiel: «Ich trage Sorge zu den anderen. Ich warte am Pausenkiosk, bis ich an der Reihe bin und drängle nicht vor.»

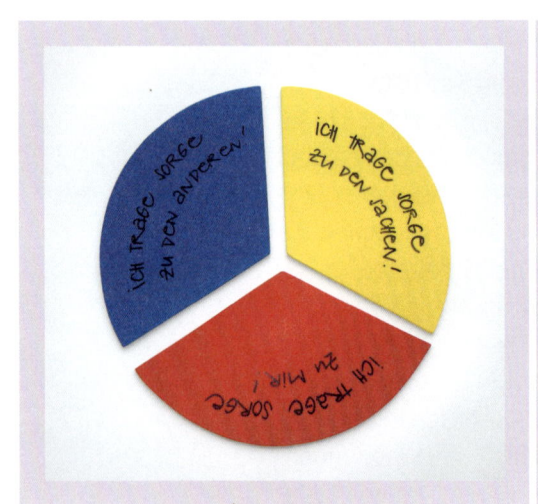

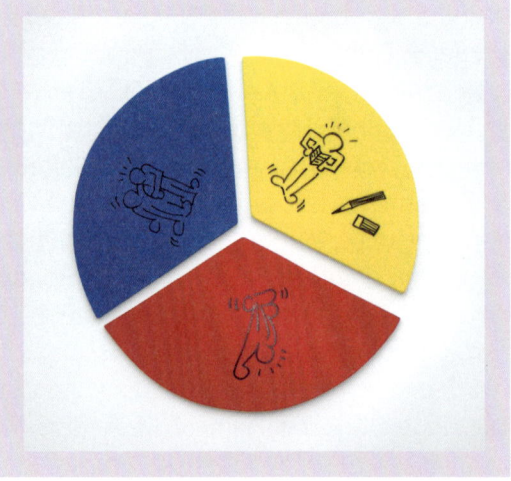

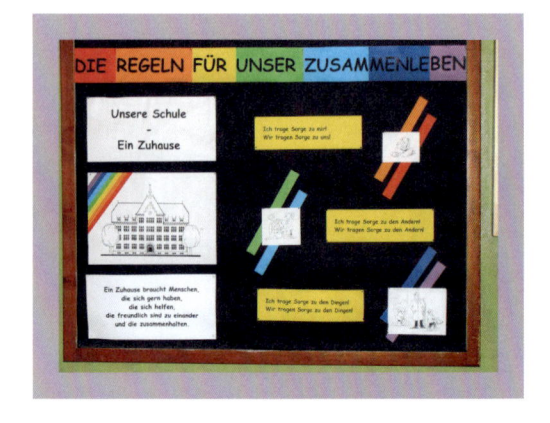

Oberstufe Erlen (TG), Markus Wiedmer:
1. Sek. Sonderwoche

Lernen und Kennenlernen: Projekttage im Pestalozzidorf Trogen

Die erste Woche in unserer Oberstufe ist immer dem Kennenlernen und der Gemeinschaftsbildung gewidmet. In Zusammenarbeit mit der offenen Jugendarbeit Erlen tragen verschiedene Aktivitäten in der neuen Klasse und in der Schulgemeinschaft der 1. Oberstufe dazu bei, dass sich die neuen Jugendlichen bei uns bald wohlfühlen. Bereits im ersten Quartal bereiten sich alle Klassen auf die Projekttage im Pestalozzidorf Trogen vor. Diese Sonderwoche ist die erste von jährlich vier Sonderwochen. Die Klassen setzen sich in Kleingruppen mit selbst gewählten, schulrelevanten Themen auseinander, die Herausforderungen im Zusammenleben betreffen (Themen wie Rassismus, Kinderrechte, Vorurteile, Mobbing, Diskriminierung, Identität, Vertrauen). Unsere Schülerinnen und Schüler nehmen mit den Verantwortlichen des Pestalozzidorfes Kontakt auf, planen und organisieren die Projekttage im Appenzellerland (Organisation, Unterkunft, Kontakte und Aktivitäten mit den Jugendlichen im Pestalozzidorf, weitere Programme). Sie bereiten sich auf die Projekttage vor. Während der Projekttage im 4. Quartal befassen sie sich nochmals intensiv mit den gewählten Themen. Nach den Projekttagen schreiben die Gruppen Kurzberichte, fassen diese in einer kleinen Dokumentation zusammen und schenken sie als Dankeschön den Personen und Institutionen, welche die Tage in Trogen finanziell ermöglicht hatten.

➡ Impuls 12

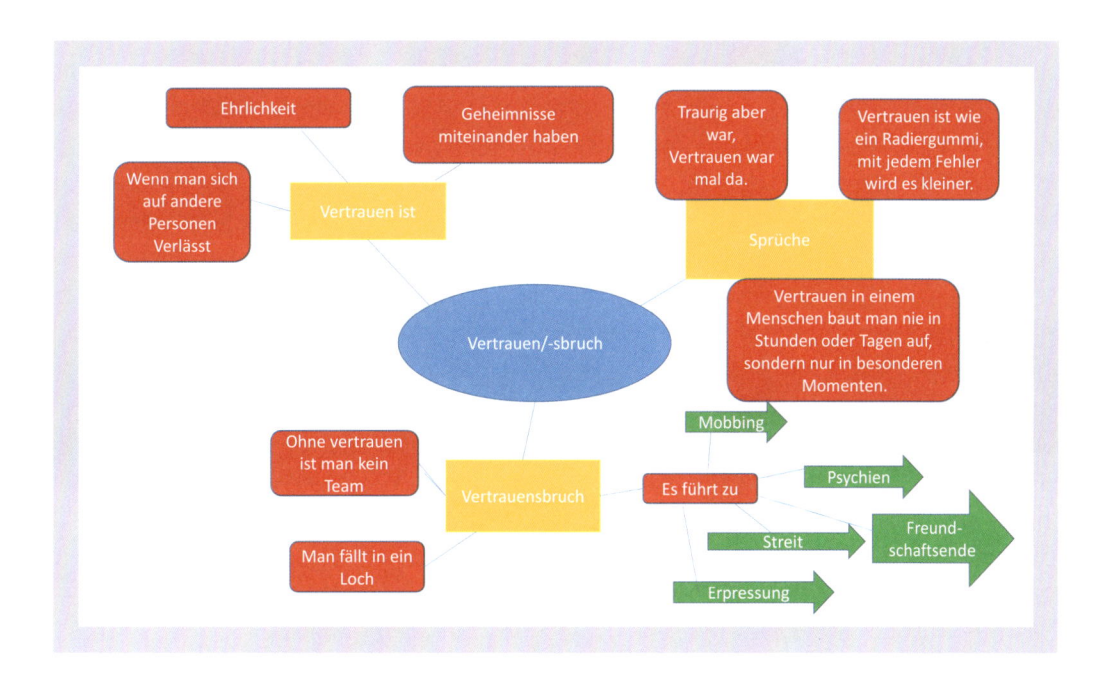

Eine Gruppe Lernender setzte sich im Rahmen der Vorbereitung auf die Projekttage in Trogen mit dem Thema «Vertrauen» auseinander und stellte die Ergebnisse in Form einer Präsentation dar.

Primarschule Allee, Wil (SG), Heidi Gehrig: Lernen an der gleichen Sache
«Leben im und am Wasser»

Die vier Mittelstufenklassen wählten das gemeinsame Thema «Vier Elemente». Unsere Klasse arbeitete mit dem Element Wasser. In einer Ausstellung vor den Frühlingsferien (gemeinsames Produkt) in den Schulhausgängen bot die ganze Mittelstufe Einblicke in ihre Arbeit mit individuellen und/oder gemeinsamen Produkten.

Die Kinder unserer Klasse schrieben und gestalteten ein Büchlein (individuelle Produkte) über ein Lebewesen in oder an heimischen Gewässern. Wir beschränkten uns auf Lebewesen in und an heimischen Gewässern, um den gemeinsamen Lebensraum Wasser für die Arbeit am Büchlein zu nutzen. Die Büchlein waren Teil der Reihe «Leben im und am Wasser» (gemeinsames Produkt) und standen in einer Bücherkiste den Kindern aus anderen Klassen zur Verfügung. Die vier Lernsituationen (Inhaltsaspekt/Beziehungsaspekt) prägten die Planung und Umsetzung der Arbeit am fächerübergreifenden Thema (Deutsch, Mensch und Umwelt, Gestalten).

In Absprache mit der ganzen Klassengemeinschaft wählten alle Kinder ein Lebewesen. Für die Ausarbeitung des Büchleins bestanden inhaltliche Vorgaben wie Aussehen, Nahrung, Fortpflanzung, Begegnungen im System, die in einem Mindmap gesammelt wurden. Die Kinder konnten auch zusätzliche Bereiche wählen. Für das Recherchieren nutzten wir Sachbücher aus der Bibliothek und Bücher, welche die Kinder von zu Hause mitbrachten. Alle Kinder suchten für alle gewählten Lebewesen Informationen. In der Klassengemeinschaft besprachen und bearbeiteten wir Themen wie Kreislauf, Nahrungsnetz, Wortschatzerweiterung. In Sprachgruppen, Tier-/Pflanzengruppen, Expertengruppen (z.B. Säugetiere oder Insekten) trafen sich die Kinder regelmässig für den Austausch über ihre Arbeit. Sie lasen Textstellen vor, überprüften die Rechtschreibung, änderten Satzstellungen, um gleiche Satzanfänge zu vermeiden, bauten Fragesätze ein, überprüften die Zeitformen und suchten passende Adjektive. Zudem klärten sie Fragen innerhalb der Expertengruppen. In der Gruppe Lebensraum trafen sich Kinder, deren Lebewesen zu unterschiedlichen Tier- und Pflanzenarten gehörten. So lernten sie auch andere Lebewesen kennen. Die einzelnen Texte wurden durch Begegnungen zum System Wasser bereichert, d.h. die Kinder nutzten ihr Expertenwissen, indem sie sich zu zweit trafen und sich gegenseitig über ihre Lebewesen berichteten. In einem natürlichen System werden einige Lebewesen von anderen gefressen. Das galt es zu berücksichtigen. Die Kinder zeigten sich in den Gruppen ihre Illustrationsskizzen und erhielten Optimierungsvorschläge. Die Ressourcen in der Klassengemeinschaft wurden somit auch für die individuelle Arbeit an den Texten genutzt (➡ S. 24). In gemeinsamen mündlichen Lernreflexionen mit Bildern zu den vier Elementen schlossen wir die Unterrichtssequenzen im Kreis ab:

- Wasser: Das Wasser steht mir bis zum Hals, weil …
- Feuer: Ich habe für eine Idee Feuer gefangen, weil …
- Luft: Das Gespräch in der Expertengruppe hat frischen Wind gebracht, weil …
- Erde: Ich habe jetzt wieder Boden unter den Füssen, weil …

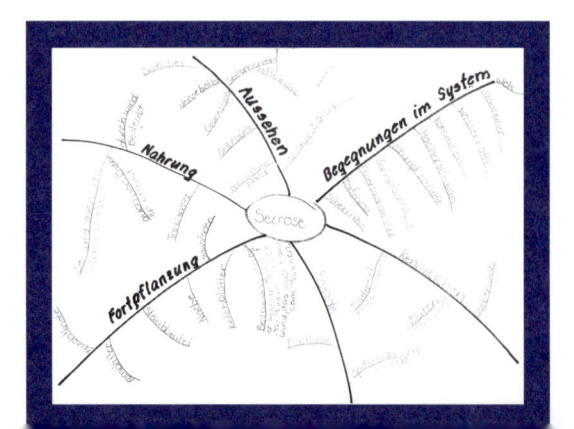

Stiessen die Kinder beim Schreiben der Texte auf unbekannte Wörter, schrieben sie diese auf bereitgelegte kleine Papierstreifen und legten diese in den Kreis. Alle waren aufgefordert, diese Papierstreifen bei Gelegenheit anzuschauen und die Wörter auf der Rückseite des Streifens kurz zu erklären. Waren die Wörter geklärt, wurden sie zur weiteren Verwendung wieder in den Kreis gelegt. Fiel es Kindern schwer, an ihrer Arbeit dranzubleiben, brachten sie dies im Kreis ein. Sie erhielten von anderen Kindern Angebote und durften sich mit einem Kind 10–15 Minuten austauschen. Anschliessend sollten sie wieder selbstständig arbeiten können. Gefiel ihnen eine Idee, ein Text oder eine Illustration eines anderen Kindes, durften sie diese mit deren Einverständnis übernehmen, mit oder ohne Hinweis (z. B. Fussnote: Idee von Kira).

→ Impuls 8

Für Fragen zur sachlichen Richtigkeit zogen wir zusätzlich eine Expertin bei. Sie kam mit Büchern und Unterlagen ins Schulzimmer und war Ansprechperson für die Kinder.

Auf Wunsch der Kinder durften sie als Zusatzarbeit zu ihrem Lebewesen Fantasiegedichte verfassen. Dazu machten sie auch Zeichnungen.

Als alle Büchlein vorlagen, organisierten die Kinder in den sieben anderen Klassen Autorenlesungen, die sie zu zweit oder zu dritt geübt und vorbereitet hatten. Für die Eltern führten wir vor der grossen Ausstellung im März eine Vernissage durch.

Nach den Frühlingsferien meldeten sich Kinder aus einer Unterstufenklasse bei uns im Klassenrat an. Sie hatten nach unseren Autorenlesungen in der Klasse entschieden, dass sie auch solche Büchlein herstellen wollten und baten die Mittelstufenkinder um Unterstützung. Unsere Mittelstufenkinder standen vor einer neuen Herausforderung, die sie mit Stolz, aber auch mit vielen Fragen angingen.

Die Aufgabe meiner Stellenpartnerin und mir lag darin, die Sequenzen in der Klassengemeinschaft vorzubereiten und durchzuführen, die Arbeit in speziellen Gruppen zu organisieren sowie die Kinder bei ihrer Arbeit individuell zu begleiten.

Nordhalbkugel	Nördliche Halbkugel des Globus.
Sensation	Etwas eindruksvolles
nachahmen	nachahmen = nachmachen = Das du eine Bewegung machst und jemand macht dir sie nach
Seichtwasser	Wasser das nicht tief ist

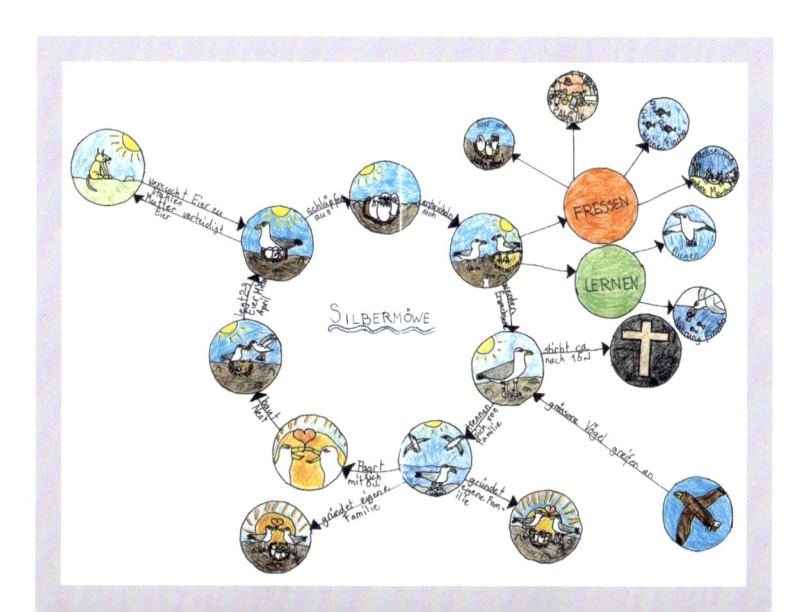

Zuhause bei meiner Mama, erzähle ich von meinem Nachmittag. Meine Mama erklärt mir, was genau ein Teichrohrsänger ist. Das ist ein Vogel wie wir. Er frisst Insekten, Libellen, Schmetterlinge und Spinnen. Er wird nur 13 cm gross und ist ein ganz guter Kletterer. Er lebt in Europa und wohnt wie wir im Schilf und auch nur im Süsswasser. Er wird nur zwei bis vier Jahre alt, weil er ein kleiner Vogel ist. Die Paarung bei ihm findet von Mai bis August statt. Er legt drei bis fünf Eier, die sich dann zu kleinen Teichrohrsängern entwickeln werden. Seine Feinde sind Welse, Rabenkrähen, Rohrweihen und Sperber.

Impuls 2

Demokratie und Menschenrechte leben und lernen

Schulen sind Teil der Demokratie. Menschenrechte und Demokratie sind aufeinander angewiesen und ergänzen sich. Sie müssen gelebt und gelernt werden, denn Demokratinnen und Demokraten fallen nicht vom Himmel und werden auch nicht als solche geboren. Deshalb prägen Demokratiepädagogik und Menschenrechtsbildung den Schulalltag und die Schulentwicklung der Individualisierenden Gemeinschaftsschule.

Die Individualisierende Gemeinschaftsschule
- basiert auf «Demokratie und Menschenrechte leben und lernen» als Grundprinzip für das Lernen, Lehren und Zusammenleben in der Schule;
- ermöglicht und fördert bei Lehrpersonen den Erwerb und die Weiterentwicklung verschiedener demokratischer, menschenrechtsorientierter Fach- und Handlungskompetenzen;
- sorgt dafür, dass Kinder und Jugendliche Basiswissen über Demokratie in ihren drei Formen (Lebensform, Gesellschaftsform, Herrschaftsform) und über die Menschenrechte erwerben, sich mit den Chancen und Herausforderungen in einer demokratischen Gesellschaft und mit der Umsetzung der Menschenrechte auseinandersetzen;
- kennt und respektiert Gemeinsamkeiten von und Unterschiede zwischen Demokratiepädagogik und Menschenrechtsbildung;
- ist eine möglichst demokratisch ausgerichtete Institution mit demokratiepädagogischer, menschenrechtsorientierter Schulentwicklung.

Darum geht es

«Demokratie kann man als einen politischen Prozess verstehen, in dem alle Betroffenen gleiche Chancen haben, ihre Ansprüche auf Selbstbestimmung und Mitgestaltung des Gemeinwesens wirksam geltend zu machen.»
Jörg Paul Müller (Müller, 1993, S. 94)

«Einem Menschen seine Menschenrechte verweigern bedeutet, ihn in seiner Menschlichkeit zu missachten.»
Nelson Mandela (Mandela, 1990, igfm.de)

Zum Verhältnis von Demokratie, Menschenrechten und Rechtsstaat

Die Individualisierende Gemeinschaftsschule stellt sich dem Spannungsfeld Individuum und Gemeinschaft und sorgt für eine Balance zwischen Individuums- und Gemeinschaftsorientierung. Zwei Konzepte, die das Zusammenspiel zwischen Individuum und Gesellschaft besonders fokussieren und damit für die Individualisierende Gemeinschaftsschule konstituierend sind, sind Demokratie und Menschenrechte. Beide manifestieren die Wertvorstellungen unserer Gesellschaft und unseres Rechtsstaates. Sie bilden zusammen ein System, das uns als gesellschaftliches Wesen schafft und das wir wiederum immer neu schaffen.

➡ Impuls 1

«Moral, Demokratie und Erziehung sind eng miteinander verbunden. Die Demokratie selbst ist eine moralische Idee, die in real existierenden Gesellschaften mehr oder minder gut umgesetzt wird. Moderne Demokratien gründen auf der Vorstellung, dass das Zusammenleben der Menschen in einer Gesellschaft nicht von Königen und Tyrannen geregelt wird, sondern von den Menschen selbst auf der Basis von moralischen Prinzipien, denen sich alle verpflichtet wissen.» (Lind, 2015, S. 19)

Ein demokratischer Staat ist ein Rechtsstaat. Er achtet und garantiert die Menschenwürde, die Menschen- und Grundrechte, respektiert, fördert und stärkt Individuum und Gemeinschaft. Während sich die Menschenrechte am Individuum, an der Würde jeder und jedes Einzelnen orientieren und eine Gemeinschaft fordern, welche die Rechte des Einzelnen/der Einzelnen respektiert, fokussiert die Demokratie das Zusammenleben einer Gemeinschaft, welche auf jedes einzelne selbst- und mitbestimmende sowie eigenverantwortliche Individuum angewiesen ist und von ihm geprägt wird.

Demokratische Ordnungen und Menschenrechte sind historisch gewachsen und somit nicht nur konzeptionell, sondern auch durch die Zeit ihrer Entstehung und Entwicklung und die in diesen Zeiten und Räumen lebenden Menschen, ihre Gedanken und Bedürfnisse geprägt. Sie orientieren sich stets an einem spezifischen gesellschaftlichen Kontext. Sie sind von Menschen gemacht, werden von Menschen geprägt, verändert und weiterentwickelt und stehen immer wieder neuen Herausforderungen gegenüber.

Auch in sogenannt funktionierenden Demokratien verhalten sich Menschen respektlos und menschenrechtsverletzend, sind Politikerinnen und Politiker nicht konsensfähig oder manipulierbar. Wer eine «echte Demokratie» will, muss seine Bürgerinnen und Bürger dazu befähigen. Mehr denn je ist die Welt darauf angewiesen, zur Demokratie in ihren drei Formen (➡ S. 34) Sorge zu tragen, denn sowohl alte wie neue Demokratien sind mit aktuellen Herausforderungen konfrontiert.

Zum Verständnis von Demokratie und Menschenrechten im Rechtsstaat

Mit Demokratie ist nicht nur die Demokratie als Staats- oder Herrschaftsform gemeint. Es wird zwischen drei Formen differenziert: Demokratie als Lebens-, Gesellschafts- und Herrschaftsform (vgl. Himmelmann, 2007).

Demokratie und Menschenrechte als Lebensform

Demokratie und Menschenrechte bestimmen und prägen die Form des Zusammenlebens. Sie sind auf das alltägliche Leben der Einzelnen und auf die Kultur des Zusammenlebens in verschiedenen Gemeinschaften, zum Beispiel in der Familie, in der Schule ausgerichtet.
Die Schwerpunkte dieser Lebensform liegen in der Entwicklung von Individualität und Selbstbewusstsein (Selbstbestimmung), in menschlichen Beziehungen (z. B. pädagogischen Beziehungen) und deren Gestaltung sowie in sozialer Kompetenz und Solidarität im Zusammenleben. Sie stärkt die Persönlichkeitsbildung und die Gemeinschaftsbildung.
Wer in einem demokratischen und menschenrechtswahrenden System aufwächst, nutzt seine individuellen Möglichkeiten und anerkennt die Gleichheit der Bedürfnisse und der Lebensstile als Chance im gesellschaftlichen Zusammenleben.

Demokratie und Menschenrechte als Gesellschaftsform

Demokratie und Menschenrechte sind auf das Leben in der Zivilgesellschaft ausgerichtet, in der kulturelle, soziale und wirtschaftliche Vielfalt und Unterschiede als Bereicherung erkannt werden. «Gesellschaft» begegnet uns in verschiedenen Formen, zum Beispiel in der Familie, Verwandtschaft, in der Erziehung, in der Kunst, Kultur, Wissenschaft und Religion, im Sport, in der Freizeit und Erholung, in der Berufs- und Arbeitswelt, im wirtschaftlichen Handeln, in der Produktion und Verteilung, in der Sozialordnung. Sie wird geprägt durch Werthaltungen, Traditionen, gemeinsame geschichtliche Erfahrungen und kulturell verankerte Lebensstile. Zu ihr gehören auch Konkurrenz- und Konfliktsituationen.
Wer in einer Zivilgesellschaft aufwächst und lebt, die von Menschenrechten und Demokratie geprägt ist, stellt Persönlichkeits- und Gemeinschaftsbildung in einen grösseren Zusammenhang und weitet die persönliche Lebensform auf das gesellschaftliche Zusammenleben aus. Die Menschen prägen so die praktische Gestaltung der Demokratie und der Menschenrechte im Rechtsstaat.

Demokratie als Herrschaftsform

Die Demokratie als Herrschaftsform definiert die staatspolitische Organisation, sichert auf Gesetzesebene die Grundrechte und Pflichten der Bürgerinnen und Bürger ab und regelt deren Beteiligungsgelegenheiten. Sie bestimmt, ob und in welcher Form universale Normen wie zum Beispiel die Menschen-, Kinder- und Behindertenkonventionen auf der innerstaatlichen Gesetzesebene verankert werden. Sie sorgt u. a. für Bildung und Chancengerechtigkeit, für soziale und wirtschaftliche Sicherheit. Die Demokratie als Herrschaftsform ist so gestaltet, dass die Demokratie als Lebensform und die Demokratie als Gesellschaftsform nicht verletzt werden. Insofern sind Demokratie als Lebensform und Demokratie als Gesellschaftsform Voraussetzungen und zugleich Aufgabe und Ziel einer funktionierenden Demokratie als Herrschaftsform.

Die juristische Dimension der Menschenrechte (im Rechtsstaat)

Menschen-, Kinder- und Behindertenrechte basieren auf einem Menschenbild, das die Würde des Menschen ins Zentrum stellt. Menschenrechte fördern, schützen und unterstützen den Bestand der Würde des Menschen. Werden Menschenrechte verletzt, ist die Würde des Menschen bedroht. Im Artikel 7 der aktuellen Schweizerischen Bundesverfassung von 1999 heisst es: «Die Würde des Menschen ist zu achten und zu schützen» (admin.ch).
Völkerrecht ist Recht, welches auf dem Konsens der Staaten beruht und in den anerkannten Rechtsquellen seinen Ausdruck findet. In der internationalen Gemeinschaft setzte sich im

20. Jahrhundert die Ansicht durch, dass bei Verhandlungen über die Beziehung von Staaten beziehungsweise mehreren Staaten die Rechte der Menschen, die in den einzelnen Staaten leben, von (grosser) Bedeutung sind beziehungsweise sein müssten.

Demokratie und Menschenrechte leben und lernen – eine Aufgabe der Schule

Die Schule ist der einzige Ort, den fast alle Kinder und Jugendliche besuchen. Dabei treffen sie auf verschiedene soziokulturelle, religiöse und moralische Werte. In keiner anderen Institution besteht ein so breites Erfahrungs- und Lernfeld wie in der Schule. Die Basis für die Entwicklung von Kompetenzen für das Zusammenleben in einer demokratischen, menschenrechtsgeprägten Gesellschaft und für eine entsprechende Haltung der Erwachsenen wird in der Kindheit und Jugend gelegt, je früher desto nachhaltiger.

Schulen sind nicht nur Orte, an denen Lernstoff erarbeitet wird und Kinder und Jugendliche bewertet, beurteilt und selektioniert werden. Vielmehr sind sie auch sozial-interaktive, moralisch-reflexive und politisch-partizipative Erfahrungs- und Lernorte. Das erfordert ein neues Bildungsparadigma:

«Die gegenwärtige Schule muss eine andere Schule werden, wenn sie sich nach den vertraglich vereinbarten Bildungszielen ausrichtet, auch wenn sie weiter zugleich danach strebt, gute fachliche Leistungen zu vermitteln. Aber von diesen fällt nicht nebenher ab, dass Schulabsolventen und Akademiker auch Probleme von Gerechtigkeit, Diversität, Diskriminierung, Gewalt, Ressourcenmangel und Nachhaltigkeit lösen können, die Zusammenleben existentiell bedrohen. Das ist eine Aufgabe eigenen Werts. Es ist an der Zeit, dass unsere Schulentwickler sie voll in die Arbeit unserer Schulen integrieren. Es muss nicht ein neues Fach in den Lehrplan aufgenommen werden, sondern ein neues Bildungsparadigma entwickelt werden, das die humane Entwicklung der menschlichen Weltgesellschaft fördert.» (Krappmann, 2016a, S. 153)

Kinder haben Kinderrechte, Menschenrechte für Kinder. Die Kinderrechte sind ein idealer Einstieg, um Kindern ihre Rechte in der Schule näherzubringen.
Die UNO-Kinderrechtskonvention von 1989 nennt drei Säulen, damit das Wohl des Kindes in allen die Kinder betreffenden Situationen berücksichtigt werden kann: Anerkennung und Schutz, Förderung und Entwicklung, Partizipation und Mitbestimmung (➜ S. 42f.).

Bereitschaft der Lehrpersonen, sich mit Demokratie und Menschenrechten auseinanderzusetzen

Wird in Schulen eine Schulkultur mit «Demokratie und Menschenrechte leben und lernen» angestrebt, ist das Wissen der Lehrpersonen über Demokratie und Menschenrechte erforderlich und hilfreich.

Lehrpersonen sollten in folgenden Bereichen kompetent sein:

Wissen über Demokratie und Menschenrechte
Zum Beispiel Klärung und Schärfung der Begriffe Demokratie und Menschenrechte, Wissen über die Dimensionen der Demokratie und Menschenrechte (philosophisch, politisch, historisch und rechtlich), Wissen über die Verbundenheit von Demokratie und Menschenrechten, über ihre Entstehung und Entwicklung, über ihre Prägung und Ausgestaltung durch die Menschen.

Wissen über das aktuelle Verständnis von Demokratie und Menschenrechten
Zum Beispiel Wissen über die Demokratie als Herrschaftsform und die Menschenrechte als juristische Dimension im Rechtsstaat; Wissen über Demokratie und Menschenrechte als Gesellschafts- und Lebensform und als Form des gesellschaftlichen Zusammenlebens, über das gegenseitige Aufeinanderangewiesensein.

Wissen über aktuelle Herausforderungen in der Demokratie und bei der Umsetzung der Menschenrechte
Zum Beispiel Wissen über die Schwierigkeiten der Definition von Demokratie und des Einforderns der Menschenrechte, über die Balance zwischen Schutz und Freiheit, Partizipation und Effizienz, zwischen politischen, wirtschaftlichen und sozialen Zielen, zwischen Interessen der Erwachsenen und dem Wohl des Kindes.

Grundlegende Gestaltungsnormen für Unterricht und Zusammenleben

In einer Individualisierenden Gemeinschaftsschule sind Demokratie und Menschenrechte umfassende und grundlegende Gestaltungsnormen für Unterricht und Zusammenleben. Sie dürfen sich nicht auf ein Schulfach, auf inhaltliche, methodische und fachliche Ausrichtung beschränken. Sie prägen Schulkonzepte, Leitbilder, Schulprogramme, lösen Initiativen und Aktivitäten aus und bilden die Basis für eine entsprechende Unterrichts- und Schulkultur. Lernen über Demokratie, über Kinder- und Menschenrechte wird zwar in jedem Lehrplan erwähnt. Es gilt jedoch, im täglichen Umgang miteinander, in jedem Unterrichtsfach und im Zusammenleben vielfältige Erfahrungs- und Lernfelder anzubieten, die eigene Erfahrungen, gemeinsame Erfahrungen mit anderen sowie individuelles und gemeinsames Lernen ermöglichen.

«Ziel der Demokratiepädagogik ist es, den Schülerinnen und Schülern Erfahrungs- und Handlungsfelder zu eröffnen, die ihnen erlauben, demokratische Kompetenzen zu erwerben: Sie sollen Orientierungs- und Deutungswissen aufbauen, Urteils- und Entscheidungsfähigkeit entwickeln und ihre schulische und ausserschulische Lebenswelt in Übereinstimmung mit demokratischen Werten aktiv und verantwortungsvoll mitgestalten.» (Edelstein et al., 2007, S. 6)

«Menschenrechtsbildung ist universalistischen Werten und Prinzipien verpflichtet, darf diese ihren Adressaten aber nicht überstülpen. Notwendig ist eine diskursive Auseinandersetzung über die Bedeutung und Geltungsgründe von Rechten, einschliesslich der Möglichkeit, abweichende Überzeugungen zu artikulieren. Dieser Ansatz zielt nicht auf die Vermittlung eines Kanons geltender Rechte, sondern auf die intersubjektive Verständigung über Normen des Zusammenlebens. Gerade Wert- und Normenkonflikte sind ein wichtiger Bestandteil dieses Diskurses. Da in einer komplexen Welt Werte strittig bleiben und nicht alle Konflikte lösbar sind, bedarf es der Anerkennung von Pluralität und Heterogenität ebenso wie der Fähigkeit, mit Dissens zu leben.» (Weyers, 2016, S. 49)

In den kantonalen Bildungs- und Erziehungsaufträgen, den Bildungszielen der Volksschule und im Lehrplan 21 kommen diese Anliegen zum Ausdruck.

Über, durch und für Demokratie und Menschenrechte lernen

Da sowohl Expertinnen und Experten für Demokratiepädagogik als auch für Menschen- und Kinderrechtsbildung ähnliche Anliegen und Zielsetzungen ausgearbeitet haben, werden diese nachfolgend kompetenzorientiert zusammengeführt:
- Lernen **über** Demokratie und Menschenrechte (Wissen und Verstehen)
- Lernen **durch** Demokratie und Menschenrechte (Haltungen, Einstellungen)
- Lernen **für** Demokratie und Menschenrechte (Bereitschaft, Handlungen)

Die demokratischen Kompetenzen erscheinen im Lehrplan in verschiedenen Fachbereichen, in Leitideen und in den überfachlichen Kompetenzen. In den drei Zyklen werden sie zudem unterschiedlich gewichtet. Über, durch und für Demokratie und Menschenrechte lernen ist jedoch fachunabhängig und gilt als grundlegende Gestaltungsnorm für Unterricht und Zusammenleben. Deshalb kann die Verantwortung für die Entwicklung und Förderung nicht einzelnen Fachlehrpersonen, die zum Beispiel NMG, RZG oder ERG unterrichten, übertragen werden.
Die Schulen stehen vor der anspruchsvollen Aufgabe, die Verantwortung für den Aufbau der nachfolgenden Kompetenzen gemeinsam zu übernehmen. Dazu braucht es entsprechende Teamvereinbarungen.

Lernen über Demokratie und Menschenrechte

Wissen und Verstehen

Die Lernenden kennen und verstehen
- das Spannungsfeld Individuum und Gemeinschaft;
- verschiedene konkretisierte demokratische Kompetenzen (sozial-interaktive, moralisch-reflexive und politisch-partizipative);
- die Demokratie und die Menschenrechte als Lebens- und Gesellschaftsform, die Demokratie als Herrschaftsform (Staatsform) und die Menschenrechte als juristische Dimension;
- die Geschichte und Philosophie der Demokratie als Herrschaftsform und der Menschenrechte als juristische Dimension; die Rechte und Pflichten in einer Demokratie;
- die Bedeutsamkeit von «Demokratie und Menschenrechte leben und lernen» in der Schule;
- die Demokratie und die Menschenrechte als ein Wertesystem und verstehen deren Beziehung zu anderen Wertesystemen und anderen Sozialzielen;
- Prinzipen der Demokratie und Menschenrechte wie Anerkennung, Universalität, Unteilbarkeit, Beteiligung, Gewaltverzicht, Dialog-, Diskurs-, Konsensbereitschaft, Inklusion, demokratische Entscheidungsprozesse;
- die Relevanz der Verantwortungsübernahme bei der Beteiligung als Individuum, Gruppe, Gemeinschaft;
- die Herausforderungen der Demokratie und die Schwierigkeiten bei der Umsetzung der Menschenrechte;
- aktuelle demokratische Themen und Personen, die sich für die Demokratie in ihren drei Formen und für Menschenrechte einsetzen;
- die Verantwortung des Staates.

Lernen durch Demokratie und Menschenrechte

Haltung und Einstellungen

Die Lernenden zeigen
- Verständnis für das Spannungsfeld Individuum und Gemeinschaft;
- vielfältige konkretisierte demokratische Kompetenzen (sozial-interaktive, moralisch-reflexive und politisch-partizipative);
- Formen von Selbstanerkennung/Anerkennung der anderen, von gegenseitigem Respekt;
- aktives Interesse für Menschenrechte, Demokratie und Gerechtigkeit;
- Beteiligungsbereitschaft mit Verantwortungsübernahme beim eigenen Lernen sowie beim Lernen und Zusammenleben mit anderen;
- aktives Interesse für Demokratie, für demokratisches Zusammenleben und für Gerechtigkeit;
- Offenheit für Reflexion und Lernen, um demokratisches Verhalten zu entwickeln;
- Sensibilität für undemokratisches und menschenrechtsverletzendes Verhalten;
- Empathie und Perspektivenübernahme im Zusammenleben und -arbeiten mit anderen;
- Bekenntnis zur Aufrechterhaltung und zum Schutz der Demokratie und der Menschenrechte;
- Motivation, sich in Zusammenarbeit mit anderen für die Menschenrechte und für die Demokratie kreativ einzusetzen.

Lernen für Demokratie und Menschenrechte

Bereitschaft und Handlungen (Handlungskompetenzen)

Die Lernenden sind fähig,
- sich im Spannungsfeld Individuum und Gemeinschaft zu bewegen;
- das eigene Lernen selbst- oder mitzubestimmen, sich in Gruppen und Gemeinschaften respektvoll und konstruktiv einzugeben, demokratisch getroffene Entscheidungen anzuerkennen;
- sozial-interaktiv, moralisch-reflexiv und politisch-partizipativ zu handeln;
- Ereignisse und Prozesse aus demokratischer Perspektive und aus der Perspektive der Menschenrechte zu analysieren;
- undemokratische Vorgaben und Verhaltensweisen, Menschenrechtsverletzungen sowie deren Ursachen und Auswirkungen zu identifizieren;
- verlässliche Informationen über Demokratie und über Menschenrechte zu beschaffen, zu analysieren und zu nutzen;
- demokratische Prinzipien und Menschenrechtsprinzipien im eigenen Umfeld umzusetzen;
- Engagement und Zivilcourage «im Kleinen» zu zeigen;
- sich aktiv für die Demokratie und Menschenrechte einzusetzen;
- Demokratie und Menschenrechte mithilfe von legalen und gewaltfreien Mitteln einzufordern;
- Aktivitäten für die Förderung der Demokratie und der Menschenrechte zu planen und durchzuführen.

Werte diskutieren und umsetzen statt vermitteln

In einer Zeit der Wertevielfalt (Pluralität) ist es besonders wichtig, sich in der Schule Zeit zu nehmen für das Denken und die Diskussion über gesellschaftlich respektierte Moralprinzipien und deren Anwendung in alltäglichen Lebenssituationen. Dabei geht es nicht darum, den Kindern und Jugendlichen bestehende Werte unreflektiert zu vermitteln. Ziel ist vielmehr der Aufbau der «Fähigkeit, Probleme und Konflikte auf der Grundlage universeller Moralprinzipien durch Denken und Diskussionen zu lösen, statt durch Gewalt, Betrug und Macht». (Lind, 2015, S. 39)

Dies wird unterstützt und gefördert durch
- Respekt und Wahrung der Menschenwürde in alltäglichen Begegnungen;
- Lernen an der gleichen Sache (➡ Impulse 1, 8, 10 und 11);
- demokratische Projekte (➡ Impulse 6, 8, 10 und 11);
- konsensstiftende Diskurse (➡ Impuls 5);
- Dilemma-Diskussionen (➡ Impuls 10);
- Vollversammlungen/Just Community (➡ Impuls 10);
- das Lernen im direkten Kontakt mit Menschen mit besonderen Geschichten (z. B. ehemalige Verdingkinder, Kinder, Jugendliche und Erwachsene aus Kriegsgebieten, Holocaust-Überlebende, Mobbingopfer, Opfer von Gewalt, ehemalige straffällig gewordene und verurteilte Täter und Täterinnen, ehemalige Drogenabhängige).

In Dilemmadiskussionen reden Kinder und Jugendliche anhand von semirealen Dilemma-Geschichten über schwierige Situationen respektvoll und fair miteinander. Sie erfahren und üben den Perspektivenwechsel. Bereits Kinder in der Schuleingangsphase sind dazu fähig (➡ S. 40). An Vollversammlungen (Just Community) diskutieren Kinder und Jugendliche Themen, die alle betreffen, aktuell und für möglichst viele interessant sind. Sie lernen verschiedene Sichtweisen kennen und respektieren. Alle Kinder und Jugendlichen einer Schule sind dabei, haben eine Stimme und reden mit. (➡ S. 151)

Demokratiepädagogik und Menschenrechtsbildung in der Aus- und Weiterbildung

Noch sind Demokratiepädagogik und Menschenrechtsbildung nicht in allen Aus- und Weiterbildungsinstitutionen angekommen, wie das in anderen europäischen Ländern, zum Beispiel in Schweden, der Fall ist.

In der Schweiz setzt sich zum Beispiel das Zentrum für Menschenrechtsbildung (ZMRB) der Pädagogischen Hochschule Luzern, zusammen mit der Stadt Luzern, mit nationalen und internationalen Partnern für die Menschenrechtsbildung in Schulen und in anderen gesellschaftlichen Bereichen ein. In Pädagogischen Hochschulen werden zum Beispiel in der Lehre Vertiefungsstudien oder Schwerpunktstudien angeboten. Demokratiepädagogik und Menschenrechtsbildung sind jedoch noch keine grundlegenden Gestaltungsnormen für Leitbilder und Curricula.

In Deutschland setzt sich das Deutsche Institut für Menschenrechte in Berlin für Menschenrechtsbildung ein. Die Freie Universität Berlin bietet den Masterstudiengang «Demokratiepädagogische Schulentwicklung und soziales Lernen» an. Zudem setzt sich die länderübergreifende Deutsche Gesellschaft für Demokratiepädagogik (degede.de) für Demokratie als Thema und als Prinzip schulischen und ausserschulischen Lernens und als Ziel der Schulentwicklung ein. Sie ermutigt nicht nur die Schulen, sondern alle Einrichtungen des Staates und der Gesellschaft, mit denen die junge Generation zu tun hat, zur demokratischen Mitwirkung. Das setzt voraus, dass Staat und Gesellschaft die Rechte von Kindern und Jugendlichen schützen und sich gemeinsam verpflichten, diese auszugestalten. Jedes Jahr werden Schulen im Projekt «Gesagt. Getan» (demokratisch-handeln.de) für besondere demokratische Projekte und für Projekte zur Unterstützung der Menschenrechte gewürdigt. Länderinterne und nationale Demokratie- und Menschenrechtstage unterstützen die Schulen und fördern die Zusammenarbeit von Schule, Wirtschaft, Gesellschaft und Politik.

Leitfragen für die Arbeit in den Schulen

Mein Verständnis von «Demokratie und Menschenrechte leben und lernen»

- Was verstehe ich unter Demokratie, Menschenrechten, Demokratiepädagogik und Menschenrechtsbildung?
- Wie relevant sind die Ausführungen zu Demokratie und Menschenrechten als Lebens-, Gesellschafts- und Herrschaftsform sowie zu Menschenrechten als juristische Dimension für meine Arbeit? Wie gewichte ich sie?
- Was lösen die Kompetenzen zu «Lernen über, für und durch Demokratie und Menschenrechte» bei mir aus? Wie könnte ich sie bei meiner Arbeit nutzen?
- Wie prägen mein Demokratieverständnis und meine Akzeptanz der Menschenrechte meine Haltung im Umgang mit allen an der Schule Beteiligten? Mit wem reflektiere ich meine Haltung und mein Verhalten? ➡ Impuls 5
- Welche Werte sind mir wichtig? Gebe ich sie in meiner Klasse vor? Diskutiere ich sie mit den Kindern/Jugendlichen? Wie zeigen sie sich in meinem Handeln? ➡ Impuls 5
- Welche Formen von Entscheidungsfindung praktizieren wir, Konsensfindung oder Abstimmungen? Wie gestalte und begründe ich sie? ➡ Impuls 12
- Kennen die Kinder und Jugendlichen meiner Klasse die Kinderrechte? Wie gebe ich den Kinderrechten Raum?

Unser Verständnis von «Demokratie und Menschenrechte leben und lernen»

- Ist unsere Schule demokratisch und menschenrechtsorientiert ausgerichtet (z. B. Schulorganisation, Schulführung, Unterricht und Zusammenleben, schulinterne Zusammenarbeit, Zusammenarbeit mit dem schulischen Umfeld)?
- Wie prägt unser Verständnis von Demokratiepädagogik und Menschenrechtsbildung unsere Menschenbilder? ➡ Impuls 5
- Welche Zeitgefässe für «Demokratie und Menschenrechte leben und lernen» haben einen fixen Platz in unseren Stundenplänen oder Wochenstrukturen? ➡ Impuls 9
- Welche Werte sind uns wichtig? Wie zeigen sich im Kollegium Konsens und Dissens? Wie gehen wir damit um? ➡ Impuls 4
- Wie setzen wir «Demokratie und Menschenrechte leben und lernen» als Grundprinzip für Lehren, Lernen und Zusammenleben um? Wie gut kennen die Kinder und Jugendlichen demokratische Entscheidungsprozesse und die Unterschiede zwischen Konsensfindungen, Kompromissen und Mehrheitsentscheiden? ➡ Impuls 12
- Praktizieren wir eine demokratiepädagogische Schulentwicklung? ➡ Impuls 12

MEHR DAZU

Krappmann (2016b, S. 17): Kinder und Jugendliche an der Vorbereitung auf ihre Zukunft beteiligen
«Da wir nicht vorhersagen können, wie die zukünftige Welt aussehen wird, kann die Vorbereitung nur darin bestehen, die Aufgaben der Gegenwart ernst zu nehmen und den Kindern und Jugendlichen zu ermöglichen, an den heute zu bewältigenden Aufgaben mitzuarbeiten und dabei die Fähigkeiten und Bereitschaften zu entwickeln, die sie benötigen werden, um gemeinsam die ungewisse Zukunft zu gestalten. Die Gemeinsamkeit muss auf gegenseitigem Respekt beruhen, der den Kindern, Menschen unter 18 Jahren, durch die Kinderrechtskonventionen der Vereinten Nationen (…) verbindlich zugesichert wurde. Den Fragen und Interessen der Kinder ist an allen Orten und Situationen ihres Lebens Gewicht zu geben. Die Entwicklung ihrer Fähigkeiten muss auf die sie erwartenden Aufgaben ausgerichtet sein. An allen Entscheidungen, die sie und ihre Zukunft betreffen, sind sie zu beteiligen. Sie müssen hinreichend Gelegenheit haben, Verantwortung für solche Aufgaben zu übernehmen, und auf Entscheidungen, die sie und ihre Zukunft betreffen, Einfluss zu nehmen. Das gilt in besonderer Weise für die Bildungsinstitutionen, die von allen Kindern besucht werden und die unter der Kontrolle des Staats stehen, der auf die Rechte der Kinder verpflichtet ist.»

Kaiser & Lüschen (2014, S. 157): Politisch-soziales Lernen ist nicht altersabhängig
«Die Entwicklung von moralischem Wertbewusstsein ist nicht primär eine Frage des Alters, sondern vielmehr eine Frage der aktiven Auseinandersetzung des Kindes mit gegebenen Anregungen. Veränderte gesellschaftliche Erfahrungen und gezielte pädagogische Anregungen können das Wertedenken von Kindern – wie bei der Verteilungsgerechtigkeit aufgezeigt – entwickeln. Die politisch-sozialen Denkvoraussetzungen für eine demokratische Gesellschaft gilt es schon früh zu entfalten.»

Zugefallenes aus dem Schulalltag

Mirko

Zu Beginn einer Dilemma-Diskussion nach der KMDD (Konstanzer Methode der Dilemma-Diskussion) hören sich die Kinder eine Geschichte an. Die Dilemma-Geschichte beinhaltet ein semireales moralisches Dilemma. Die Hauptperson befindet sich in einer Dilemmasituation und muss sich für oder gegen eine Handlung entscheiden. Es gibt immer gute Gründe, sich für oder gegen ein Verhalten zu entscheiden. In der Dilemma-Geschichte «Marla ist verliebt» muss sich Marla entscheiden, ob sie Jan, den sie sehr gut mag, zu ihrem Geburtstagsfest einladen soll oder nicht. Ihre Freundinnen könnten sie auslachen. Sie entscheidet sich dagegen.

Auf Anfrage einer Kollegin leite ich die Dilemmadiskussion in ihrer 1. bis 3. Klasse. Nachdem die Kinder die Geschichte von Marla gehört haben, überlegen sie sich, welche Gedanken und Gefühle die Geschichte in ihnen auslöst. Im Kreisgespräch erhalten sie Gelegenheit, ihre Wahrnehmung der Geschichte mitzuteilen und sie erfahren, dass andere Kinder die Geschichte anders wahrnehmen. Anschliessend müssen sie sich positionieren: Hat sich Marla richtig entschieden? Ja oder nein? Für die Dilemma-Diskussion setzen sich die Kinder im Kreis entweder auf die Pro-Seite oder auf die Contra-Seite. Mirko, ein Erstklässler, setzt sich auf die Contra-Seite. Nach einer intensiv geführten Diskussion über die Bedeutsamkeit von Freundschaft, Liebe, Mut, Vertrauen und Angst vor dem Ausgelacht-Werden suchen sowohl die Kinder auf der Pro-Seite als auch diejenigen auf der Contra-Seite die besten Gegenargumente, die in der Diskussion eingebracht worden sind. Auch da macht Mirko gut mit. Bei der zweiten Abstimmung zeigt es sich, dass Mirko und ein Drittklässler aus der Contra-Seite ihre Meinung geändert haben. Auf meine Frage: «Wie war das jetzt für euch? Was habt ihr gelernt – über die Geschichte und über euch selbst?» meldet sich Mirko sichtlich aufgeregt. Er will unbedingt auf die Pro-Seite sitzen. Ich bitte ihn, uns den Grund dafür zu nennen. Mirko schaut zu Timon hinüber. Timon, ein Drittklässler, ist sein bester Freund. «Ich will auf der gleichen Seite sitzen wie Timon, er ist mein Freund. Ich will ihn nicht verlieren!» Bevor ich Mirko den Platz wechseln lasse, frage ich Timon, was er dazu meint. Timon sitzt ruhig da, schaut Mirko an und sagt zu ihm: «Du kannst auf deiner Seite sitzen bleiben. Wir müssen als Freunde nicht immer die gleiche Meinung haben.» Mirko bleibt sichtlich erleichtert auf der Contra-Seite sitzen.

Linda macht sich zu einer Dilemmageschichte Gedanken.

☐ Marla hat sich **richtig** entschieden.
☒ Marla hat sich **nicht richtig** entschieden.

Gründe für meinen Entscheid:

1) Sie darf jeden einladen, es ist ihr Leben.
2) Sie hat geburztag!
3) Wen sie ausgelacht wird dann hat sie ja eine Freundin und die hilft ihr dabei.

Besprecht in eurer Gruppe eure Begründungen! Schreibt die drei besten Gründe für eure Meinung auf!

1) Sie darf jeden einladen es ist ihr Leben
2) Den beide lieben sich und es ist egal wen jemand sie auslacht.
3) Wen sie jemand auslacht dan sind sie eiversüchtig und machen bewust so

Überlege dir, weshalb andere Kinder denken, **Marla hätte sich anders entscheiden sollen.** Schreibe zwei Gründe auf!

Beispiele aus der Praxis

Primarschule Allee, Wil (SG), Heidi Gehrig: Demokratie leben und lernen

Rückeroberung des Pausenplatzes

Eine Schülergruppe schlug für die Schulversammlung das Thema vor «Wir wollen keine Dealer/Dealerinnen, Kiffer/Kifferinnen und Alkoholiker/Alkoholikerinnen auf unserem Pausenplatz» (das Schulhaus liegt im Stadtzentrum nahe beim Bahnhof). Oft waren ungebetene Gäste auf dem Schulareal. Das Thema wurde von der Schulgemeinschaft gewählt. Für die Vollversammlung beschloss die Vorbereitungsgruppe, Fachpersonen einzuladen (z. B. Leiter des städtischen Ressorts Sicherheit, Leiter der städtischen Drogenanlaufstelle, Polizei). An der Vollversammlung zeigten die Kinder die Problematik auf: Sie wurden um Geld angebettelt, angepöbelt, fanden auf dem Spielplatz und auf der Spielwiese leere oder zerschlagene Bierflaschen, gebrauchte Kondome und Spritzen und andere liegen gebliebene Abfälle. Gemeinsam wurde diskutiert und nach Lösungen gesucht. Was kann das Ressort Sicherheit machen? Wie können sich die Kinder den ungebetenen Gästen gegenüber verhalten? Was können die Kinder zur Entschärfung der Situation beitragen?

Unter Anleitung des Hauswarts stellten die Mittelstufenkinder im Werken grosse Abfalleimer her. Die Kinder der Unterstufe bemalten und beschrifteten sie. In den Klassen wurde der Umgang der Kinder mit den ungebetenen Gästen nochmals thematisiert.

Mütter, die an der Vollversammlung als Kleingruppenleiterinnen dabei waren, gründeten mit anderen Eltern die Arbeitsgruppe «Rückeroberung». Sie setzten sich zum Ziel, den Pausenplatz für die Kinder zurückzuerobern und verfassten ein Schreiben an den Stadtratspräsidenten und sammelten innerhalb der Elternschaft Unterschriften. Zusammen mit den Kindern brachte die Arbeitsgruppe dem Stadtratspräsidenten die Unterschriftenbogen. Als Dringlichkeitsanliegen wurde die Situation ins städtische Budget aufgenommen. Das Parlament bewilligte zusätzliche Beleuchtungen rund ums Schulhaus und in der Kastanien-Allee, welche entlang der Grenze zum Schulareal führt. Zusätzliche Securitas-Teams patrouillierten ausserhalb der Unterrichtszeit auf dem Schulareal. Die Abfalleimer wurden benutzt. Mutige Kinder übten sich in Zivilcourage und wagten es, die «Gäste» auf die Abfalleimer aufmerksam zu machen.

Primarschule Ebersecken (LU), Adrian Vogel: Kinderrechte umsetzen

Partizipationshaus

Wir befinden uns seit 2011/12 auf dem Weg zu einer Individualisierenden Gemeinschaftsschule. Zu Beginn ging es in erster Linie darum, das eigene Verständnis zum Thema Demokratie und Mitsprache zu klären. Das Team entschloss sich für die Zusammenarbeit mit dem Zentrum für Menschenrechtsbildung der Pädagogischen Hochschule Luzern. An mehreren Nachmittagen setzten wir uns zusammen mit den Kindern mit unseren Rechten und Pflichten sowie mit den wichtigsten Grundsätzen für unser Zusammenleben auseinander: Wertschätzung, Verantwortung, Herausforderung, Kinderrechte.

Auf das Projekt «Schneelager» (➡ S. 67) im Jahr 2012 folgte ein Jahr später eine Projektwoche. Viele Angebote wurden von den Kindern generiert und geplant. Dabei übernahmen sie viel Verantwortung und erfuhren auch die Grenzen der Partizipation. Nicht alles Wünschbare ist auch machbar.

Wir arbeiteten intensiv am Schulklima, gestalteten und organisierten unsere gemeinsamen Anlässe neu. Zu verschiedenen Themen wurden Arbeitsgruppen gegründet, und die Arbeit mit der Vollversammlung wurde angegangen. Unsere Rolle als Lehrperson veränderte sich stetig. Verantwortung übertragen bedeutet auch loslassen können. Der Miteinbezug der Kinder weitet sich immer mehr aus, denn Partizipation ist die Grundhaltung unserer Schule. In allen Bereichen der Schule, die durch Menschen beeinflussbar sind, können die Kinder mitbestimmen und sich beteiligen.

➡ Impuls 12

Während dreier Jahre befassten wir uns zusammen mit den Kindern mit der Planung und Gestaltung sowie mit dem Bau eines Partizipationshauses. Bei der Einweihung des Partizipationshauses am 17. März 2016 zeigten sie den Eltern, wie Partizipation gelebt wird und boten einen Einblick in die Arbeit mit ihrem Jahresmotto «Mer bestimmed met – ech zeige der wie!». In einer Broschüre (Ebersecken, 2016) stellten wir unser Partizipationshaus vor. Die Arbeit am Partizipationshaus ist nie abgeschlossen. Es kann immer wieder erweitert oder umgebaut werden.

Einweihung des Partizipationshauses

Einblick ins Partizipationshaus

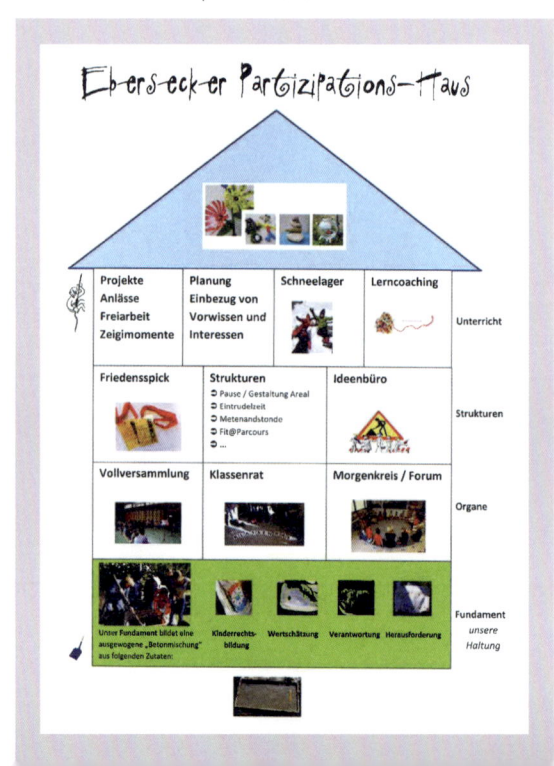

Primarschule Ruopigen, Luzern (LU), Christof Bünter: Kinderrechte umsetzen

Eigenes Kinderrechtslabel

Wir, die Schulleiter der Schule Ruopigen, leiteten am Internationalen Menschenrechtsforum 2017 in Luzern den Workshop «Ein Kinderrechtslabel für die Schule: Kinderrechtsprojekte in Kindergarten und Primarschule: Was gilt es zu beachten?» Wir stellten die Idee unseres Projekts «Kinderrechtslabel» und die sich daraus ergebenden Herausforderungen an unserer Schule vor. Hinter der Idee steckt ein seit 2014 gehegtes Anliegen, die eigenen Werte und Haltungen in Relation zu den Kinderrechten zu überprüfen und partizipative Strukturen (Klassenrat, Schülerrat) aufzubauen, die tatsächlich und nachhaltig Mitgestaltung aller Beteiligten in der Schule ermöglichen. Die Idee des «Kinderrechtslabels» entstand aus der Überzeugung, dass es für positive Schulerfahrungen sowohl Entfaltungsfreiraum für alle als auch Regeln für ein friedliches Miteinander braucht. Durch das Projekt sollten in vielen Bereichen und mit allen Beteiligten partizipative Akzente gesetzt werden, die sich auf jedes einzelne Kind und die Schulgemeinschaft positiv auswirken. Das Projekt wurde von Anfang an in Kooperation mit dem Zentrum Menschenrechtsbildung der PH Luzern angedacht und geplant.

Drei Hauptziele definieren das Kinderrechtslabel:
- Die Schule Ruopigen thematisiert die UN-Kinderrechtskonvention intensiv auf verschiedenen Ebenen: sowohl die Lehrpersonen im Kontext ihrer Haltung und ihres Unterrichts als auch die Schülerinnen und Schüler in Bezug auf den Schul- und Familienalltag.
- Die Schule erhält mit dem «Kinderrechtslabel» ein Instrument, mit dem sich dank klar definierten Kriterien Planungs- und Umsetzungsprozesse überprüfen und zertifizieren lassen.
- Das einzelne Kind und die Schulgemeinschaft werden durch den Einsatz des Kinderrechtslabels bei Planungs- und Umsetzungsprozessen nachhaltig gestärkt.

Der Workshop hat aufgezeigt, mit welchen Herausforderungen eine Schule im Umgang mit dem Thema Kinderrechte konfrontiert wird und was dieses in einer Arbeitsgruppe, in einem Team und unter den Schülerinnen und Schülern auslösen kann. Im Schuljahr 2016/17 arbeiteten wir erstmals mit dem Kinderrechtslabel. Im Rahmen der externen Evaluation Ende 2016/17 wurde unsere Arbeit ausgewertet.

Mit dem Kinderrechtslabel überprüfen wir unsere bisherige Arbeit und nutzen sie für unsere zukünftigen Schulentwicklungsschritte. Dazu haben wir ein Reflexionsblatt entworfen, welches wir zur Überprüfung oder zur Planung beiziehen.

Unsere Sätze im Kinderrechtslabel lauten:
- Ich bin als Kind geschätzt!
- Meine Interessen und Bedürfnisse werden wahrgenommen und berücksichtigt!
- Meine Meinung zählt!
- Ich habe Erfolgserlebnisse!
- Ich vertraue meinen Fähigkeiten!
- Ich fühle mich wohl und sicher!
- Ich erlebe Respekt!
- Ich habe die gleichen Rechte wie alle anderen hier in der Schule!

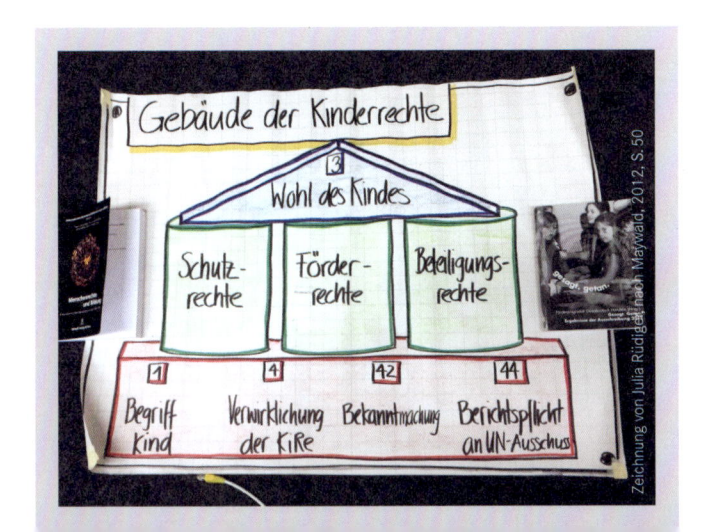

Impuls 3

Anerkennung leben und lernen

Jeder Mensch ist einzigartig. Verschiedensein ist normal. Kinder und Jugendliche sind für ihre Persönlichkeitsentwicklung und für die Entwicklung ihrer Gemeinschaftsfähigkeit auf Anerkennung und auf soziale Eingebundenheit angewiesen. Vorbehaltlose Anerkennung zeigt sich im Recht auf Gleichheit im Sinne von gleichen Rechten für alle Kinder und Jugendlichen, auf Schutz, auf individuelle Förderung sowie auf Anhörung und Beteiligung.

Die Individualisierende Gemeinschaftsschule
- berücksichtigt die emotionale Anerkennung, die Selbstanerkennung und die Anerkennung durch andere;
- garantiert die moralische Anerkennung, gleiche Rechte für alle und berücksichtigt die unterschiedlichen Lern- und Entwicklungsbedürfnisse;
- berücksichtigt die soziale Wertschätzung, die Wertschätzung der Fähigkeiten und Leistungen und fördert Solidarität;
- sorgt dafür, dass alle sozial eingebunden sind, niemand beschämt, diskriminiert oder ausgegrenzt wird und tritt allen Formen von Gewalt entschieden entgegen;
- vermeidet pädagogische Kunstfehler der Lehrpersonen wie Beschämungen, Kränkungen, Ausgrenzungen;
- begegnet allen an der Schule Beteiligten in schwierigen Lebensphasen besonders rücksichtsvoll, verantwortungsbewusst und anerkennend.

Darum geht es

«Kinder sind stark, vielfältig begabt und leistungsfähig. Alle Kinder verfügen über die Bereitschaft, die Fähigkeit, die Neugier und das Interesse, ihren Lernprozess zu gestalten und sich mit allem auseinanderzusetzen, was ihnen in ihrer Umwelt begegnet.»
Loris Malaguzzi (Malaguzzi, 2009, S. 9)

«Um ein eigenes, würdiges, mehr oder weniger selbstbestimmtes Leben führen zu können, muss der Mensch in seiner Einzigartigkeit und fundamentalen Gleichheit von den anderen anerkannt werden. Es gibt kein ‹autonomes Subjekt› ohne eine entsprechend ‹entgegenkommende Lebenswelt›.»
Roland Reichenbach (Reichenbach, 2017, S. 133)

Achtung vor mir und vor dem anderen – Soziale Eingebundenheit

In der Individualisierenden Gemeinschaftsschule sind Selbstanerkennung, Anerkennung der anderen und durch andere, Anerkennung von gleichem Recht für alle und soziale Wertschätzung zentrale Anliegen. Ein respektvoller und konstruktiver Umgang mit Verschiedenheit wird deshalb täglich gelernt und gepflegt.
Prengel schreibt: «Vom ersten Tag und durch das ganze Leben hindurch bis zum Ende sind Menschen darauf angewiesen, sich wechselseitig anzuerkennen. […] Und wenn Kinder, indem sie Anerkennung der anderen erfahren, lernen, sich selbst zu achten, wächst im Laufe der Zeit die Fähigkeit, auch anderen Menschen Achtung entgegenzubringen und ihre Grenzen zu respektieren.» (Prengel, 2013a, S. 21). Es braucht eine Anerkennungskultur mit einer anerkennenden pädagogischen Beziehungsgestaltung. Alle sollen sich wohl, sicher, gleichberechtigt und sozial eingebunden fühlen. Prengel ergänzt: «Pädagogische Beziehungen spielen für die Frage nach dem Aufwachsen in der Demokratie eine zentrale Rolle. Die Demokratie hat nicht nur rechtliche, materielle oder strukturelle, sondern auch persönliche Dimensionen, denn die Erfahrung von Anerkennung, Achtung und Wertschätzung ist die Voraussetzung für Selbstachtung und Freiheit. Dass auch in gesellschaftlichen Hierarchien angesiedelte Beziehungen Anerkennungsbeziehungen sein sollen, ist darum eine gesellschaftliche und persönliche Gestaltungsaufgabe.» (Prengel, 2013b, S. 13). Das Recht auf vorbehaltlose Anerkennung ist ein Menschenrecht. Anerkennung prägt auch Menschenbilder, Haltungen und Handlungen der Lehrpersonen.

➡ Impuls 5

Drei Formen der Anerkennung

In Anlehnung an Honneth (1994) leistet eine Schule dann professionelle pädagogische Arbeit, wenn sie folgende drei Formen der Anerkennung berücksichtigt:

Formen von Anerkennung in der Schule

Emotionale Anerkennung – Liebe
Primärbeziehungen, Selbstanerkennung und Anerkennung durch anerkennende Zuwendung von nahen Bezugspersonen im persönlichen Umfeld; Anerkennung durch die Lehrpersonen und durch die Mitschülerinnen und Mitschüler, soziale Eingebundenheit in den schulischen Gemeinschaften.

Moralische Anerkennung – Recht
Anerkennung durch Achtung und Respekt in rechtlich verbriefter Gleichheit; gleiche Rechte, aber «suum cuique»*
und nicht allen das Gleiche; Berücksichtigung der unterschiedlichen Lernbedürfnisse und Lerninteressen.

Soziale Wertschätzung – Solidarität
Wertschätzung individueller, je nach Kompetenzen erbrachter Leistungen sowie Anerkennung von Leistungen und Beiträgen zum Gelingen einer von Solidarität geprägten Gesellschaft; alle Formen von Leistungen, also auch überfachliche Kompetenzen; Akzeptanz unterschiedlicher Leistungsergebnisse.

* lat. «jedem das Seine»/siehe Cicero (De legibus); der Begriff stammt ursprünglich aus dem antiken Griechenland, wo ihn Aristoteles in der Nikomachischen Ethik verwendete.

Emotionale Anerkennung – Liebe

Selbstanerkennung und die Anerkennung durch andere sind Voraussetzungen für ein positives Selbstwertgefühl und für ein starkes Selbstbewusstsein. Sie beeinflussen und stärken sich gegenseitig. Wer sich selbst, seine Stärken und Schwächen anerkennt und zu sich selbst Sorge trägt, ist eher bereit, andere anzuerkennen, Empathie, Fürsorge und Interesse für andere zu entwickeln, anderen Sorge zu tragen, sich über Erfolge anderer zu freuen und sich für andere einzusetzen. Wer von anderen anerkannt und geschätzt wird, erlebt eine prägende Form der Selbstwirksamkeit und ist eher bereit, das Zusammenleben in Gemeinschaften mitzugestalten. Kinder und Jugendliche brauchen auch ausserhalb der Familie erwachsene Bezugspersonen, die ihnen mit Anerkennung begegnen: Ich glaube an dich, ich halte zu dir, ich gebe dich nicht auf, und ich gebe deshalb nicht nach!

In der Schule zeigt sich emotionale Anerkennung in einer positiven, wertschätzenden Einstellung der Lehrpersonen gegenüber Kindern und Jugendlichen sowie in einem positiven sozialen Klima, welches das Wohlbefinden und das Gefühl der Sicherheit gewährleistet. Lehrpersonen anerkennen die Kinder und Jugendlichen in ihren Kompetenzen, Potenzialen und Interessen. Sie verzichten auf jegliche Form von Beschämungen und Blossstellungen. Die anerkennende Zuwendung ermöglicht eine vertrauensvolle Beziehung zwischen Lehrpersonen, Kindern und Jugendlichen und soziale Eingebundenheit. Durch wertschätzende Interaktionen werden das Vertrauen und die gegenseitige Achtung immer wieder neu gebildet, gepflegt und erhalten. Studien zeigen (z. B. Solzbacher et al., 2014, S.172ff.), dass sich tragende Beziehungen, anerkennende Beziehungsarbeit in der Klassen- und Schulgemeinschaft positiv auf die Leistungen der Kinder und Jugendlichen auswirken. Veränderte Beziehungssituationen wie der Wechsel von Lehrpersonen oder der Weg- und Zuzug von Kindern und Jugendlichen erfordern besondere Aufmerksamkeit, weil die bestehenden Anerkennungsverhältnisse gefährdet sind und neue aufgebaut werden müssen.

Moralische Anerkennung – Recht

Moralische Anerkennung sorgt für die rechtliche Anerkennung aller Individuen. Universalistische Rechte (Menschen- und Kinderrechte) stehen bedingungslos allen Menschen zu. Sie sind als Grundrechte in demokratischen Verfassungen festgelegt. Alle dürfen diese verbrieften Rechte einfordern und notfalls auch einklagen. Aus Sicht der Menschenrechte führt die Anerkennung des Grundbedürfnisses, das Leben in Freiheit, nach eigenen Interessen und Wünschen gestalten zu können, zu eigenem Freiheitsrecht und zum Freiheitsrecht der anderen. Die moralische Anerkennung schützt diese Rechte und sorgt dafür, dass alle Individuen autonom an Entscheidungsprozessen teilnehmen können. Die Anerkennung der Privatsphäre, zum Beispiel auf psychische und physische Integrität wie «Mein Körper gehört mir!», ist ein Menschen- und Kinderrecht (Art. 12/Art. 16). Positive Erfahrungen bezüglich der Gewährung gleicher Rechte trotz Ungleichheit stärken die Selbstachtung und die Fähigkeit, mit verschiedenartigen Menschen gleichberechtigt zusammenzuleben.

➡ Impulse 2 und 7

In der Schule treffen die Kinder und Jugendlichen in Gemeinschaften und Gruppen auf verschiedene Mitschülerinnen und Mitschüler, denen die gleichen Rechte zugestanden werden wie ihnen, unabhängig ihrer soziokulturellen Herkunft, Nationalität, Religion, Muttersprache, Hautfarbe und ihrer Voraussetzungen für das Lernen und Zusammenleben mit anderen. Das heisst für die Gestaltung des Unterrichts, sich vom 7 G-Unterricht (gleichaltrige Kinder und Jugendliche, gleiche Lehrperson, gleiche Zeit, gleicher Raum, gleiche Ziele, gleiche Mittel, gleich gute Ergebnisse) zu lösen. Moralische Anerkennung bedeutet, dass alle Kinder und Jugendlichen das Recht haben, ihren Lernvoraussetzungen, Lernbedürfnissen, Fähigkeiten und Interessen entsprechend unterstützt und gefördert zu werden und bei ihrem Lernen selbst- und mitbestimmen zu können. Das bedeutet auch, dass alle an der Schule Beteiligten sich auf die gegenseitigen Zugeständnisse individueller Rechte und auf gemeinsam erarbeitete Regeln für das schulische Zusammenleben einigen, diese einhalten und auch einfordern. Lehrpersonen unterstützen und fördern die Kinder und Jugendlichen in ihrem Kompetenzerwerb zur Wahrnehmung ihrer Rechte. Das Recht auf gleiche Rechte (Artikel 2 der Kinderrechtskonventionen) fordert letztlich eine Inklusionskultur und damit auch eine kritische Überprüfung aktueller selektiver und ausgrenzender Schulformen.

➡ Impuls 7
➡ Impuls 1

Soziale Wertschätzung – Solidarität

Soziale Wertschätzung bedeutet, dass die Menschen aufgrund ihrer Eigenschaften, Leistungen, Handlungen und ihres Verhaltens gemäss gesellschaftlich definierten Werten Anerkennung erfahren. Es geht dabei nicht um die Anerkennung der Einzelnen/des Einzelnen im Sinne der moralischen Anerkennung (Gleichberechtigung), sondern um die gesellschaftliche Akzeptanz, um die Anerkennung als ein einzigartiges, für die Gemeinschaft wichtiges Individuum.
Menschen können sich selbst wertschätzen, wenn sie erfahren, dass ihre Beiträge, ihre Leistungen, ihr Umgang mit anderen als wertvoll angesehen wird. Die Anerkennung und Wertschätzung der Verschiedenartigkeit der Menschen und ihrer unterschiedlichen Lebensformen sowie die Akzeptanz gemeinsamer gesellschaftlicher Werte und gleicher Rechte für alle führten dazu, dass Kinder und Jugendliche bereit sind, sich zu engagieren und etwas zu einem von Solidarität geprägten Zusammenleben beizutragen.

In der Schule gehören Wertschätzungen von sozialem Verhalten und von erbrachten Leistungen zum Schulalltag. Die Kinder und Jugendlichen freuen sich über eigene Erfolge sowie über die Erfolge der Mitschülerinnen und Mitschüler, wertschätzen und feiern sie angemessen. Auf Vergleiche der Leistungsergebnisse wird verzichtet, ausser Kinder und Jugendliche haben ähnliche Stärken, sodass Leistungsvergleiche anspornen können.
Je breiter die Heterogenität in den schulischen Gemeinschaften ist, umso breiter ist das Lernangebot für ein konstruktives Von- und Miteinander-Lernen. Das Lernen ist so angelegt, dass sowohl die verschiedenen individuellen fachlichen und personalen Kompetenzen als auch die sozialen Kompetenzen in der Zusammenarbeit mit anderen gefragt sind.
Das Lernen an der gleichen Sache mit verschiedenen gemeinsamen Lernsituationen, mit individuellen und gemeinsamen Produkten eröffnet den Kindern und Jugendlichen Erfahrungs- und Lernfelder, welche die soziale Wertschätzung fördern und somit die individuelle und gemeinschaftsorientierte Dimension von Lernen und Leben in der Schule zusammendenken und verbinden. Die Kinder und Jugendlichen erfahren, dass ihre Arbeit und ihr Umgang mit anderen wesentlich zum gemeinsamen Arbeiten und letztlich auch zum gemeinsamen Ergebnis beitragen. Gemeinsam definierte Werte und Regeln sichern die soziale Wertschätzung ab.

➡ Impulse 1, 8, 11

Schutz vor Kränkungen, Beschämungen und Gewalt

Die Verschiedenartigkeit der Menschen fordert uns im Zusammenleben immer wieder heraus. Allen drei Formen der Anerkennung stehen Missachtungen gegenüber:
- Emotionale Anerkennung – Liebe: Lieblosigkeit, Verachtung, Beziehungslosigkeit
- Moralische Anerkennung – Recht: Rechtlosigkeit, Entrechtung, Ausschluss, Übergriffe
- Soziale Wertschätzung – Solidarität: Entwürdigung, Ausgrenzung, Entwertung, Misshandlung

Fehlen die Formen der Anerkennung, so ist die Verschiedenartigkeit oft auch Ursache für negative Gefühle wie Neid und Eifersucht oder für kränkendes und beschämendes Verhalten wie Diskriminierung, Abwertung, Ausgrenzung, Mobbing und für verschiedene Formen der Gewalt. Solche Kränkungen, Beschämungen und alle Formen von Gewalt treffen die Menschen in ihrem Innersten. Verletzungen und Unverarbeitetes können noch Jahre danach aufbrechen und zum Teil gravierende Spätfolgen verursachen (Haller, 2015, S.13). Lehrpersonen vermeiden deshalb selbst solches Verhalten und treten allen Formen von Kränkungen, Beschämungen und Gewalt konsequent entgegen.

Pädagogische Verantwortung

→ Impuls 5 Aufgrund ihres Berufsethos sollten Lehrpersonen Vorbilder sein, eine Pädagogik der Anerkennung praktizieren und für anerkennende Beziehungsverhältnisse sorgen. Trotzdem kommt es immer wieder vor, dass Lehrpersonen pädagogische Kunstfehler machen, sowohl im Einzelkontakt mit den Kindern und Jugendlichen als auch vor der Klasse. Untersuchungen zeigen, dass Kinder und Jugendliche oft noch Jahre später unter den Folgen leiden (Krumm et al., 2002).

Pädagogische Kunstfehler (Beispiele)

- Vorenthalten von Zuwendung und Aufmerksamkeit
- Beleidigungen, Blossstellungen, Kränkungen, Entwürdigungen, Schlechtmachen, lächerlich machen, beschimpfen, schreien
- Zuschreibungen unerwünschter Eigenschaften
- Abwertende Gesten, Blicke, Mimik
- Einschüchterungen, Abwertungen, Demotivation
- Ignorieren, Ausgrenzungen, Diskriminierungen
- Unterstellungen, Beschuldigungen
- Verschiedene Formen von Strafen, Ungleichbehandlungen bei wiederholtem Nichteinhalten von Regeln
- Weitergabe von Informationen an andere Lehrpersonen
- Ungerechtfertigte Beurteilungen und Bewertungen
- Berührungen des Körpers ohne Einverständnis der Betroffenen

Pädagogische Kunstfehler unterlaufen Lehrpersonen, wenn sie zum Beispiel über ungenügende Selbst- und Sozialkompetenz verfügen oder sich in einer schwierigen privaten oder beruflichen Lebenssituation befinden. Sie nutzen die Möglichkeit, sich bei der Schulleitung, im Team oder ausserhalb der Schule Hilfe zu holen. Ab und zu finden Beschämungen, Kränkungen usw. auch innerhalb von Lehrpersonenteams statt. Dies erschwert die Situation für alle Lehrpersonen zusätzlich und bedarf Klärungsgespräche und unterstützender Massnahmen im Bereich der Personalführung durch die Schulleitung.

Kinder und Jugendliche sind auf dem Weg zum Erwachsenwerden auf die Unterstützung der Lehrpersonen angewiesen.
Unterstützendes Verhalten der Lehrpersonen bedarf es besonders, wenn Kinder und Jugendliche Entwicklungsdefizite in der Selbstkompetenz oder im Sozialverhalten haben. Haben Kinder und Jugendliche Entwicklungsverzögerungen in Fachbereichen wie zum Beispiel im sprachlichen Ausdruck, verfügen Lehrpersonen oft über ein breites Repertoire entsprechender Fördermassnahmen. Sie nutzen auch Unterrichtsmaterialien der Kolleginnen und Kollegen oder die Unterstützung der schulischen Heilpädagogen und -pädagoginnen.
Für den Umgang mit Entwicklungsdefiziten im Sozialverhalten der Kinder und Jugendlichen fehlen Lehrpersonen dagegen häufig geeignete Instrumente. Der Thematik von unprofessionellem Verhalten der Lehrpersonen im Umgang mit problematischem Verhalten oder mit fehlenden Sozial- und Selbstkompetenzen der Kinder und Jugendlichen muss deshalb in der Ausbildung und später in Weiterbildungen besonderes Gewicht beigemessen werden.

Erkennen von «ersten Unruhen»

Gekränkte, beschämte, verletzte Kinder und Jugendliche sind darauf angewiesen, dass man ihnen Gelegenheiten gibt, darüber zu sprechen und dass man sie, im Rahmen der Möglichkeiten einer Schule, vor weiteren Kränkungen, Beschämungen und Gewalt schützt. In vielen Schulleitbildern stehen Leitsätze wie
- Wir respektieren uns gegenseitig.
- Wir helfen einander.
- Wir reden anständig.
- Wir lösen Konflikte gewaltfrei.

Die Umsetzung solcher Leitsätze ist eine anspruchsvolle Aufgabe, die nie abgeschlossen ist. Aufmerksame Lehrpersonen erkennen bereits «erste Unruhen»: Kinder und Jugendliche rümpfen die Nase, wenn sich ein Kollege oder eine Kollegin neben sie setzt, sie verdrehen die Augen und schneiden Grimassen, wenn sich ein Kollege oder eine Kollegin im Unterricht meldet, oder sie verweigern einem Kollegen oder einer Kollegin, eigenes Schulmaterial vorübergehend auszuleihen. Bereits in solchen Situationen ist es wichtig, dass Lehrpersonen konsequent eingreifen. Die Frage nach dem «Warum» ist oft nicht weiterführend. Die Lehrpersonen bringen deutlich zum Ausdruck, dass ein solches Verhalten nicht den gemeinsam verabschiedeten Regeln für das Zusammenleben entspricht und von niemandem an der Schule geduldet wird. Sie legen den Fokus auf eine anzustrebende Lösung und nicht auf das Problem an sich. Sie weisen die Klassengemeinschaft auf deren Mitverantwortung für das Wohlbefinden und Sicherheitsgefühl aller Kinder und Jugendlichen hin und thematisieren die Situation mit ihnen.

Ein gemeinsames Vorgehen im Sinne von «Stärke statt Macht» von Haim Omer (Omer & von Schlippe, 2010) bietet den Lehrpersonen die Möglichkeit, sich im Team, bei den Eltern und bei Fachpersonen Unterstützung zu holen. Lemme und Körner entwickelten zum Konzept von Omer und von Schlippe einen Leitfaden für die Arbeit in Schulen und in der Beratung (Lemme & Körner, 2018). Eine im Team gemeinsam geklärte Haltung und entsprechende Handlungsweisen sowie ein gemeinsam geklärtes Beziehungs- und Erziehungsverständnis unterstützen auch die einzelne Lehrperson. Kollegien können dazu auch das LCH-Berufsleitbild und die Standesregeln beiziehen. → Impuls 5

Besonders verantwortungsvolle Anerkennung in schwierigen Lebensphasen

Kinder und Jugendliche sind vor allem auch in schwierigen, herausfordernden Lebenssituationen auf Zuwendung und Anerkennung durch Erwachsene angewiesen. Hier gilt es, in den Begegnungen mit den Betroffenen besonders vorsichtig, verantwortungsvoll und achtsam zu sein. Auch Lehrpersonen, Schulleitungen, Schulsozialarbeiterinnen und -arbeiter sind in solchen Lebenssituationen wichtige Bezugspersonen. Anstatt zwischen Nähe und Distanz abzuwägen, zeigen sie Empathie und Präsenz. Sie nehmen sich Zeit für Gespräche, hören zu und zeigen Verständnis dafür, dass schulische Anforderungen vorübergehend nicht im Vordergrund stehen. Sie ermutigen und stärken die Kinder und Jugendlichen und wertschätzen selbst kleine, erfolgreiche Schritte. Sie achten darauf, dass sie sich ihrer Verantwortung in der Rolle des Erwachsenen bewusst sind und dabei keine Grenzen überschreiten, sodass das Vertrauensverhältnis zwischen ihnen, den Kindern und Jugendlichen aufrechterhalten bleibt. Gelingt es ihnen, diese Aufgabe erfolgreich zu übernehmen, tragen sie entscheidend dazu bei, dass Kinder und Jugendliche Resilienz entwickeln können. Kinder und Jugendliche, die in besonderen Lebenssituationen von Lehrpersonen, Schulleitungen und Schulsozialarbeitenden persönliche Anerkennung erfahren, nehmen diese stärkenden Erlebnisse ins Erwachsenenalter mit.

Anerkennungsverhältnisse in der Berufs- und Arbeitswelt

Auch Unternehmen, Universitäten, Hochschulen und verschiedene Dienstleistungssektoren befassen sich mit den unterschiedlichen Herausforderungen der Vielfalt. An Hochschulen bestehen zum Beispiel Dozenturen zu Gender-Themen. Angehende Führungskräfte befassen sich intensiv mit Fragen von Diversity. Diversity und Inklusion werden zunehmend als strategisch relevante Themen wahrgenommen. Fachstellen für Diversity-Management sind u. a. zuständig für die Thematisierung des respektvollen Umgangs miteinander, Sicherung der Chancengleichheit, Klärung der Stärken der Mitarbeitenden. Gelebte Diversity bedeutet, die Vielfalt und die Stärken der Mitarbeitenden wertzuschätzen und sie als Potenzial zu nutzen.

⬇ Leitfragen für die individuelle und gemeinsame Reflexion

Mein Verständnis von «Anerkennung leben und lernen»

- Kenne ich und anerkenne ich die Verschiedenartigkeit der Kinder und Jugendlichen in meiner Klasse (Geschwisterposition, Freizeitbeschäftigung, Zukunftsvorstellungen usw.)?
- Wie reagiere ich, wenn ich in meinem Verhalten pädagogische Kunstfehler erkenne?
- Wann erkenne ich, dass sich alle Kinder in meiner Klasse dazugehörig erleben?
- Wie stärke und fördere ich die soziale Eingebundenheit aller Kinder?
- Wie zeigt sich Anerkennung bei der Planung meines Unterrichts und bei der Gestaltung des Zusammenlebens? Mit welchen Massnahmen, Lehr- und Lernformen berücksichtige ich die Vielfalt der Kinder und Jugendlichen?
- Wann und in welchen Situationen empfinde ich positive Gefühle wie zum Beispiel Empathie, Sympathie, Freude, Zufriedenheit, Stolz, Toleranz? Wie gehe ich damit um? Wie und in welchen Situationen empfinde ich herausfordernde Emotionen wie Neid, Ärger, Wut, Antipathie, Enttäuschung, Frustration? Wie gehe ich damit um? Wie unterstütze, fördere und stärke ich Kinder und Jugendliche im Umgang mit Emotionen?
- Wie und auf welche Art erlebe ich als Lehrperson Anerkennung? Fühle ich mich als Teammitglied anerkannt und sozial eingebunden?

Unser Verständnis von «Anerkennung leben und lernen»

- Wie kommt Anerkennung in unserem Leitbild zum Ausdruck? Wie setzen wir die entsprechenden Leitideen um?
- Wie sorgen wir für regelmässige Dialoge und Diskurse zu Anerkennung im Team?
- Wie zeigen sich Anerkennung, Recht auf Gleichheit, Schutz und Förderung beim Lernen, Leben und Zusammenleben? Wie kommt Anerkennung bei der Initiierung, Planung und Begleitung klassen- und stufenübergreifenden Lernens und Zusammenlebens zum Ausdruck?
- Woran erkennen wir als Team in unserer Haltung und unserem Verhalten, dass wir Selbstanerkennung und Anerkennung der anderen fördern? Wie zeigt sich das in den bestehenden Strukturen (z. B. Stundenplangestaltung, Gestaltung der Lernarrangements, Lehr- und Lernformen, Beurteilungsformen)? Mit welchen Instrumenten unterstützen, fördern und stärken wir Selbstanerkennung und Anerkennung der anderen?
- Wie begegnen wir als Team allen Formen von Beschämung, Diskriminierung, Ausgrenzung, Mobbing usw.?
- Wie zeigen sich in unserer Schule die Anliegen einer Schule für alle?

MEHR DAZU

Prengel (2013a, S. 21f.): Anerkennung durch Lehrpersonen wirkt nachhaltig
«Wenn Kinder zeigen, wen oder was sie mögen, was sie schon können und wissen, wünschen sie sich, darin anerkannt zu werden. Sie sehnen sich danach, dazuzugehören und finden in jeder Altersstufe Wege, Anerkennung in der Zugehörigkeit zu finden, sei es zur Familie, sei es zur Schulklasse, sei es zur Gruppe der anderen Kinder und Jugendlichen oder sei es zu einem anderen Erwachsenen, wie zu einem Lehrer. Wenn Kinder in schwierige Lebenslagen geraten und keine verlässlichen Anerkennung stiftenden Beziehungen in der Familie haben, suchen sie an anderen Orten danach. Auch wenn solche Kinder sich trotz der widrigen und belastenden Lebensumstände gut entwickeln – dann, das zeigen umfassende Lebenslaufstudien – hatten sie eine Lehrerin oder einen Lehrer, der ihnen die lebensnotwendige Anerkennung gegeben hat.»

Himmelmann (2017, S. 64, 71f.): Anerkennung und Demokratie-Lernen bei John Dewey
«Nach Dewey will der Mensch als ein ‹Selbst› immer auch ein ‹anerkanntes Mitglied seiner Gruppe› sein (Dewey, 1993, S. 31). Der Einzelne hat von sich aus ein Interesse an Kontakt, Kooperation und Zugehörigkeit zu der Gruppe, der er angehört. Er hat darüber hinaus ein Interesse der ‹Teilhabe am Lernen dieser Gruppe›, denn ‹Gunst und Anerkennung› kann er nur in und mit der Gruppe, in der er lebt, ‹erfahren›. Seine eigenen Bedürfnisse und Ziele kann er nur in und mit der Gruppe, nur mit und in seiner Umwelt verwirklichen. Nur wenn er den Erwartungen, Forderungen, Billigungen und Missbilligungen seiner Gruppe in angemessener Weise entgegenkommt, kann er den schärferen Spielarten der Ablehnung, Ausschliessung, Isolierung und Stigmatisierung entkommen. ‹Anerkennung› ist in dieser Sicht nicht nur eine Angelegenheit der anderen gegenüber dem Einzelnen, sondern tatsächlich ein kooperatives Wechselverhältnis, also in gleicher Weise eine Aufgabe des einzelnen Individuums, die sozialmoralischen Grundsätze der Gemeinschaft, in der es lebt, anzuerkennen und zu ihrer Entwicklung beizutragen.»

Zugefallenes aus dem Schulalltag

Joachim[1]

Während des Musikunterrichts zum Thema «Bilder einer Ausstellung von Modest Mussorgsky» in einer Mittelstufenklasse (4. bis 6. Klasse) klopft es an der Tür. Ein Schüler aus einer Abiturklasse tritt ein und fragt: «Ist Joachim da? Wir üben für unser Musical. Frau Kraus, die Schulleiterin, schickt mich zu euch. Sie meint, Joachim könnte uns bei den Instrumenten für die Musik an unserer Abiturfeier helfen.» Joachim, ein schmächtiger, oft verhaltensauffälliger Zehnjähriger, fordert seine Lehrpersonen und die Klassengemeinschaft immer wieder heraus. Er meldet sich sofort. Jetzt ist er in seinem Element. Kompetent, ruhig und sehr geduldig bespricht er mit dem Kollegen aus der Abiturklasse die Situation, stellt Fragen, zeigt ihm verschiedene Instrumente und erklärt, wie sie eingesetzt werden können. Joachims Klassenkameraden und -kameradinnen hören interessiert zu. Der Abiturient meint: «Ja, du bist der Richtige! Frag bitte deine Klassenlehrerin, ob sie dich einmal freistellt, damit du zu uns kommen kannst.» Joachim verspricht, sich bei ihm zu melden. Die zwei verabschieden sich mit einem kollegialen Handschlag. Als sich Joachim wieder an seinen Platz setzt, klopft ihm sein Banknachbar auf die Schulter und sagt: «Super gemacht Joachim!» Die Musiklehrerin ergänzt: «Ja, unser Joachim ist eben ein richtiger Musikexperte!»

Beispiele aus der Praxis

Primarschule Allee, Wil (SG), Heidi Gehrig: Soziales Eingebundensein

Gotti-/Götti-System 4. bis 6. Klasse

Eine Unterstufenklasse und eine Mittelstufe bilden eine spezielle Gemeinschaft, die Tandemklasse (in Mehrklassenschulen mit AdL kann mit Tandem- oder Tridemklassen gearbeitet werden: Eine Unterstufenklasse 1 bis 3 und eine Mittelstufenklasse 4 bis 6 bilden eine Tandemklasse). Die Drittklässlerinnen und Drittklässler werden beim Übertritt in die Mittelstufe von einem Gotti oder Götti begleitet. Auch Zuzügerinnen und Zuzüger erhalten ein Gotti oder einen Götti. In meiner Klasse bestimmen wir die Aufgaben, welche die Paten für ihre Arbeit brauchen: die Patenkinder in die Gemeinschaft einführen, dafür sorgen, dass sie sich in der Klasse einleben und sich wohl und sicher fühlen.

Patenschaften können alle Kinder und Jugendliche übernehmen. Sie beginnen mit der Einladung zum Begegnungsnachmittag und enden in der letzten Woche des 1. Quartals. Einstieg und Ausstieg der Patenschaften sind ritualisiert. Sind Ziel und Zweck der Patenschaften geklärt, erfolgt die Arbeit mit dem Gotti-Göttisystem in sechs Schritten:
1. Patenschaften bestimmen (4. Quartal)
2. Patenkinder zum Begegnungsnachmittag einladen (4. Quartal)
3. Übertritt mit einem Ritual unterstützen (4. Quartal)
4. Am Begegnungsnachmittag in die Klassengemeinschaft einführen (4. Quartal)
5. Patenschaften nutzen (1. Quartal)
6. Patenschaften abschliessen und verdanken (Ende 1. Quartal)

Gottis und Göttis sind mindestens während des ersten Schulquartals erste Ansprechperson für ihre Patenkinder. Sie sitzen als Pultnachbarn direkt neben ihnen und unterstützen sie beim Einstieg in die neue Klasse. Die Gottis, Göttis und Patenkinder können ab dem 2. Quartal die Patenschaft auf freiwilliger Ebene weiterführen.

---

1 Das Beispiel stammt aus einem Schulbesuch in einer Gesamtschule in Deutschland (Kindergarten bis und mit Abitur mit AdL).

Primarschule Wyden, Winterthur (ZH), Felix Molteni: Anerkennung auf Teamebene
Die Neuen steigen aus der Truhe

Im Wyden gibt es ein «Willkommens-Ritual» für neue Teammitglieder. Tritt jemand Neues in unserem Schulhaus eine Stelle an, bekommt diese Person die Möglichkeit, an einem der bevorstehenden Schulkonvente «aus der Truhe zu steigen». Dies bedeutet, dass man während der Sitzung ein Zeitfenster erhält, in welchem man sich mithilfe von mitgebrachten Gegenständen dem Team persönlich vorstellen kann. Sich in ein neues Team einzugliedern und den eigenen Platz zu finden, kann zu Beginn einer neuen Anstellung herausfordernd sein.

Die «Truhe» bietet eine schöne Möglichkeit, einen Raum zu schaffen, in welchem man als «Neuling» einmal die volle Aufmerksamkeit der anderen geniessen kann, einen Raum, ausgewählte eigene Fähigkeiten, Ressourcen und Leidenschaften – und so einen Teil von sich selbst – zu zeigen. So werden malerische Kunstwerke vorgestellt, Fotos von bedeutsamen Reisen herumgegeben, Sportutensilien oder Kochlöffel mitgebracht. Das neue Teammitglied zeigt so symbolisch, was ihm im Leben wichtig ist.

Die Teammitglieder lernen die neuen Kolleginnen und Kollegen besser kennen und finden Anknüpfungspunkte für Gespräche. Auch werden beispielsweise Talente entdeckt, die für das Team eine Bereicherung darstellen können.

Die Truhe ist ein schönes Ritual, um miteinander in Kontakt zu kommen und einen persönlichen Bezug zueinander zu schaffen. Zurzeit überprüfen wir den Einsatz der Truhe. Es wäre ja auch sinnvoll, wenn sich die bereits länger im Team arbeitenden Kolleginnen und Kollegen den anderen vorstellen könnten. Das anfängliche «Willkommens-Ritual» ist also noch ausbaufähig!

Der Schulleiter mit seiner Schatztruhe

Schatztruhe einer Lehrerin

Primarschule Wies, Heiden (AR), Bernadette Engler:
Anerkennung in der Schulgemeinschaft

«Wies-Treff»

Im Schulhaus Wies treffen sich alle Schülerinnen und Schüler von der Basisstufe bis zur sechsten Klasse in einem im Stundenplan aller Klassen fix reservierten Zeitgefäss zum «Wies-Treff». Der «Wies-Treff» wird von den Kindern der Schülerkonferenz (Schüko) organisiert und geleitet. Er findet meist einmal pro Quartal an einem Mittwoch von 10.00 Uhr bis 11.30 Uhr im Singsaal der Schulanlage statt.

Zwei Lehrpersonen und je zwei Vertreterinnen und Vertreter aus den 3. bis 6. Klassen treffen sich alle zwei bis drei Wochen in der Schüko. Zu den Aufgaben der Schüko gehört das Sammeln und Einbringen von Ideen und Anregungen zum Zusammenleben in der Schulgemeinschaft. Dabei werden wichtige Themen eingebracht, weiterverfolgt und Informationen in die Klassen zurückgeleitet. Die Organisation des «Wies-Treffs», das Planen des Ablaufs sowie die Leitung des «Wies-Treffs» gehören zu den Aufgaben der Schüko-Kinder.

Die Lehrpersonen sprechen mit den Kindern vorgängig im Klassenrat über den Inhalt eines Beitrages. Die Klassen oder Schülergruppen nutzen die Gelegenheit, vor der Schulgemeinschaft aufzutreten. Sie zeigen auf, woran sie aktuell im Klassenunterricht arbeiten, präsentieren Projektergebnisse, singen ein Lied vor oder lernen es mit der ganzen Schulgemeinschaft. Auch einzelne Schülergruppen haben die Möglichkeit, etwas vorzuzeigen. Der «Wies-Treff» ermöglicht klassen- und stufenübergreifendes Zusammensein, dient zur Festigung der Schulgemeinschaft und fördert das Gemeinschaftsgefühl. Die Schulgemeinschaft gibt zu den verschiedenen Darbietungen Feedbacks. Diese werden jeweils von den Schüko-Kindern eingeholt und an der Konferenz ausgetauscht. Mit dem «Wies-Treff» wird die Basis für einen späteren Einstieg in die Vollversammlung gelegt.

Schüko 17/18

Einstieg

Programm

Präsentation «Mittelalter» aus einer Mittelstufenklasse

Impuls 4

Beteiligung[1] leben und lernen

Menschen lernen und handeln motiviert, wenn sie sozial eingebunden sind und immer wieder vielfältige Gelegenheiten bekommen, sich als Individuum, als Mitglied von Gruppen und Gemeinschaften (teil-)autonom und selbstwirksam zu erleben. Sich beteiligen zu können, ist sowohl ein Kinder- und Menschenrecht als auch ein demokratisches Grundprinzip.

Die Individualisierende Gemeinschaftsschule
- ermöglicht und unterstützt Autonomie- und Selbstwirksamkeitserfahrungen, entwickelt und pflegt eine Kultur der Beteiligung;
- geht von der Bereitschaft der Lehrpersonen für eine persönliche Öffnung aus und baut auf Wissen der Lehrperson bezüglich Entwicklungspsychologie, Beziehungsdidaktik und Gelingensbedingungen für «Beteiligung leben und lernen» auf;
- arbeitet gezielt auf verschiedenen Ebenen mit verschiedenen Formen der Beteiligung, ermöglicht Beteiligung mit Verantwortungsübernahme durch Öffnung des Unterrichts und des Zusammenlebens;
- sorgt für Unterstützung und Begleitung der Kinder und Jugendlichen in ihrer Entwicklung beim eigenständigen und gemeinschaftsorientierten Lernen;
- bietet sowohl den Einzelnen wie auch Gruppen und Gemeinschaften verschiedene Ebenen und Formen der Beteiligung an und achtet darauf, dass Kinder und Jugendliche bei ihren Erfahrungen von Autonomie und Selbstwirksamkeit sowohl als Individuum als auch zusammen mit anderen viele Erfolgserlebnisse haben.

---

1 Der Begriff «Beteiligung» ist mit «Partizipation» gleichzusetzen. Beteiligung ist sowohl ein Kinder- und Menschenrecht als auch ein demokratisches Grundprinzip.

Darum geht es

«Wer am Leben in einer Gemeinschaft partizipieren soll und will, muss also früh – gemeint ist im schulischen Rahmen schon im Kindergartenalter – Gelegenheit bekommen, dies zu lernen.»
Rolf Gollob (Gollob, 2011, S. 27)

«Der Einzelne ist gewiss zu Zeiten daran interessiert, seinen eigenen Weg zu gehen, und dieser Weg mag mit den anderen unvereinbar sein. Aber er hat auch ein Interesse – und im Grunde genommen das grössere Interesse – daran, sich in die Betätigung der anderen hineinzugesellen und an vereintem Tun, am Zusammenwirken teilzuhaben.»
John Dewey (Dewey, 2000, S. 43)

Beteiligung und Anerkennung bedingen sich gegenseitig. Eine Kultur der Anerkennung ist Voraussetzung für die Entwicklung von Individualität, Identität und Eingebundenheit in Gemeinschaften. Wer sich als anerkannter Teil (Part) einer Gemeinschaft erlebt, ist eher bereit, zu partizipieren.

Autonomie- und Selbstwirksamkeitserfahrungen

Die drei **E e**ingebunden, **e**igenständig und **e**rfolgreich prägen sowohl die Kultur der Anerkennung als auch die Kultur der Beteiligung. Lehrpersonen sorgen dafür, dass Kinder, Jugendliche und Erwachsene bei ihren Erfahrungen von Autonomie und Selbstwirksamkeit sowohl als Individuum als auch in Gruppen, Gemeinschaften und in der Gesellschaft zusammen mit anderen viele Erfolgserlebnisse haben. Wenn Unterricht ausschliesslich aus Vorgaben zu Lernorganisation, -methoden und -inhalten besteht und vorgegebene Programme abgearbeitet werden sollen, kann es dazu kommen, dass die Kinder immer weniger Lerninteresse zeigen oder das Lernen und Arbeiten in letzter Konsequenz verweigern. Das Recht auf Beteiligung bei allem, was mich betrifft, ist ein Kinderrecht. Fehlende Erfahrungen zu eigenständigem und erfolgreichem Arbeiten können bei den Lernenden zum Verlust des Willens und der Fähigkeit führen, sich an ihrem Lernen und am Zusammenleben in Gruppen, Gemeinschaften und in der Gesellschaft motiviert und engagiert zu beteiligen.
Formen der Schein- oder Pseudopartizipation wie Vortäuschung falscher Entscheidungs- und Machtbefugnisse oder der Ausschluss unliebsamer Beteiligter werden in einer nachhaltigen Beteiligungskultur erkannt und vermieden. Echte und nachhaltige Beteiligung ist immer mit Verantwortungsübernahme verbunden.

Beteiligung von Anfang an

Bereits kleine Kinder wollen und können selbst etwas tun. Vor dem Schuleintritt lernen sie eine ganze Menge ohne methodisch-didaktische Vorgaben der Erwachsenen, ohne Lernkontrollen. Sie lernen, was sie lernen wollen, aus Neugierde, aus eigenem Interesse, durch eigenes Tun, durch Zuschauen und Nachahmen.

In der freien Tätigkeit[1] in der Schuleingangsstufe machen die Kinder täglich Autonomie- und Selbstwirksamkeitserfahrungen. Die meisten Kinder sind bereit und fähig, täglich selbst zu entscheiden: Was spiele ich heute? Mit wem spiele ich? Wie machen wir es? Wie gehen wir miteinander um?
Sie erkennen eigene Interessen und gehen ihnen nach, bringen eigene Ideen und Meinungen ein, entscheiden selbst oder bestimmen mit. Sie erfahren sich als Teil einer Gruppe, lernen, Rücksicht auf andere zu nehmen und Interesse für andere zu entwickeln, erleben Selbstwirksamkeit, suchen Konsens in strittigen Situationen und lernen, gemeinsam Konflikte zu lösen.

---

1 Der Begriff «Freie Tätigkeit» schliesst das Freispiel ein.

Treten die Kinder in die Unterstufe über, treffen sie häufig auf engere Strukturen wie 45-Minuten-Lektionen und obligatorische Lehrmittel. Primarlehrpersonen können die Basis nutzen, die in der Schuleingangsstufe gelegt wird und sowohl im Fachunterricht als auch im überfachlichen Lernen vielfältige, offene Erfahrungs- und Lernfelder anbieten, zum Beispiel im Klassenrat, an Vollversammlungen, bei projektorientierten Arbeiten (Graf et al., 2013), mit der freien Tätigkeit. Alle Kinder haben in der Schule von Beginn an auch das Recht, an klassen- und stufenübergreifenden Anlässen in grossen Gemeinschaften (z. B. klassenübergreifende Projekte, Vollversammlung) oder an Anlässen in der Schulgemeinschaft teilzunehmen. Das Recht, dabei zu sein, zeigt ihnen, dass sie dazugehören, auch wenn sie vielleicht zu Beginn noch «unbeschwert überfordert» sind. Sie lernen von anderen Kindern und entwickeln so schrittweise Kompetenzen für die Formen des Dabeiseins, der Mitsprache und Beteiligung, der Konsensfindung, des Engagements und der Selbst- und Mitgestaltung.

Im Projektunterricht, der in vielen Kantonen in der Oberstufe der Volksschule in der Lektionentafel Platz gefunden hat, liegt der Schwerpunkt auf der Planung, Durchführung, Steuerung, Präsentation und Auswertung einer eigenen Projektarbeit (Abschlussprojekt). Die Jugendlichen profitieren dabei von den Kompetenzen, die sie im Freispiel, in der freien Tätigkeit und in projektartigen Arbeiten gelernt, geübt und weiterentwickelt haben. Sie setzen sich intensiver mit den politisch-partizipativen Möglichkeiten auseinander und befassen sich mit den Rechten und Pflichten mündiger Bürgerinnen und Bürger. Mit demokratischen Projekten und mit Planspielen erfahren sie gesellschaftspolitisches Geschehen und lernen, sich darin zurechtzufinden.

➡ Impuls 6

Persönliche Bereitschaft der Lehrperson zur Öffnung

Beteiligungsangebote mit Verantwortungsübernahme für Kinder und Jugendliche beginnt mit der Bereitschaft der Lehrperson, sich persönlich zu öffnen, d. h. Lehrpersonen begegnen den Kindern und Jugendlichen auf Augenhöhe mit Vertrauen und Zutrauen, hören ihnen zu und nehmen ihre Anliegen ernst. Es bedeutet auch, als Lehrperson für eine Öffnung des Unterrichts und des Zusammenlebens bereit zu sein, auf eine wertschätzende und respektvolle Beziehungsgestaltung zu achten und das eigene Verhalten immer wieder allein und gemeinsam mit anderen im Kollegium zu reflektieren. Lehrpersonen nutzen ihr Wissen bezüglich Beziehungsdidaktik, Entwicklungspsychologie und Gelingensbedingungen schulischer Beteiligung.

Beziehungsdidaktik, Entwicklungspsychologie und Gelingensbedingungen schulischer Beteiligung

Wissen über Beziehungsdidaktik
Zum Beispiel Wissen über Bindungstheorien, Beziehungslernen, Bedeutsamkeit der Beziehungsarbeit, Gestaltung zwischenmenschlicher Beziehung, Beziehungsfähigkeit:
«Wer Kinder zu kompetenten, starken und selbstbewussten Persönlichkeiten erziehen will, muss in Beziehungen denken und in Beziehungsfähigkeit investieren. Das ist das Geheimnis einer Schulkultur, in der niemand als Verlierer zurückgelassen wird.» (Hüther, 2014, S. 45)

Wissen über Entwicklungspsychologie
Zum Beispiel Wissen über Sozial- und Moralentwicklung, Entwicklung soziomoralischer Emotionen wie Empathie, Entwicklung des Regelverständnisses, des Autoritätsverständnisses:
«In den Moralurteilen von Kindern und Jugendlichen kommen nicht nur ihre unterschiedlich grossen Wissens- und Erfahrungsbestände zum Ausdruck. Aus einer Entwicklungsperspektive erkennt man, dass Kinder sich selbst ein Verständnis der sozialen Welt erarbeiten müssen. Sie kommen zu ihrem ganz eigenen Ergebnis; sie sehen und verstehen viele Zusammenhänge systematisch anders als Erwachsene. Entscheidende Entwicklungsprozesse zeichnen sich durch qualitative Veränderungen des Denkens aus.» (Oser & Althof, 2001, S. 37)

Wissen über Gelingensbedingungen schulischer Beteiligung
Zum Beispiel Wissen über verschiedene Definitionen von Beteiligungsformen, Rahmenbedingungen für Partizipation, Erwerb und Entwicklung verschiedener demokratischer Kompetenzen, Bedeutsamkeit der Kinderrechte, Verantwortungsabgabe und -übernahme, Macht und Machtabgabe, partizipativen schulischen Kontext, partizipative Strukturen und Kulturen, Sicherung der Nachhaltigkeit, Grenzen der Partizipation und Formen der Pseudopartizipation.
«Erst wenn Kinder und Jugendliche an Entscheidungen mitwirken, die sie betreffen, wenn sie in wichtigen Belangen mitbestimmen und auf diese Weise aktiv ihre Lebensbereiche mitgestalten, kann von Partizipation im eigentlichen Sinne gesprochen werden. So verstanden bedeutet Partizipation von Kindern und Jugendlichen – in Übereinstimmung mit dem ursprünglichen lateinischen Wortsinn (partem capere) – einen Teil der Verfügungsgewalt von Erwachsenen zu übernehmen.» (Fatke & Schneider, 2005, S. 7)

Fünf Formen und sechs Ebenen der Beteiligung

Eine Kultur der Beteiligung zeigt sich in fünf verschieden intensiven Formen und auf sechs Ebenen, die je nach Spiel-, Lern- und Arbeitssituation unterschiedlich zum Tragen kommen. Die Formen werden schrittweise eingeführt, aufgebaut und entwickelt. Das Mass der Übernahme von Verantwortung nimmt dabei stetig zu.

Fünf Formen der Beteiligung

Dabeisein und Teilhabe
Kinder und Jugendliche erhalten alle für sie relevanten Informationen und werden bei allem, was sie als Individuum oder als Gemeinschaft betrifft, angehört. Sie sind dabei, denken mit, erfahren, dass sie dazugehören, ernst genommen werden und wichtige Mitglieder einer Gruppe oder einer Gemeinschaft sind. Sie erleben soziale Eingebundenheit.

Mitsprache und Teilnahme
Kinder und Jugendliche geben sich sowohl beim eigenen Lernen als auch bei Diskussionen in Gruppen und Gemeinschaften ein, werden gehört, nehmen aus Betroffenheit oder Interesse teil, machen aktiv mit, reden mit, wirken mit, argumentieren, hören sich andere Meinungen und andere Argumente an und respektieren diese.

Konsensfindung und Selbst-/Mitbestimmung
Kinder und Jugendliche suchen sowohl beim eigenen Lernen, z. B. im Austausch mit der Lehrperson, als auch beim Lernen, Arbeiten und Zusammenleben mit anderen nach Konsens. Sie bestimmen bei ihrem Lernen mit, bestimmen selbst über ihr Lernen, sie beteiligen sich an demokratischen Entscheidungsprozessen, zeigen Konsensbereitschaft und übernehmen für gefällte Entscheide (Konsens oder Abstimmung) Verantwortung.

Engagement und Selbst-/Mitgestaltung
Kinder und Jugendliche setzen Konsens und andere demokratisch getroffene Entscheide um, sei dies beim eigenen Lernen, beim gemeinsamen Lernen oder im schulischen Zusammenleben. Sie engagieren sich bei der Umsetzung der Entscheide und bringen dabei wiederholt eigene Ideen ein.

Selbstverwaltung als Individuum oder als Gemeinschaft
Eine fünfte Beteiligungsform stellt die Selbstverwaltung der Einzelnen oder einer Gruppe, einer Gemeinschaft dar. Diese ist jedoch im Rahmen der öffentlichen Schule nicht möglich und im gesellschaftlichen Leben nicht einfach.

Sechs Ebenen der Beteiligung

Beteiligung als Individuum und als Teil verschiedener Gemeinschaften zeigt sich auf sechs verschiedenen Ebenen:
- Beteiligung als Individuum
- Beteiligung als Klassengemeinschaft
- Beteiligung als Schulgemeinschaft
- Beteiligung als Gruppe
- Beteiligung in der Zusammenarbeit mit dem schulischen Umfeld
- Beteiligung in der demokratischen Gesellschaft

Die fünf Formen der Beteiligung kommen auf allen sechs Ebenen – je nach Spiel-, Lern- und Arbeitssituation – unterschiedlich zum Tragen.
Beteiligung lässt sich nicht auf eine einzige Form oder auf eine Ebene reduzieren. Sie versteht sich als Summe und als das Zusammenspiel aller Formen und Ebenen. Kinder und Jugendliche wollen auf möglichst vielfältige Weise an ihrem Lernen, am Lernen und Zusammenleben partizipieren und durch Engagement Selbstverwirklichung erfahren. «Schule ist mehr als Lesen, Schreiben, Stillsitzen, Aufpassen und Wiederholen. Kinder wollen sich aktiv beteiligen und mitbestimmen. Sie wollen ernst genommen werden, Verantwortung übernehmen, Neues ausprobieren und Fehler machen dürfen. Sie wollen ihre Interessen einbringen und eigene Ideen verwirklichen. Partizipation macht das möglich.» (Daepp, 2017, S. 22)
Mit Projekten wie «Mitreden – Mitbestimmen – Mitgestalten – Partizipation von Kindern und Jugendlichen» (stiftung-mercator.ch/projekte) und «Jugend debattiert» (jugenddebattiert.ch) oder mit Tagungen, mitgestaltet von Kindern und Jugendlichen wie «Fragt doch uns!» (PHBern, LEBE, Ideenbüro und Freier Pädagogischer Arbeitskreis) erhalten Kinder und Jugendliche Gelegenheit, auch ausserhalb der Schule ihre demokratischen Projekte vorzustellen oder ihre demokratischen Kompetenzen einzubringen.

Beteiligung ermöglichen durch Öffnung von Unterricht und Zusammenleben

Beteiligung beginnt mit der Form des Dabeiseins und der Dazugehörigkeit. Echte und nachhaltig wirksame Beteiligung ist jedoch immer mit Übernahme von Verantwortung verbunden. Sie kann von einzelnen Kindern und Jugendlichen, von Gemeinschaften und Gruppen wahrgenommen und genutzt werden. Wenn für die Gestaltung des Unterrichts und des Zusammenlebens grundsätzlich partizipative Strukturen gelten, gelingen die Pädagogik und Methodik der Vielfalt, gelingt «Demokratie und Menschenrechte leben und lernen». Beteiligung ist dabei Weg und Ziel zugleich.

In demokratischen Schulen, wie in Sudbury-Schulen (sudbury-zuerich.ch), bestimmen Kinder und Jugendliche ihr Lernen und Zusammenleben weitgehend selbst. Sie entscheiden, wann sie am Morgen zur Schule kommen, was, wann und mit wem sie etwas lernen wollen. In öffentlichen Schulen ist eine derart weitreichende Selbst- und Mitbestimmung aufgrund gesetzlicher Vorgaben nicht möglich. Es ist jedoch gut zu wissen, dass Kinder und Jugendliche, die bei ihrem Lernen und bei der Gestaltung des Zusammenlebens selbst- und mitbestimmen können, motiviert und erfolgreich lernen.

Die Öffnung des Unterrichts und des Zusammenlebens (Achermann & Gehrig, 2011, S. 48ff.) ermöglicht schülerorientiertes Lernen mit einem breiten Angebot an Beteiligungsgelegenheiten. Die Öffnung ist nie Selbstzweck. Mit ihr verfolgen Lehrpersonen drei zentrale Ziele:
- vielfältige Beteiligungsgelegenheiten mit Verantwortungsübernahme;
- die Optimierung der Lernprozesse;
- die Unterstützung und Förderung als mündiges Mitglied einer demokratischen Gemeinschaft.

Öffnung unter vier Aspekten

Für die Beteiligung der Kinder und Jugendlichen beim Lernen und Zusammenleben haben Achermann & Gehrig in Anlehnung an Bohl & Kucharz (2010, S. 13ff.) ein Modell für eine wirksame Öffnung von Unterricht und Zusammenleben entwickelt.

Persönliche Offenheit, d. h. wertschätzende und respektvolle Beziehungen zwischen allen, ist für die Öffnung von Unterricht in allen vier Aspekten Voraussetzung. Der Grad der Öffnung zeigt sich bei jedem Aspekt in vier Ausprägungen.

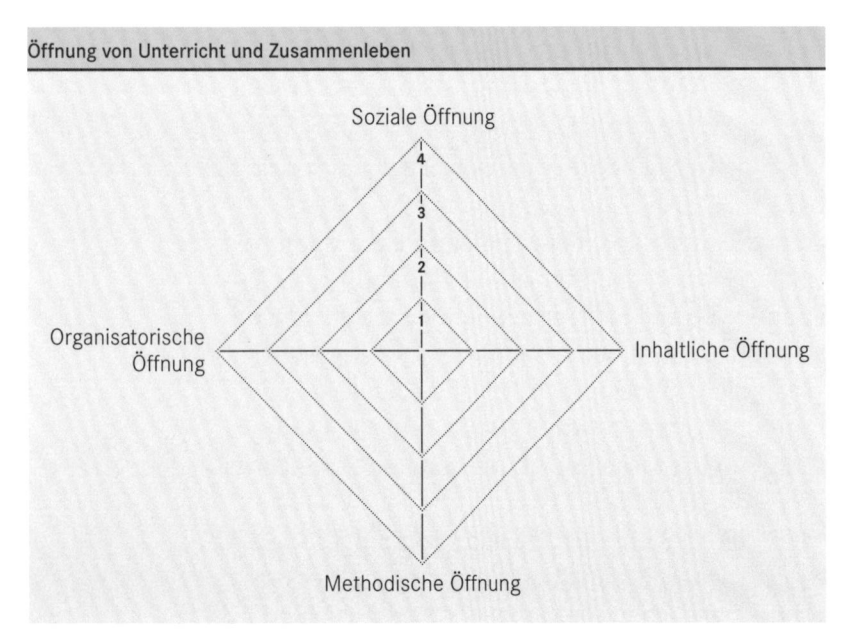

Öffnung von Unterricht und Zusammenleben

Achsen: Soziale Öffnung, Inhaltliche Öffnung, Methodische Öffnung, Organisatorische Öffnung (Skala 1–4)

Öffnungsgrade

1 Keine Öffnung
Die Lehrperson bestimmt. Die Schülerinnen und Schüler führen aus.

2 Geringe Öffnung
Die Lehrperson bestimmt weitgehend.
Die Schülerinnen und Schüler treffen einzelne, eher einfache Entscheidungen.

3 Teilweise Öffnung
Die Lehrperson gibt ein Arrangement vor.
Die Schülerinnen und Schüler arbeiten weitgehend selbstgesteuert.

4 Weitreichende Öffnung
Die Lehrperson gibt einen Rahmen vor.
Die Schülerinnen und Schüler arbeiten selbstgesteuert interessenorientiert.

Im Schulalltag arbeiten Lehrpersonen, Kinder und Jugendliche situativ an einem Aspekt oder an mehreren Aspekten gleichzeitig. Dabei stehen die Individuumsorientierung oder die Gemeinschaftsorientierung oder beide im Zentrum.

Vier Aspekte

Organisatorische Öffnung
Die organisatorische Öffnung von Unterricht und Zusammenleben stellt die Kinder und Jugendlichen vor Fragen wie: Wo arbeiten wir? Was mache ich zuerst? Mit wem arbeite ich?
Organisatorische Offenheit erfordert von den Kindern und Jugendlichen Selbst- und Arbeitskompetenzen. Diese können nicht einfach vorausgesetzt werden. Sie müssen aufgebaut werden. Dabei können Lehrpersonen mit den Kindern und Jugendlichen den Grad der Öffnung steigern. In heterogenen Klassen sind oft alle Öffnungsgrade gleichzeitig vorhanden. So werden die Kinder und Jugendlichen für andere zu Vorbildern.

Methodische Öffnung
Bei der methodischen Öffnung stehen die Kinder und Jugendlichen vor Fragen wie: Wie will ich das vorgegebene Lernziel erreichen? Wie wollen wir die Aufgaben bearbeiten? Wie soll ich die Präsentation gestalten? Wie moderieren wir die Gesprächsrunden in der Schulversammlung? Wie gestalten wir die Feedbackrunden im Klassenrat?
Auch bei der methodischen Öffnung sehen die Kinder und Jugendlichen in heterogenen Klassen täglich, wie andere Kinder und Gruppen eine Aufgabe angehen. Die zwischen den Kindern und Jugendlichen unterschiedlichen Kompetenzen im Umgang mit Öffnung nutzen die Lehrpersonen in Reflexionen. So entstehen in der Klasse wieder gemeinsame Lernanlässe, die die Kinder individuell oder kooperativ bearbeiten.

Inhaltliche Öffnung
Die Öffnung von Inhalten ist für viele Kinder und Jugendliche eine grosse Herausforderung. Was interessiert mich wirklich? Was will ich lernen? Welches Ziel will ich erreichen? Was braucht unsere Klasse oder Schulgemeinschaft? Was will ich in der nächsten Lernberatung besprechen? Was soll auf der nächsten Traktandenliste des Klassenrats stehen? Auch in heterogenen Klassen gilt für Lehrende und Lernende der Lehrplan. Wenn es gelingt, den Kindern und Jugendlichen innerhalb des Stundenplans Raum für ihre Interessen und persönlichen Ziele zu geben, schaffen Lehrpersonen mit der inhaltlichen Öffnung des Unterrichts günstige Lernvoraussetzungen.

Soziale Öffnung
Die soziale Öffnung, d. h. die Öffnung von Unterricht und Zusammenleben für die Beteiligung der Kinder und Jugendlichen, fordert und fördert deren Engagement im Unterricht und Zusammenleben. Welche Regeln sollen im Unterricht und Zusammenleben gelten? Wie beurteile ich meine eigene Leistung? Welche Sitzordnung unterstützt uns am besten beim Lernen? In welchen Bereichen des Unterrichts und Zusammenlebens möchten wir mitbestimmen?

Der Weg zum Unterricht mit einer möglichst weitreichenden Öffnung

Lehrpersonen entscheiden sich gezielt für Formen und Ebenen der Beteiligung sowie für Aspekte der Öffnung. Geöffneter Unterricht ist nicht einfach guter Unterricht – guter Unterricht muss nicht immer geöffnet sein.
Die sogenannten offenen Lernformen (Wochenplan, freie Arbeit/freie Tätigkeit, Projektunterricht, Werkstattunterricht, Stationslernen) eignen sich für den Erwerb und für die Förderung personaler, methodischer, sozialer Kompetenzen. Sie werden durch andere Formen des Lernens und Zusammenlebens, zum Beispiel Morgenkreis, Arbeiten für die Gemeinschaft, Klassenrat, Vollversammlung, ergänzt.
Reden Lehrpersonen von offenen Lernformen oder von Öffnung des Unterrichts, zeigt sich ein breites Definitionsspektrum. Die praktizierten Formen sind oft fremdbestimmt und nicht oder nur gering geöffnet, zum Beispiel in der organisatorischen Öffnung mit der Wahl der Reihenfolge. Obwohl Lehrpersonen für die Ausarbeitung von Angeboten einen grossen Zeitaufwand betreiben, ist die Qualität der Angebote sehr unterschiedlich. Statt zu nachhaltigem Lernen kann es zum Abarbeiten von Aufgaben kommen. Auf dem Weg vom lehrer- zum schülerorientierten Unterricht machen Lehrpersonen oft den Umweg über den materialorientierten Unterricht. Nicht wenige bleiben auf diesem Umweg, und die Menge der Arbeitsblätter ist schwer überschaubar. Gelungene Beispiele für Öffnung von Unterricht und Zusammenleben sind in allen Impulsen unter «Beispiele aus der Praxis» zu finden.

Kleine, qualitativ abgesicherte Schritte

Öffnung mit Selbst- und Mitbestimmung, verbunden mit Verantwortungsübernahme kann in kleinen, qualitativ abgesicherten Schritten angegangen werden. Die Lehrpersonen bauen auf den von den Kindern im Kindergarten bzw. in der Grund-/Basisstufe erworbenen Kompetenzen in der freien Tätigkeit und auf ihren individuellen Lerninteressen und -bedürfnissen auf.

Die Öffnung kann sowohl im Unterricht, in den Bausteinen «Freie Tätigkeit», «Thema», «Kurs und Plan» als auch in den Bausteinen für das Zusammenleben «Arbeiten für die Gemeinschaft», «Anlässe in der Gemeinschaft», «Forum» und «Versammlung» erfolgen.

➡ Impuls 10

Beispiel 1: Öffnung durch die Arbeit mit der Grundvariante Morgenkreis (Baustein «Forum»)

Der tägliche Morgenkreis (ca. 15 Minuten) gestaltet den Übergang von Zuhause in die Schule, fördert und unterstützt das Zusammenleben und die Sprachkompetenzen. Er dient dazu, den Kindern und Jugendlichen soziale Anerkennung und das Gefühl von sozialer Eingebundenheit zu vermitteln. Sie erfahren, dass sie Teil einer Gemeinschaft sind und dass sie diese mit ihrem Dazugehören entscheidend mitprägen. Sie erzählen von sich (Schulisches und Ausserschulisches), hören anderen zu und zeigen Interesse für andere. Verschiedene Gestaltungselemente unterstützen den Ablauf des Morgenkreises, z. B. Einstieg (Musik, Lied, Kalenderspruch, Sanduhr usw.), Datum (deutsch, englisch, französisch), Austausch (erzählen, nachfragen, Interesse zeigen usw.), Abschluss und Überleitung zum Tagesprogramm. Die Arbeit mit dem Morgenkreis bildet die Basis für den Klassenrat und für die Schulversammlung.

Beispiel 2: Öffnung bei der Arbeit mit Werkstätten (offene Lernform)

Auch die Arbeit mit Werkstätten ist oft mit Abarbeiten verbunden. Lehrpersonen können ihre Vorstellungen von der Umsetzung ihres Themas mit Werkstätten nach den folgenden Kriterien überprüfen (Peschel, 2011, S. 30):

- «Können sich die Schüler mit eigenen Ideen an der Werkstatt beteiligen?
- Ist ein echter Bezug zur Lebenswirklichkeit gegeben?
- Hat die Werkstatt zieladäquat einen ‹Roten Faden›?
- Ist sie fachlich einseitig angelegt, oder ermöglicht sie einen interdisziplinären Unterricht?
- Sind die fachübergreifenden Komponenten echt integriert oder eher konstruiert?
- Beinhaltet sie auch handlungsorientierte Komponenten oder nur Arbeitsblätter?
- Ist das Material kindgerecht und leicht zu beschaffen?
- Beinhaltet sie wirklich anspruchsvolle Aufgaben oder nur reproduktive Übungen?
- Lassen die Aufträge Gestaltungsmöglichkeiten zu, oder wird alles vorgegeben?
- Beinhaltet sie nur obligatorische Angebote oder auch offene ‹Leerangebote›?
- Werden alle Sozial- und Arbeitsformen berücksichtigt?»

Mithilfe dieser Kriterien können Lehrpersonen allein oder zusammen mit den Lernenden eigene Werkstätten herstellen. Lernende können je nach Ziel und Zweck der Werkstatt einzelne Werkstattposten ausarbeiten und als Experten und Expertinnen Ansprechpersonen bei Fragen sein. Werkstätten werden gezielt und zweckorientiert eingesetzt.

Ziel und Zweck der Arbeit mit Werkstätten (nach Croci et al., 1995, S. 92)

Aspekt Lernabsicht:
- Übungswerkstatt (trainieren von Fertigkeiten und Fähigkeiten mit vielfältigen Übungs- und Anwendungsaufgaben);
- Erfahrungswerkstatt (erfahrungsbezogene und spielerische Auseinandersetzung mit dem Thema, experimentieren, spielen, beobachten usw.);
- Erkenntniswerkstatt (Erkenntnisse erwerben durch individuelle Bearbeitung von Lernaufgaben).

Aspekt Unterrichtsstruktur:
- Einstiegswerkstatt (erste Begegnung mit dem Thema, vertiefte Auseinandersetzung im Klassenverband);
- Erarbeitungswerkstatt (umfassende Erarbeitung des Themas nach einem gemeinsamen Einstieg);
- Vertiefungswerkstatt (thematische Vertiefung mit vielfältigen Lernaufgaben nach der Behandlung des Themas).

Beispiel 3: Öffnung im Baustein «Plan»

Zuerst einigen sich die Lehrpersonen auf Ziel und Zweck der Arbeit mit Plänen und legen Teamvereinbarungen fest. Anschliessend passen die Lehrpersonen die Schritte zur Öffnung ihrer Klasse an. Abschliessend tauschen sich Kinder und Jugendliche in regelmässigen gemeinsamen Lernreflexionen über Gelungenes und Herausforderungen bezüglich der verschiedenen Aspekte der Öffnung aus und lernen so mit- und voneinander.

➡ Impuls 10

Schule X: Ziel und Zweck der Arbeit mit Plänen (Teil einer Teamvereinbarung)
Die Schülerinnen und Schüler (SuS) arbeiten, abgestimmt auf ihren Lernstand, an Basislernzielen und an persönlichen Zielen. Die Lehrperson stellt die Arbeitspläne allein oder mit den Schülerinnen und Schülern zusammen. Dabei können die Schülerinnen und Schüler Inhalte selbst- oder mitbestimmen. Für die Schülerinnen und Schüler ist der Plan ein Übungsfeld für selbstständiges Lernen und Trainieren im individuellen Tempo und gemäss ihrem Entwicklungsstand. Die Lehrperson baut mit der Klasse ein «Helfersystem» auf. Sie kombiniert den Unterrichtsbaustein «Plan» mit Gruppenlernberatungen und Kurssequenzen.

Geringe Öffnung	Weitreichende Öffnung
Organisatorische Öffnung: - Die Planarbeit findet während eines Fachs statt (z. B. Mathepläne) oder in festgelegten Zeitgefässen für die Arbeit mit fächerübergreifenden Plänen. - Je nach Plan wählen die Schülerinnen und Schüler (SuS) die Reihenfolge der verordneten Arbeiten und den Arbeitsplatz selbst. - Die Pläne werden in einer vorgegebenen Zeit «abgearbeitet». - Pläne, die bis zum festgelegten Zeitpunkt nicht abgearbeitet sind, werden in zusätzlichen Zeitgefässen erledigt, wenn möglich während der Unterrichtszeit oder z. B. als Hausaufgabe.*	**Organisatorische Öffnung:** - Im Stundenplan, in der Wochenstruktur stehen Zeitgefässe für die Arbeit an Plänen zur Verfügung. Die Schülerinnen und Schüler (SuS) planen ihre Arbeit an den Plänen allein oder nach Absprache mit der Lehrperson. - Die SuS wählen die Reihenfolge der geplanten Arbeiten und ihren Arbeitsplatz. - Mögliche Inhalte für die persönlichen Pläne werden in der Klassengemeinschaft besprochen. - Die individuellen Lerntempi bewirken individuelle Zeitgefässe (Häufigkeit, Dauer). - Parallel zur Planarbeit werden von der Lehrperson Kurse zu den jeweiligen Lerninhalten angeboten (Sicherung und Festigung von Wissen, Verstehen und Fertigkeiten).
Methodische Öffnung - Für die Aufgaben an den Plänen werden einfache Methoden, die mit den SuS vorher eingeübt und besprochen wurden, zur Auswahl angeboten (z. B. Kärtchen, PC, Arbeitsblätter usw.).	**Methodische Öffnung** - Die SuS kennen verschiedene Lernmethoden und wählen passende Methoden. - In der Klassengemeinschaft erweitern sie mit dem Kennenlernen und Üben neuer Methoden ihr Methodenrepertoire. Sie wählen bei der Arbeit mit Plänen passende Methoden.
Inhaltliche Öffnung - Die Inhalte sind bei einer geringen Öffnung fast ausschliesslich durch die Lehrperson fremdbestimmt. Für alle SuS gelten die gleichen Inhalte. Für einzelne SuS werden die Inhalte den individuellen Lernbedürfnissen angepasst (z. B. Aufgaben ersatzlos streichen, einfachere Aufgaben, anspruchsvollere Aufgaben). - Für die Zusammenstellung der Pläne können Aufgaben aus Lehrmitteln benutzt werden. Die Aufgabenprofile decken unterschiedliche Anforderungen ab (z. B. analog der ersten Stufen der Bloomschen Taxonomie: erinnern, verstehen, anwenden, analysieren, evaluieren, kreieren). - Verordnete Pläne werden mit leeren Linien für eine erste Selbstbestimmung der Inhalte ergänzt. - In die Pläne werden keine Spiele aufgenommen. Diese finden ausserhalb der Planarbeit statt, damit die andern SuS nicht gestört werden.	**Inhaltliche Öffnung** - Die inhaltliche Öffnung berücksichtigt die unterschiedlichen Lernbedürfnisse aller SuS: Teiloffene oder offene Pläne ermöglichen Selbst- und Mitbestimmung der SuS bei den Inhalten. Die persönlichen Pläne werden nach Absprache mit oder nach Info der Lehrperson zusammengestellt. Gemeinsame Kriterien wie: Das muss/will ich noch üben. Das muss/will ich noch abschliessen. Das will ich noch lernen. Dazu möchte ich eigene Aufgaben entwickeln. - Die Aufgabenprofile decken unterschiedliche Anforderungen ab (z. B. analog der Bloomschen Taxonomie: erinnern, verstehen, anwenden, analysieren, evaluieren, kreieren).
Soziale Öffnung - Die SuS arbeiten allein an ihren Plänen. - Sind sie auf Hilfe angewiesen, wenden sie sich an ihren Banknachbarn/an ihre Banknachbarin oder an die Lehrperson.	**Soziale Öffnung** - Allen SuS steht jederzeit ein sorgfältig eingeführtes und immer wieder gemeinsam reflektiertes Helfersystem zur Verfügung, z. B. spontane Schülerhilfe auf der Erklär-/Beratungsinsel oder institutionalisierte Gruppenlernberatung.

➡ Impuls 10

* Auf die Arbeit übers Wochenende wird aus Rücksicht auf das Familienleben verzichtet.

Beteiligung unterstützen und fördern

→ Impuls 5   Mit der persönlichen Bereitschaft der Lehrperson zur Öffnung des Unterrichts und Zusammenlebens öffnet sie sich auch für die Entwicklung und Stärkung eines autonomiefördernden Verhaltens. Dies ermöglicht den Kindern und Jugendlichen Schritte hin zur Eigenständigkeit in Richtung Selbstbestimmung mit Verantwortungsübernahme.

Die vier Aspekte der Öffnung des Unterrichts und Zusammenlebens (Organisation, Methode, Inhalt, Soziales) können mit Blick auf das autonomiefördernde Verhalten der Lehrperson fokussiert betrachtet werden. Dabei ist es entscheidend, welche Öffnung die Lehrperson zulässt, welche Strukturen sie mit der Klasse geklärt hat und wie sie den Freiraum kommuniziert.

Verhalten der Lehrperson z. B. im Aspekt «Organisatorische Öffnung»: Wahl des Arbeitsplatzes

zulassend
Lehrperson: «Heute Nachmittag dürft ihr für die Arbeit an euren Projekten den Arbeitsplatz selbst wählen. Seid um 15.45 Uhr wieder im Schulzimmer!»
Nicht alle Kinder und Jugendliche können diesen fast unbegrenzten Freiraum nutzen. Sie lassen sich selbst ausserhalb des Schulzimmers ablenken, lenken andere vom Arbeiten ab, lernen und arbeiten wenig, vertrödeln die Zeit oder stören andere. Sie sind es noch nicht gewohnt, Verantwortung für ihr Lernen und Verhalten zu übernehmen.
Dieses zulassende Verhalten ist wenig autonomiefördernd.

fordernd und inkonsequent
Lehrperson: «Ihr konntet zu Beginn des Nachmittags für die Arbeit an euren Texten euren Arbeitsplatz selbst wählen. Melanie, Pia und Alex, ihr könnt scheinbar ausserhalb des Schulzimmers nicht arbeiten, ohne jemanden zu stören. Kommt zurück ins Schulzimmer! Ich bestimme ab heute euren Arbeitsplatz.»
Lehrpersonen reagieren so, wenn sie selbst feststellen, von Kolleginnen und Kollegen oder von anderen Kindern und Jugendlichen darauf aufmerksam gemacht werden, dass ausserhalb des Schulzimmers nicht gearbeitet oder gar gestört wird. Manchmal treffen sie bei ihren spontanen Massnahmen auch Kinder und Jugendliche, die gearbeitet haben.
Dieses inkonsequente und fordernde Verhalten verunsichert oder verärgert die Betroffenen.

kontrollierend
Lehrperson: «Wir haben miteinander besprochen, wo und wie ausserhalb des Schulzimmers gearbeitet wird. Lars, Maurin, Maxim, Semira, Ramona und Luana können das schon gut. Sagt mir, wo ihr arbeiten möchtet! Seid bitte um 15.30 Uhr wieder im Schulzimmer. Wir machen noch eine Reflexionsrunde und würden gerne von euch erfahren, wie gut es euch gelungen ist, ausserhalb des Schulzimmers zu arbeiten. Alle anderen arbeiten im Schulzimmer.»
Die Strukturen für das Spielen, Lernen und Arbeiten ausserhalb des Schulzimmers wurden in der Klasse geklärt und sind allen bekannt. Die Lehrperson entscheidet, welche Kinder und Jugendliche dazu fähig sind. Sie will von ihnen auch wissen, wo sie arbeiten werden. Die Strukturen sind klar, die Lehrperson behält die Kontrolle. Vor Abschluss des Unterrichts bittet sie die sechs Kinder, im Klassenkreis zu berichten, wo, mit wem und wie sie gearbeitet haben. Davon können die anderen profitieren. Sie sorgt dafür, dass immer mehr Kinder und Jugendliche auch ausserhalb des Schulzimmers erfolgreich arbeiten können.
Dieses kontrollierende Verhalten ermöglicht erste Schritte zu einem autonomiefördernden Verhalten.

autonomiefördernd
Lehrperson: «Ihr wisst alle, wo und wie ausserhalb des Schulzimmers gearbeitet wird. Auch heute Nachmittag dürft ihr selbst entscheiden, wo ihr arbeiten möchtet. Wer will, darf auch im Schulzimmer bleiben. Wenn ihr merkt, dass es euch heute nicht gelingt, draussen zu arbeiten, kommt ihr zurück ins Schulzimmer. Ihr merkt das selbst am besten. Seid bitte um 15.30 Uhr wieder im Schulzimmer, wir machen noch eine Reflexionsrunde.»
Die Strukturen und die möglichen Orte für das Spielen, Lernen und Arbeiten ausserhalb des Schulzimmers sind bekannt und sind von allen erprobt. Die Lehrperson vertraut auf die Kompetenz der Selbstkontrolle der Kinder und Jugendlichen und sorgt für entsprechende Reflexionen in der Klassengemeinschaft: Was ist mir heute gelungen? Was war heute eine Herausforderung? Woran habe ich das selbst gemerkt?
Selbstkontrolle können Kinder und Jugendliche in verschiedenen Situationen lernen. Bei Mannschaftsspielen im Sport gilt zum Beispiel die Regel: Wer während eines Spiels selbst merkt, dass Wut und Ärger aufkommen, meldet sich ab, indem man «Timeout!» ruft und sich an den Spielfeldrand setzt. Sobald man selbst merkt, dass man sich beruhigt hat, meldet man sich zurück und spielt wieder mit. Kinder und Jugendliche, die noch nicht selbst spüren, dass sie wütend oder verärgert sind und die anderen im Spiel stören, werden von der Lehrperson gerufen: «Mona – Timeout!». Mona setzt sich an den Spielfeldrand neben die Lehrperson. Die Lehrperson entscheidet, wann sie wieder mitspielen kann. Erfahrungsgemäss haben die meisten Kinder und Jugendlichen Interesse daran, möglichst im Spiel bleiben zu können und sind motiviert, Selbstkontrolle zu lernen.

Autonomieförderung wird fälschlicherweise oft mit wenig Strukturen und wenig Kontrolle verbunden. Klare, hohe Strukturen sind jedoch für eine erfolgreiche Öffnung des Unterrichts unerlässlich. Beim Einstieg in die Öffnung gibt eine unterstützende Form von Kontrolle Sicherheit. Je eigenverantwortlicher Kinder und Jugendliche lernen und arbeiten, desto weniger sind sie auf eine unmittelbare Kontrolle angewiesen.

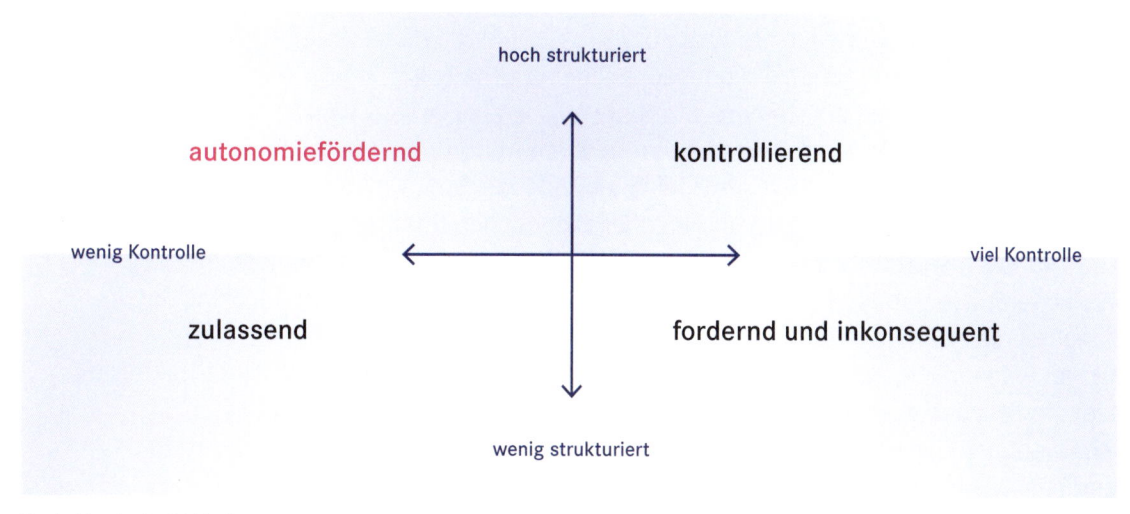

```
                          hoch strukturiert
                                 ↑
         autonomiefördernd       |        kontrollierend
                                 |
    wenig Kontrolle  ←————————————————————→  viel Kontrolle
                                 |
              zulassend          |     fordernd und inkonsequent
                                 ↓
                          wenig strukturiert
```

Nach Martinek, 2014, S. 44

Hilfreiche Strukturen, Beratung und Unterstützung

Strukturen und Planungshilfen helfen bei der Orientierung im angebotenen Freiraum und beim Sich-Zurechtfinden in der geöffneten Lernumgebung. Sie unterstützen die Schritte der Kinder und Jugendlichen zu einem mit- oder selbstbestimmten Lernen. Die Offenheit von Unterrichtssequenzen wird auf die aktuelle Arbeits- und Lernkompetenz der Kinder und Jugendlichen abgestimmt. Einige Kinder und Jugendliche nutzen einen offenen Unterricht gut für ihr Lernen, andere sind auf starke Führung oder Instruktion angewiesen. Einige kommen mit der inhaltlichen Öffnung gut zurecht, andere brauchen bei der Organisation ihrer Arbeiten noch viel Unterstützung. Die Öffnung von Unterricht erfolgt daher weder im Gleichschritt noch linear.
Den Lehrpersonen stehen verschiedene Hilfen zur Verfügung.

Hilfen (Beispiele)

Orientierungs- und Planungshilfen
- Elemente im spielzeugfreien Kindergarten (akzent-luzern.ch/spielzeugfreier-kg);
- Gardner-Intelligenzen als Struktur für den Einstieg in die freie Tätigkeit (Gardner, 2013);
- einfache Projektplanung (Achermann & Gehrig, 2011, Datei 37);
- Projektmethoden wie die IIM 7-Schritt-Methode (iimresearch.ch);
- Fünf Handlungsschwerpunkte für projektorientiertes Arbeiten (Graf et al., 2013).

Arbeitshilfen
- Schatzkiste/Lernjournal/Lerntagebuch/Portfolio (Lern- u. Arbeits-Dokumentation) verbunden mit gemeinsamen Lernreflexionen (Achermann & Gehrig, 2011, Datei 78);
- Reflexionshilfen für Partner- und Gruppenarbeiten;
- Anfrage/Beizug möglicher externer Fachpersonen.

Beratung durch Kinder und Jugendliche
- einfache organisatorische Massnahmen zur Klärung von Hilfsangeboten wie Holzquader (ca. 15 cm hoch, rot: Bitte nicht stören!/blau: Du kannst mich fragen!) und Erklärinsel (kleiner Teppich oder fixer Platz im Schulzimmer für spontane Hilfeleistungen);
- Korrekturbüro (institutionalisierter Korrekturplatz im Schulzimmer mit Korrekturunterlagen und -material sowie Einsatzplan für Kinder und Jugendliche als Korrektoren/Korrektorinnen);
- institutionalisierte Helfersysteme (Lernen durch Lehren: Bring mir etwas bei!) und Austausch in den institutionalisierten Gruppenlernberatungen (Achermann & Gehrig, 2011, S. 53ff.).

➡ Impuls 11

Beratung durch die Lehrpersonen
- Kursangebote, z. B. Was mache ich, wenn ich nicht so vorwärtskomme wie erhofft?
- Prozessberatung mit regelmässigen Feedbackgesprächen.

⬇ Leitfragen für die individuelle und gemeinsame Reflexion

Mein Verständnis von «Beteiligung leben und lernen»

- Was weiss ich über die partizipativen Kompetenzen, welche die Kindergartenkinder in der freien Tätigkeit täglich erwerben, üben, festigen, und wie nutze ich sie?
- Wie definiere ich offene Lernformen und geöffneten Unterricht? Was vereinfacht mir die Öffnung? Wann werde ich herausgefordert? Wann ermögliche ich eine geringe und wann eine weitreichende Öffnung? Wovon mache ich das abhängig?
- In welchen Situationen bin ich bereit, Verantwortung abzugeben? Was traue ich den Kindern und Jugendlichen zu? Was hindert mich an weiteren Schritten? Wie wichtig ist es für mich, den Überblick zu behalten? Wie begründe ich das?
- Wie ermögliche ich den Kindern und Jugendlichen täglich Erfahrungen zu Autonomie «Das kann ich selbst!» und Selbstwirksamkeit «Ich lerne und arbeite erfolgreich!»?
- Wie unterstütze und begleite ich die Kinder und Jugendlichen bei der Beteiligung mit zunehmender Verantwortungsübernahme?
- Woran erkenne ich, dass mir autonomieförderndes Verhalten gelingt? Welche Strukturen biete ich an, und wie halte ich es mit der Kontrolle?
- Was weiss ich über die Bereitschaft meiner Kolleginnen und Kollegen, den Unterricht und das Zusammenleben zu öffnen?
- Wie und auf welche Art erlebe ich als Lehrperson Beteiligung? Werde ich gehört, und bewirken meine Beiträge und Vorstösse auf Teamebene etwas?

Unser Verständnis von «Beteiligung leben und lernen»

- Wie kommt Beteiligung in unserem Leitbild zum Ausdruck? Wie setzen wir die entsprechenden Leitideen um? Welchen Stellenwert haben die Kinderrechte?
- Was verstehen wir unter Beteiligung mit Verantwortungsübernahme? Wo setzen wir Grenzen der Beteiligung, und wie begründen wir sie? Wie treten wir Formen von Schein-Partizipation konsequent entgegen?
- Wie kommt Beteiligung bei der Initiierung, Planung, Begleitung klassen- und stufenübergreifenden Lernens und Zusammenlebens zum Ausdruck?
- Welche Beteiligungsgelegenheiten beim Lernen, Leben und Zusammenleben bestehen in der Schulgemeinschaft? Hat jedes Kind eine Stimme in Bereichen, die alle betreffen und aktuell sind?
- Wie sorgen wir für regelmässige Dialoge und Diskurse zur Beteiligung im Team?

MEHR DAZU

Kirchschläger & Kirchschläger (2013, S. 8ff.): Zu mehr fähig, als man denkt, mehr Zeit, als man denkt
«Bereits Kindergartenkindern ist es aufgrund ihrer kognitiven, moralischen und emotionalen Entwicklung möglich, die Perspektive eines anderen Kindes zu übernehmen, sich wissend und fühlend in eine andere Person zu versetzen und wahrzunehmen, was bei dieser gerade geschieht. Sie können sich darüber austauschen, warum sie das tun, was sie tun, und auch aushandeln, wie reagiert werden muss. (…) Verunsicherung und Zweifel auslösen kann der Umstand, dass junge Kinder für derartige Prozesse mehr Zeit brauchen als ältere Kinder, Jugendliche und Erwachsene. Lehrpersonen müssen also erstens für Partizipations- und Mitbestimmungsprozesse mehr Zeit einplanen, als man denkt. Zweitens kann allgemein festgehalten werden, dass Partizipation und Mitbestimmung bei Kindern zwischen vier und acht Jahren mehr Begleitung seitens der Lehrpersonen erfordert. (…) Drittens ist bei Partizipations- und Mitbestimmungsprozessen von Vier- bis Achtjährigen essenziell, dass Kinder selbst signalisieren, wenn die Begleitung intensiviert und mehr Intervention seitens der Lehrperson nötig ist.»

Fatke & Schneider (2005, S. 7): Mitwirkung verbessert das pädagogische Klima der Schule
«In der Schule stossen ebenfalls unterschiedliche Interessen aufeinander, und auch hier zeigt sich: Wenn es um Themen geht, die den Unterricht selbst betreffen, werden die Schüler weit weniger in Entscheidungen einbezogen, als wenn es um eher nebensächliche Themen geht. (…) Hinsichtlich des Ausmasses der Partizipationsintensität gehen die Einschätzungen der Schulleitung sowie der Kinder und Jugendlichen auseinander. Diese Einschätzungskluft müsste überbrückt werden, indem der Austausch zwischen den Akteursgruppen intensiviert, die unterschiedlichen Interessen klar thematisiert und der Spielraum für echte Partizipation durch Aushandlungen erweitert werden. Das würde auch das pädagogische Klima in der Schule (weiter) verbessern, das sich als starke partizipationsfördernde Einflussgrösse erwiesen hat.»

Zugefallenes aus dem Schulalltag

Sarah und Dragana

An einem Mittwochvormittag kommen Sarah und Dragana zu mir und fragen: «Geben Sie uns bitte Zeit nach dem Morgenkreis? Wir hatten gestern nach dem Turnen Probleme. Wir zwei haben jetzt etwas vorbereitet und wollen das mit allen besprechen. Sie müssen gar nichts machen. Wir haben alles mitgebracht.» Sie zeigen mir ihre beschriebenen Blätter. Meine Kollegin, die das Turnen mit ihrer Klasse leitet, informiert mich in der Regel immer, wenn etwas vorgefallen ist. Da der Konflikt nach dem Turnen auf dem Heimweg entstand, wusste auch die Turnlehrerin nichts über den Vorfall. Eigentlich steht Mathematik auf dem Programm!
Nach dem Morgenkreis bleiben alle im Sitzkreis. Die beiden Mädchen übernehmen den Unterricht. Sie legen Blatt um Blatt in den Kreis und fordern ihre Mitschülerinnen und Mitschüler auf, mitzudenken und Stellung zu beziehen.

Die Klasse diskutiert unter Sarahs und Draganas Leitung fair und konstruktiv.
Zu Beginn der Pause frage ich die beiden Mädchen, ob sie mir die neun Blätter geben würden und erkläre ihnen, dass ich anderen Lehrpersonen und Eltern aufzeigen möchte, wie gut Primarschülerinnen und Primarschüler gemeinsam einen Streit lösen können, ohne dass es dazu Erwachsene braucht. Die Mädchen stellen eine Bedingung: Sie wollen die Blätter nochmals schreiben, schön, sauber, sorgfältig und fehlerfrei. Ich will jedoch die Originale. Wir finden einen Konsens: Sarah und Dragana geben mir die Originale, und ich muss ihnen versprechen, dass ich das letzte Blatt mit den Namen niemandem zeige.

Blätter von Sarah und Dragana

Beispiele aus der Praxis

Primarschule Allee, Wil (SG), Heidi Gehrig: Beteiligung beim Lernen
Hausaufgaben mit- und selbstbestimmen

In Anlehnung an die Vorgaben des kantonalen Lehrplans (120 Minuten Hausaufgaben pro Woche), bestimmten wir drei Hausaufgabentage: Montag, Dienstag und Donnerstag. Die Kinder in meiner Klasse hatten das Recht, die Tage zu tauschen. Wer am Montag Fussballtraining hatte, verlegte die Montags-Hausaufgaben auf den Mittwoch oder auf den Freitag. Wir legten Richtzeiten pro Hausaufgabentag fest (4. Klasse: 30 Min., 5. Klasse: 40 Min., 6. Klasse: 60 Min.). In der Klassengemeinschaft sammelten wir Aufgaben, die sich als Hausaufgaben eigneten. Dazu bestimmten wir Kriterien: Das kann ich allein! Das ist jetzt wichtig für mich! Das muss ich noch üben! Das könnte ich noch fertig machen! Auch fachunabhängige Aufgaben wie Briefe schreiben, Umfragen zu einem Thema machen oder Kochen für die Familie waren möglich.

Die Kinder wählten ihre Hausaufgabe und trugen sie in ihr Hausaufgabenbüchlein ein. Hausaufgaben konnten auch zu zweit gemacht werden. Bei speziellen, regelmässig angesetzten Aufgaben wie jemandem vorlesen, unterschrieb die Person, die zugehört hatte, im Hausaufgabenbüchlein. Wählten die Kinder Kochen für die Familie, gaben die Familienmitglieder Rückmeldungen zu den Mahlzeiten. Mit- und Selbstbestimmung der Hausaufgaben fördert und unterstützt Planungskompetenz.

Primarschule Heimat Buchwald, St. Gallen (SG), Alice Gimmi: Lernangebote von Kindern
Sonderwoche Mittelstufe «Selmasta: Selber machen macht stark»

Für jedes Schuljahr bestimmen wir ein Jahresthema. Das Jahresthema «Ich kann etwas und ich zeige es dir! – «Selmasta – selber machen macht stark» galt für zwei Schuljahre (2015/16 und 2016/17) und bot den Kindern Möglichkeiten, ihre Stärken, Interessen und Kompetenzen anderen zu zeigen und sie dadurch weiterzuentwickeln. Wir führten dazu im ersten Jahr eine Sonderwoche durch. Auf der Mittelstufe boten die Lehrpersonen verschiedene Aktivitäten an, die es den Kindern ermöglichten, sich Stärken anzueignen, sie zu entwickeln oder auszubauen. Daraus entstand die Idee, dieses Angebot zu erweitern. Zu «selber machen macht stark» sollten die Kinder eigene Angebote für andere Kinder anbieten. Jedes Kind bot alleine oder in einer Gruppe einen Kurs an.

Gezielt bereiteten sie ihre Kurse vor und führten diese in der letzten Woche vor den Herbstferien mindestens einmal mit einer Gruppe Kinder durch. Wer Zeit hatte, konnte an Kursen anderer Kinder teilnehmen. Es war eine grosse Herausforderung für alle, die Kurse vorzubereiten. Wir hätten uns dazu etwas mehr Zeit nehmen sollen. Alles in allem war die «Selmasta-Woche» ein grosser Erfolg. In verschiedenen anderen klassen-/stufeninternen sowie in klassen-/stufenübergreifenden Unterrichtssequenzen gab man dem Jahresthema zusätzlich Platz.

Primarschule Ebersecken (LU), Adrian Vogel: Mitbestimmung
Schneelager – Wir bestimmen mit!

Unser Schneelager ist im Mehrjahresplan verankert und findet alle drei Jahre statt. Seit 2012 wird es nach partizipativen Grundsätzen organisiert. Die AG «Schneelager» besteht aus zwei Lehrpersonen und je einem Knaben und einem Mädchen aus allen Klassen. Die Kinder bestimmen Organisation, Menüplan, Kochen, Tages- und Abendprogramme weitgehend selbst.

Ablauf Schneelager 2015

1. Erste Vollversammlung/November
Die Vollversammlung wurde von den Kindern der 5./6. Klasse geleitet. Die älteren Kinder erzählten von ihren Erinnerungen und beantworteten Fragen der jüngeren. Wir klärten unseren «Lagergedanken». Gemeinsam sammelten sie Ideen für das Lager. Nach der Vollversammlung ordneten die Lehrpersonen die Ideen. In den Klassen gewichteten die Kinder die Ideen zuhanden der AG «Schneelager».

2. Treffen AG «Schneelager»/November
Die AG «Schneelager» wertete die Ergebnisse aus den Klassen aus, arbeitete die präferierten Ideen aus und stellte die Resultate auf Plakaten dar.

3. Zweite Vollversammlung/Dezember
Die AG «Schneelager» leitete die zweite Vollversammlung. Sie stellte ihre Arbeit vor, präsentierte die Ergebnisse der Auswertungen und die Plakate. Alle Kinder trugen sich zu den verschiedenen Programmen ein. Wir bildeten Programmgruppen.

4. Arbeit in den Programmgruppen/Januar
Je eine Lehrperson leitete die zwei Treffen in den Programmgruppen. Wir arbeiteten die Programme aus, planten und trafen entsprechende Vorbereitungen.

5. Meinungsbildung im Klassenrat: elektronische Geräte im Schneelager/Januar
Die Klassen wurden beauftragt, folgende Fragen zu diskutieren: Was möchte ich im Lager mit welchen elektronischen Geräten tun? Welche Verantwortung trage ich dabei? Wie passt diese Tätigkeit zum Lagergedanken? Sie arbeiteten einen Vorschlag zur Handhabung der elektronischen Geräte aus.

6. Dritte Vollversammlung/Februar
Die Frage «Umgang mit elektronischen Geräten im Schneelager» wurde an einer zusätzlichen Vollversammlung geklärt. Die Ergebnisse aus den Klassenräten wurden vorgestellt. Wir Lehrpersonen unterbereiteten einen zusammenfassenden Vorschlag, der mit 26:10 Stimmen angenommen wurde.

7. Klassenrat/Februar
In den Klassenräten besprachen wir die Regeln für das Lagerleben: Was braucht es, damit sich alle wohlfühlen können im Lager, im Haus, im Schlag, beim Essen, ums Haus, mit der Nachtruhe, während des Tagesprogramms? Die Kinder erklärten die Regeln zuhause ihren Eltern.

8. Klassenrat: Rückblick Schneelager/März
Wir blickten auf das Lager zurück: Das muss unbedingt beibehalten werden, das kann auch weggelassen werden, das Mitwirken war für mich… Die Klassenvertretungen der AG «Schneelager» nahmen sich der Rückmeldungen an und bereiteten diese für die Vollversammlung vor.

9. Rückmeldungen der Eltern/März
Ende März holten wir Lehrpersonen mit einem Rückmeldebogen die Sicht der Eltern ein, werteten die Feedbacks aus und dokumentierten Veränderungen.

10. Vierte Vollversammlung/April
Die letzte Vollversammlung zum Schneelager dauerte eine Stunde und wurde von der AG «Schneelager» geleitet. Wir schauten gemeinsam Bilder und Filme aus dem Lager an, sammelten Rückmeldungen und genossen gemeinsam einen «Abschlussapéro».

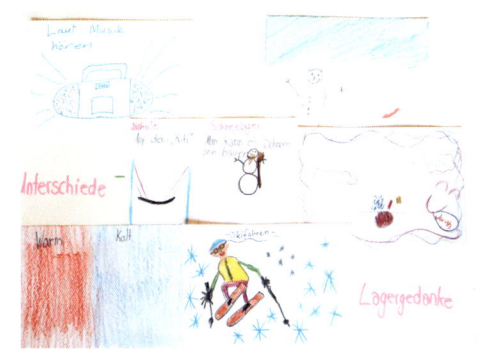

Lagergedanke

Impuls 5

Menschenbilder reflektieren und als Lehrpersonen professionell handeln

Menschenbilder prägen Haltungen, Verhalten und Handlungen. Sie entstehen durch individuelle Erfahrungen und Einstellungen, sind deshalb persönlich geprägt und lassen sich nur schwer verändern. Für Mitarbeitende in pädagogischen Institutionen ist es unerlässlich, über ihre Menschenbilder, Haltungen und Handlungen im Dialog zu bleiben und sich mit Veränderungen und neuen Gegebenheiten auseinanderzusetzen. Menschenrechte und Demokratie basieren auf dem humanistischen Menschenbild.

Die Individualisierende Gemeinschaftsschule
- sorgt dafür, dass sich alle an der Schule Beteiligten der Bedeutsamkeit und der Auswirkungen von Menschenbildern bewusst sind;
- gibt keine Menschenbilder vor, sorgt aber für regelmässige Reflexion und Überprüfung der Menschenbilder und Haltungen aller an der Schule beteiligten Erwachsenen;
- setzt sich mit aktuellen Standesregeln auseinander, führt konsensstiftende Diskurse durch und baut ein gemeinsames Verständnis von Beziehung, Erziehung und professionellem Handeln auf;
- sorgt dafür, dass Kinder und Jugendliche ein positives Menschenbild erleben und entwickeln; fördert und unterstützt ethisch-moralische Kompetenzen der Lehrpersonen, der Kinder und Jugendlichen;
- nutzt die professionelle pädagogische Haltung als Basis für die Ausarbeitung und Umsetzung einer gemeinsamen Beurteilungskultur.

Darum geht es

«Menschenbildung beginnt mit dem Anerkennen der Menschenwürde in jedem Kind, einerlei in welchen gesellschaftlichen Verhältnissen es lebt. Nun frage ich jeden, dessen Amt und Beruf die Erziehung der Kinder, die Bildung der Jugend ist: Stimmt das Werk, das Du tust, stimmt Deine Methode mit der inneren Würde des Menschen überein? Führst Du die Schüler zur Kraft und zum Bewusstsein ihrer menschlichen Würde? Wenn nicht: Was gibt Dir dann Recht, die Jugendbildung als Deinen Beruf anzusehen? [...] Erziehung ist die höchste und grösste Aufgabe des Menschen. Sie ist das Höchste, weil es dabei um die Würde des Menschen geht. Zur Menschenwürde führen kann nur, wer selbst innere Würde hat.»

Johann Heinrich Pestalozzi (Pestalozzi, 1807, S. 4)

«Offener Unterricht ist keine Unterrichtsmethode, kein didaktisches Arrangement, das von sich aus ein effektiveres Lernen bedingt. Offener Unterricht ist mehr – es ist ein bestimmtes Welt- beziehungsweise Menschenbild, um das es geht. Und aus diesem folgen ganz bestimmte Prinzipien und Einstellungen, die zu guter Letzt wiederum die Beziehung zwischen Schüler und Lehrkraft bestimmen – und damit auch ihre Rollen im Unterricht.»

Falko Peschel (Peschel, 2007, S. 2)

Menschenbilder entstehen aus der Zeit und prägen die Zeit

Unser Menschenbild ist Teil unseres Weltbildes und unserer Weltanschauung. Im Verlauf der Menschheitsgeschichte haben sich die Menschenbilder immer wieder verändert. In verschiedenen Epochen (Antike, Mittelalter, Renaissance, Neuzeit, Moderne) und mit unterschiedlichen Perspektiven (aus Sicht der Pädagogik, der Psychologie, der Wirtschaft, der Politik) wurden und werden Menschenbilder verschieden definiert.
Menschenbilder stehen auch heute im Zentrum von Diskussionen, nicht nur im Bereich der Bildung. Sie prägen die Geschichte und Entstehung der Demokratie und der Menschenrechte und prägen deren Weiterentwicklungen.

«Das Menschenbild ist ein individuelles Muster von grundsätzlichen Überzeugungen, was der Mensch ist, wie er in seinem sozialen und materiellen Umfeld lebt und welche Werte und Ziele sein Leben haben sollte. Es umfasst das Selbstbild und die Fremdbilder. Jede Person lernt und entwickelt Annahmen über den Menschen und übernimmt dabei vieles, was für die eigene Familie, für Gruppen und Gemeinschaft typisch ist: soziokulturelle und religiöse Traditionen, Wertorientierungen und Antworten auf Grundfragen des Lebens. [...]»
(Fahrenberg, 2006, S.12)

Individuelle Menschenbilder entstehen im Verlauf unserer Entwicklung und sind u. a. abhängig von der soziokulturellen Umwelt. Sie ordnen, steuern, kategorisieren und werten unsere Wahrnehmungen im Umgang mit Menschen und bestimmen Einstellungen, Haltungen, Entscheidungen und Handlungen mit.

Das Menschenbild im Bildungsauftrag und in den LCH-Standesregeln

Das humanistische Menschenbild hat seine Wurzeln in der Antike, wurde in der Renaissance neu definiert und seither von verschiedenen Humanisten (Erasmus von Rotterdam, Johann Heinrich Pestalozzi, Wilhelm Humboldt, Johann Gottfried Herder, Jean Jaques Rousseau, Carl Rogers u.a.) immer wieder aufgenommen und geschärft. Rousseau definierte als Erster die Kindheit als Entwicklungsphase des Menschen als Eigenwert.

Der Humanismus geht davon aus, dass die Würde des Menschen unantastbar ist. Er betrachtet den Menschen in seiner Ganzheitlichkeit (Körper, Geist, Seele). Die Menschen sind gleichwertig und gleichberechtigt. Sie streben danach, das Leben selbst zu bestimmen und ihm einen Sinn zu geben. Der Humanismus stellt deshalb die Persönlichkeitsbildung ins Zentrum: «Die humanistische Bildungstradition seit Platon legt Wert darauf, dass Bildung ein Selbstzweck sei, dass sich Bildung nicht erst als Mittel zur Erreichung anderer Zwecke rechtfertigt. Im Zentrum des Humanismus steht daher die Persönlichkeitsbildung (nicht Macht, Reichtum, Sieg usw.).» (Nida-Rümelin, 2014, S. 48)

Menschen leben immer im Spannungsfeld zwischen Autonomie und sozialem Eingebundensein. Sie sind einzigartige Individuen und gleichzeitig aufeinander angewiesen. Das humanistische Bildungsideal zeigt sich auch im Bildungsauftrag für die Volksschule, in dem vom Dachverband Lehrerinnen und Lehrer Schweiz (LCH) verfassten Berufsleitbild und den Standesregeln (LCH 2008). Diese Dokumente sind Ausdruck eines positiven Menschenbildes und fordern professionelle Haltungen und professionelles Handeln der Lehrpersonen. Auch der Arbeitgeber, Bildungsdirektionen und Schulbehörden, sollten ihre Arbeit nach diesen Ausführungen ausrichten und für entsprechende Rahmenbedingungen und Unterstützung der Schulleitungen und Lehrpersonen sorgen.

Bildungsauftrag

Öffentliche Schulen und vom Staat anerkannte Privatschulen sind dazu verpflichtet, die bildungspolitischen Vorgaben der Bundesverfassung (BV) umzusetzen (➡ Impuls 7). In den Grundlagen des Lehrplans 21 heisst es:

«Der Bildungsauftrag an die obligatorische Schule wird in der Interkantonalen Vereinbarung zur Harmonisierung der obligatorischen Schule (HarmoS-Konkordat) folgendermassen definiert:
Art. 3 Grundbildung
1 In der obligatorischen Schule erwerben und entwickeln alle Schülerinnen und Schüler grundlegende Kenntnisse und Kompetenzen sowie kulturelle Identität, welche es ihnen erlauben, lebenslang zu lernen und ihren Platz in Gesellschaft und im Berufsleben zu finden.
2 […]
3 Die Schülerinnen und Schüler werden in ihrer Entwicklung zu eigenständigen Persönlichkeiten, beim Erwerb sozialer Kompetenzen sowie auf dem Weg zu verantwortungsvollem Handeln gegenüber Mitmenschen und Umwelt unterstützt.» (lehrplan.ch)

LCH-Berufsleitbild und -Standesregeln

Für die Arbeit der Pädagoginnen und Pädagogen fehlen verpflichtende Normen eines berufsspezifischen Ethos, zum Beispiel analog dem weltweit geltenden hippokratischen Eid für Ärzte und Ärztinnen. Der LCH verabschiedete zwar an der LCH-Delegiertenversammlung vom 7. Juni 2008 ein Berufsleitbild und Standesregeln (LCH, 2008, S. 27). Die Standesregeln definieren die Grundanforderungen für die Berufsausübung der Lehrpersonen vom Kindergarten bis und mit Tertiärbereich. Sie sind jedoch für die Lehrpersonen nicht verpflichtend.

Mit Standesregeln erfolgreich zu arbeiten gelingt erst dann, wenn die ethische Kategorie Verpflichtung ist (➡ Impuls 2). Verpflichtung meint einerseits die innere Haltung der Verantwortung gegenüber bestimmten Menschen und Abmachungen. Andererseits wird die Verpflichtung als ethischer Begriff in der Tradition der Aufklärung verstanden, das bedeutet, dass Lehrpersonen in einer mehrfachen Verpflichtung stehen, gegenüber den Kindern und Jugendlichen, der Schule, anderen Partnern, sich selbst, dem Berufsstand und dem Auftraggeber, der Gesellschaft und ihren Behörden. Mit der vollumfänglichen Umsetzung der Standesregeln würden Lehrpersonen ihren Teil der Respektleistung zwischen den Partnern wahrnehmen, entschieden und selbstbewusst Respekt einfordern und direkten oder indirekten Herabwürdigungen und mangelnder Wertschätzung vereint entgegentreten.

LCH-Standesregel 9 (Respektieren der Menschenwürde) und Reckahner Leitlinien
«Die Lehrperson wahrt bei ihren beruflichen Handlungen die Menschenwürde, achtet die Persönlichkeit der Beteiligten, behandelt alle mit gleicher Sorgfalt und vermeidet Diskriminierungen. Die zentrale Maxime ist der unbedingte Respekt vor der menschlichen Würde, die Wahrung der körperlichen und seelischen Unversehrtheit. Zu den verbotenen Verletzungen der menschlichen Würde zählen entwürdigende Strafpraktiken, das Blossstellen von Menschen vor anderen, das Lächerlichmachen und die Etikettierung mit benachteiligenden Persönlichkeits- oder Milieueigenschaften (z. B. dumm, minderbegabt, hässlich, ärmlich, einfach, verlogen usw.). Ebenso wie auf die Wahrung der Würde anderer achtet die Lehrperson auf die Wahrung ihrer eigenen Würde. Nicht statthaft sind systematische, willentliche oder fahrlässige Benachteiligungen von Lernenden wegen deren Denkart, Begabung, Geschlecht und geschlechtlicher Orientierung, Religion, familiärer Herkunft oder Aussehen. Die Lehrperson darf ein sich aus der schulischen Tätigkeit ergebendes Abhängigkeitsverhältnis in keiner Weise missbrauchen.
Es ist nicht auszuschliessen, dass Beteiligte das Handeln von Lehrpersonen, welche sich an diese Verbote halten, im Einzelfall dennoch als verletzend erleben. Entscheidend ist dann die Frage, ob ein Vorsatz oder zumindest Fahrlässigkeit gegeben war und ob die Lehrperson die von Berufsleuten zu erwartende Sorgfalt hat walten lassen.» (LCH, 2008, S. 37)
Laut LCH soll die Anwendung der Standesregeln auf vier Ebenen geschehen (individuelle Selbstregulierung im Rahmen des persönlichen Berufsethos, in der Aus- und Weiterbildung der Lehrpersonen, für die Selbstevaluation der Schulen, als normatives Bezugssystem bei Kriseninterventionen).
Die Reckahner Leitlinien unterscheiden zwischen ethisch begründetem und ethisch unzulässigem Verhalten der Lehrperson.

Reckahner Leitlinien (Deutsches Institut für Menschenrechte et al., 2017, S. 4)

Was ethisch begründet ist
1. Kinder und Jugendliche werden wertschätzend angesprochen und behandelt.
2. Lehrpersonen und pädagogische Fachkräfte hören Kindern und Jugendlichen zu.
3. Bei Rückmeldungen zum Lernen wird das Erreichte benannt. Auf dieser Basis werden neue Lernschritte und förderliche Unterstützung besprochen.
4. Bei Rückmeldungen zum Verhalten werden bereits gelingende Verhaltensweisen benannt. Schritte zur Weiterentwicklung werden vereinbart. Die dauerhafte Zugehörigkeit zur Gemeinschaft wird gestärkt.
5. Lehrpersonen und pädagogische Fachkräfte achten auf Interessen, Freuden, Bedürfnisse, Nöte, Schmerzen und Kummer von Kindern und Jugendlichen. Sie berücksichtigen ihre Belange und den subjektiven Sinn ihres Verhaltens.
6. Kinder und Jugendliche werden zu Selbstachtung und Anerkennung der anderen angeleitet.

Was ethisch unzulässig ist
7. Es ist nicht zulässig, dass Lehrpersonen und pädagogische Fachkräfte Kinder und Jugendliche diskriminierend, respektlos, demütigend, übergriffig oder unhöflich behandeln.
8. Es ist nicht zulässig, dass Lehrpersonen und pädagogische Fachkräfte Produkte und Leistungen von Kindern und Jugendlichen entwertend und entmutigend kommentieren.
9. Es ist nicht zulässig, dass Lehrpersonen und pädagogische Fachkräfte auf das Verhalten von Kindern und Jugendlichen herabsetzend, überwältigend oder ausgrenzend reagieren.
10. Es ist nicht zulässig, dass Lehrpersonen und pädagogische Fachkräfte verbale, tätliche oder mediale Verletzungen zwischen Kindern und Jugendlichen ignorieren.

Die Standesregeln des LCH sind auch ausserhalb der Schweiz bekannt und werden zum Beispiel in den Reckahner Leitlinien explizit erwähnt. Diese Leitlinien werden von vielen Schulen genutzt und sind Teil von Schulleitbildern.

➡ Impuls 3 Ein den Standesregeln des LCH und den Reckahner Leitlinien entsprechendes, von Respekt geprägtes Verhalten der Lehrperson bedeutet u. a.
- Authentizität zeigen, Anerkennung, Fürsorge, Respekt, Empathie vorleben;
- Akzeptanz der Heterogenität und konstruktiver Umgang mit Heterogenität;
- Vertrauen zeigen und Zutrauen durch Ermutigung unterstützen;
- Perspektivenwechsel vollziehen, in komplexen Situationen professionell handeln;
- auf gerechte Verteilung der Aufmerksamkeit der Lehrperson achten;
- im Umgang mit anderen Feinfühligkeit zeigen, Privatsphäre respektieren;
- pädagogische Kunstfehler vermeiden;
- mit Stresssituationen konstruktiv umgehen;
- die eigene Haltung reflektieren und persönliche Weiterentwicklung angehen;
- die Entwicklung von Selbstanerkennung und Selbstbewusstsein der Kinder und Jugendlichen förderorientiert unterstützen und auf Appelle verzichten.

Bereitschaft zum Dialog und zur Reflexion

In pädagogischen Berufen dürfen die einzelnen Menschenbilder, welche die pädagogische Haltung und das professionelle pädagogische Handeln wesentlich mitbestimmen, nicht verborgen, verdeckt oder bewusst nicht thematisiert bleiben. Sie werden im Kollegium regelmässig thematisiert und reflektiert. Die Thematisierung unterschiedlicher Menschenbilder fordert alle an einer Schule Beteiligten heraus. Die Auseinandersetzung mit dem eigenen Menschenbild beginnt mit der Selbstreflexion. Durch Austausch und Dialog erhalten Lehrpersonen Einblick in die Sichtweisen anderer, verstehen und anerkennen diese: Wenn ich die Welt mit deinen Augen sehe und du die Welt mit meinen Augen siehst, erkennen wir beide etwas, das wir allein niemals entdeckt hätten (nach Senge, 2008, S. 302). Voraussetzung dafür ist eine innere Bereitschaft, sich mitzuteilen, eigene Einstellungen/Haltungen[1] zu begründen und im Gespräch mit anderen zu überprüfen, ob die individuellen Ansprüche mit den Anliegen der Gemeinschaft, des Kollegiums, der Schüler- und Elternschaft vereinbar sind.

Dabei stellen sich Fragen, zum Beispiel: Wie entstehen Einstellungen? Können sie gelernt werden? Unter welchen Voraussetzungen sind Lehrpersonen bereit, ihre Einstellungen zu überprüfen, zu reflektieren und zu ändern?

Einstellungen werden von den Erfahrungen (Zusammenspiel von Emotion, Kognition und Verhaltensweisen/Handlungen) bestimmt und bestimmen wiederum Gefühle, Denken und Verhaltensweisen/Handlungen mit. Sie sind nicht angeboren, sondern werden im Umgang mit der Umwelt, d. h. im Sozialisationsprozess gelernt. Wenn neue Erfahrungen gemacht, Einstellungen im Austausch mit anderen reflektiert oder neue Informationen erworben werden, können sich die Einstellungen eines Menschen ändern. Douglas McGregor geht von der Annahme aus, dass Entscheidungen auf Hypothesen über die menschliche Natur und menschliches Verhalten beruhen. Die Annahmen verschiedener Managementansätze fasste er 1960 unter dem Begriff Theorie X zusammen und stellt ihnen als Idealtyp die Theorie Y gegenüber (Ender, 2013, S. 11).

---

1 Definitionen von Einstellungen grenzen sich ab von ähnlichen oder sinnverwandten Begriffen. Bonfadelli (2004, S. 97) weist darauf hin, dass im Deutschen, in Anlehnung ans Englische, auch die Bezeichnung «Attitüde» (Haltung) gebraucht wird. In der Fachliteratur wird der Begriff Haltung oft verwendet, manchmal sogar als Synonym für Einstellung. In den Theorien zu Einstellungen und Einstellungskonzepten wird er nicht verwendet. In dieser Publikation wird davon ausgegangen, dass verschiedene Einstellungen zu einer Haltung einer umfassenden Thematik gegenüber (z. B. politische oder pädagogische Haltung) führen können. Voraussetzung für das Verändern von Haltungen sind Änderungen von Einstellungen.

Theorie X	Theorie Y
Der Mensch hat eine angeborene Abscheu vor der Arbeit und versucht, sie so weit wie möglich zu vermeiden. Deshalb müssen die meisten Menschen kontrolliert, geführt und mit Strafandrohung gezwungen werden, einen produktiven Beitrag zur Erreichung der Organisationsziele zu leisten. Der Mensch möchte gerne geführt werden, er möchte Verantwortung vermeiden, hat wenig Ehrgeiz und wünscht vor allem Sicherheit.	Der Mensch ist von Natur aus funktionslustig, will etwas leisten. Arbeit kann eine wichtige Quelle der Zufriedenheit sein. Wenn der Mensch sich mit den Zielen der Organisation identifiziert, sind externe Kontrollen unnötig; er wird Selbstkontrolle und eigene Initiative entwickeln. Die wichtigsten Arbeitsanreize sind die Befriedigung von Ich-Bedürfnissen und das Streben nach Selbstverwirklichung. Der Mensch sucht bei entsprechender Anleitung eigene Verantwortung. Einfallsreichtum und Kreativität sind weitverbreitete Eigenschaften. Sie werden aber kaum aktiviert.

Auch wenn die beiden Theorien Extremformen eines Menschenbildes darstellen, lohnt es sich als Führungsperson (Schulleitung, Lehrperson) zu überlegen, welcher Seite man in welcher Situation eher zugeneigt ist. Die situative Positionierung kann Schärfung und Klärung des eigenen Menschenbildes und Ausgangslage für einen Dialog mit Kolleginnen und Kollegen sein.

Konsensstiftende Diskurse

Für konsensorientierte Diskurse stehen verschiedene Unterlagen und Methoden zur Verfügung. Das Berufsleitbild und die Standesregeln des LCH sowie die Reckahner Leitideen können als Ausgangslage oder als Unterstützung genutzt werden.

➡ Impuls 12

Für konsensstiftende Dialoge und Diskurse kann zum Beispiel das ethische Entscheidungsverfahren (Schmid & Schmuckli, 2014, S. 63ff.) genutzt werden. Damit gemeinsame ethische Diskurse möglich sind, müssen verschiedene Grundprinzipien beachtet werden:

«Die am Diskurs Beteiligten müssen
- sich wechselseitig als zurechnungs- und wahrheitsfähige Subjekte anerkennen,
- sich als gleichberechtigte Subjekte anerkennen,
- ehrlich sein und sich den Argumenten der anderen nicht verschliessen,
- ihre eigenen ideellen oder materiellen Interessen offen darlegen.

Ein Schulleiter oder Ethikbeauftragter einer Schule, der ein ethisches Verfahren durchführen will, muss auf Folgendes achten:
- Die am Diskurs Beteiligten müssen sich wechselseitig als zurechnungsfähig anerkennen.
- Die am Diskurs Beteiligten müssen sich als gleichberechtigt anerkennen. Argumente über Machtpositionen und Drohungen sind daher nicht zulässig.
- Interessen müssen offengelegt und ehrlich benannt werden.
- Werturteile müssen nachvollziehbar begründet werden.»

Müller (1993, S. 66f.) weist auf folgende Anforderungen an die Beteiligten hin:
- Aktive Beteiligung aller: Einstellungen, Sichtweisen, Wünsche und Bedürfnisse einbringen (Gewährleistung der Chancengleichheit: Teilnahme an den Argumentationen, Zugang zu den Diskursen);
- Anhörung aller Einstellungen, Vorstellungen und Haltungen ohne Abwertung: Gegenseitige Anerkennung der Beteiligten und deren Beiträge, auch in ihrer Verschiedenheit;
- Authentizität in den Aussagen und Interesse an den Ansichten der anderen: Verständnis- und Interessenfragen stellen, Glaubwürdigkeit, keine Täuschungen, Aufgeschlossenheit gegenüber allen Beteiligten;
- Klare Sprache: sich klar und unmissverständlich ausdrücken, Verständlichkeit, genau das sagen, was gemeint ist, die Angesprochenen müssen wissen, worauf sie antworten sollen;
- Bereitschaft und Fähigkeit zum Perspektivenwechsel: sich in das Denken der anderen hineinversetzen; wenn nötig Verständnis- und Interessenfragen stellen, Bereitschaft zur Übernahme der Perspektiven aller Beteiligten (die Augen öffnen für Differenz, für die Eigenart und das Anderssein aller anderen);
- Empathie und Einfühlungsvermögen: die Emotionen der anderen nachvollziehen, Empathie (Miteinbezug der Gefühlsebene, Sympathie, Mitgefühl).

Konsensstiftende Diskurse setzen entsprechende Kommunikationsstrukturen voraus. Normative Fragen des Zusammenlebens und des Umgangs miteinander werden nicht durch Überzeugungsversuche, Manipulation, Einflussnahme, Abwertung, Unterdrückung oder durch verbale offene oder indirekte Gewalt entschieden. Sie werden in einem gemeinsamen, fairen und respektvollen Prozess ausgehandelt, dessen Ergebnis rational begründet und emotional abgesichert wird. Mit regelmässig durchgeführten konsensstiftenden Diskursen können die entsprechenden Kompetenzen gelernt, geübt, reflektiert und weiterentwickelt werden.

Die Ergebnisse konsensstiftender Diskurse werden von allen Mitarbeitenden der Schule mitgetragen und kommen in ihren Handlungen und Haltungen deutlich zum Ausdruck. Alle Mitarbeitenden unterstützen sich beim Einhalten der Vereinbarungen gegenseitig. Diese Vereinbarungen können in einem «Verhaltenskodex» und im Schulleitbild festgehalten werden, zum Beispiel in Anlehnung an die Standesregeln des LCH oder an die Reckahner Leitideen.

Professionelle pädagogische Haltung und professionelle pädagogische Handlungskompetenzen

Früher verstand man unter dem Begriff «pädagogischer Ethos» laut Duden Moral, Pflichtbewusstsein, Pflichtgefühl, Pflichttreue, Sittlichkeit, Verantwortungsgefühl und -bewusstsein, Ethik, Moralität. Heute spricht man von einer professionellen pädagogischen Haltung der Lehrpersonen. Sie ist das Ergebnis verschiedener Einstellungen im Bereich der Pädagogik und zeigt sich in konkreten Handlungen und im konkreten Verhalten, in der Lehrer-Schülerbeziehung, im Klassen- und Schulklima, in Disziplin als Ergebnis guter Pädagogik, im Umgang mit Macht und Hierarchie, in der Schulkultur, in der Gestaltung von Unterricht und Zusammenleben, in einer Anerkennungs- und Beteiligungskultur, in der Kooperation im Kollegium und im Umgang mit strukturellen Vorgaben.

Pädagoginnen und Pädagogen reflektieren gemeinsam ihr Menschenbild, ihre pädagogische Haltung, ihre pädagogischen Handlungen und deren Auswirkungen.

Eine professionelle pädagogische Haltung und professionelle pädagogische Handlungskompetenzen zeigen sich zum Beispiel in einer Autorität durch Beziehung.

Autorität durch Beziehung

Alle Kinder und Jugendlichen wollen lernen. Die soziale Eingebundenheit, autonomes Handeln und Selbstwirksamkeit erfahren und lernen sie durch eigenes Tun, durch gewonnene Erkenntnisse, zusammen mit oder im Austausch mit anderen und weniger durch Erziehung.

Pädagogische Institutionen wie die Schule entwickeln mit Blick auf professionelle Haltung und entsprechendes Handeln ein gemeinsames Verständnis von Beziehung und Erziehung. Sie berücksichtigen, dass sich das Autoritätsverständnis der Kinder und Jugendlichen im Verlauf der Volksschulzeit entwickelt und verändert. Kinder und Jugendliche wollen nicht in erster Linie mit Blick auf eine von den Erwachsenen definierte Form, wie sie werden und sein sollen, erzogen werden. Sie sind vor allem auf Beziehungen angewiesen, die es ihnen ermöglichen, sich selbst zu entwickeln. Von Anfang an prägen die Kinder die Beziehung zwischen ihnen und den Erwachsenen mit.

Kinder und Jugendliche entwickeln sich zu starken Persönlichkeiten, wenn ihre Beziehungen zu Erwachsenen nicht von Macht, Hierarchie, Unterordnung und Gehorsam, Belohnung und Bestrafung geprägt sind, wenn sie nicht verpflichtet sind oder angehalten werden, Vorgaben, Verhaltensregeln und Anweisungen von Erwachsenen widerstands- und kritiklos hinzunehmen und zu befolgen, sondern die Freiheit haben, sich durch eigene Erfahrungen und durch Erkenntnisse eine eigene Meinung zu bilden und Situationen selbst zu beurteilen.

Entscheidend für eine gute Beziehungsgestaltung in der Schule ist die Präsenz der Lehrpersonen. «Präsenz lässt sich beschreiben als die Möglichkeit des Erwachsenen, pädagogisch wirksam zu sein. Dies bezieht sich sowohl auf das eigene Erleben als auch auf das Handeln.» (Lemme & Körner, 2017, S. 21)

➡ Impuls 3

Präsenz statt Nähe/Distanz (nach Lemme & Körner, 2017, S. 21)

Physische (körperliche) Präsenz:
Das Ziel ist dazubleiben und auszuharren, statt sich abzuwenden; ausdauernd und beharrlich zu bleiben, statt fortzuschicken. Dabei lassen sich unterschiedliche Dimensionen von Präsenz betrachten. Lehrpersonen zeigen körperliche Präsenz, wenn sie bereit sind, jeden Ort in der Schule zu beaufsichtigen und vor Ort zu reagieren.

Emotional-moralische Präsenz (eigene Handlungsüberzeugung wahrnehmen):
Aus der inneren Perspektive (das eigene Handeln ist «richtig») erlebt man ein Selbstwertgefühl, aus der äusseren Perspektive werden Klarheit und Eindeutigkeit wahrgenommen. Eine wachsam sorgende Autoritätsperson zeichnet sich durch eine emotionale und moralische Haltung aus, die zugewandt und beruhigend wirkt und somit ein persönliches Modell des Umgangs miteinander vermittelt.

Intentionale Perspektive (Verbindung und Kontakt herstellen):
Die «wachsame Sorge» wird wirksam. Wachsamkeit drückt auch einen wohlgemeinten Teil von Kontrolle im Sinne von Fürsorge aus. Kinder und Jugendliche, die in ihren Bedürfnissen und Anliegen gesehen werden, neigen weniger dazu, ihre Bedürfnisse durch destruktive und heimliche Verhaltensweisen zu erfüllen. Lehrpersonen achten auf Veränderungen bei Schülerinnen und Schülern und melden dies entweder anerkennend oder sorgend zurück. An- und Abwesenheiten werden wahrgenommen. Lehrpersonen sind ansprechbar für Fragen und Mitteilungen, sind emotional erreichbar. Die beziehungsstiftende Botschaft dieser Haltung ist, dass jeder einzelne Schüler/jede einzelne Schülerin wichtig ist, die Anwesenheit jeder Einzelnen/jedes Einzelnen gewünscht und befürwortet wird. Damit übernimmt die Lehrperson die Verantwortung dafür, wie die Beziehung gestaltet wird, und wird dies in ihrem Verhalten ausdrücken.

Lehrpersonen verstehen Autorität nicht ausschliesslich als legitimierte Macht. Sie gestalten ihre Autorität durch Beziehung im Sinne von «Stärke statt Macht» (Omer & von Schlippe, 2010) und nutzen das Potenzial gemeinsam getragener Verantwortung.
Für ihr Verhalten gelten zum Beispiel Leitsätze wie:
- Ich bin präsent, schaue nicht weg und nehme mir Zeit.
- Ich interessiere mich für die Lösung, nicht für das Problem.
- Ich kann dich nicht kontrollieren, aber ich kontrolliere mich.
- Ich gebe nicht nach und ich gebe dich nicht auf.
- Ich reagiere nicht unmittelbar, bleibe aber beharrlich dran.
- Ich bestrafe dich nicht und bin offen für Wiedergutmachungen.
- Ich bin transparent und glaubwürdig in meiner Rolle und in meinem Verhalten.
- Ich bin nicht allein und nutze in deinem Interesse unser gemeinsam aufgebautes Netzwerk im Kollegium und mit den Eltern.

Lehrpersonen sind zwar Fachpersonen für Beziehungsgestaltung und Erziehung. Trotzdem wird nicht in jeder pädagogisch herausfordernden Situation optimal reagiert. Konsensstiftende Diskurse, regelmässige Intervisions- oder Supervisionssitzungen helfen Lehrpersonen und Schulteams, über Menschenbilder, professionelle Haltungen und Handlungen im Dialog zu bleiben.

Gute Lehrpersonen-Lernende-Beziehungen sind gewaltpräventiv und wirken sich auch positiv auf die Leistungen der Kinder und Jugendlichen aus.

Kompetenzprofile im Umgang mit heterogenen Lerngruppen

Buholzer et al. (2012) haben sechs Bereiche für ein Kompetenzprofil der Lehrpersonen im Umgang mit heterogenen Lerngruppen festgelegt:

1 **förderorientiert diagnostizieren:** Beobachten im Schulalltag, Diagnostik als dialogischer Prozess, Lernprozesse und -ergebnisse aufgrund von Kriterien beurteilen;
2 **Unterricht binnendifferenziert gestalten:** Spannungsfelder im Unterricht, zum offenen Unterricht, Funktionen im Lehr-/Lernprozess;
3 **Lernprozesse steuern:** Zum selbstgesteuerten Lernen, Metakognition, kooperatives Lernen;
4 **Ressourcen vernetzen:** Die eigene Rolle – das eigene Stärkenprofil, Ressourcen einbringen – Ressourcen nutzen, Profilbildung durch Weiterbildungsplanung;
5 **Sozialverhalten verstehen und steuern:** (Be-)Deutung schwieriger Verhaltensweisen, Klassenführung, Förderung des Konfliktlösungspotenzials;
6 **Wirkungszusammenhänge in Schule und Unterricht wahrnehmen und beeinflussen:** Verschiedenheit in Gemeinsamkeit; demokratische Lernkultur, ein Modell sozialen Handelns von Lehrpersonen.

Die Kompetenzraster nutzen Lehrpersonen für eine individuelle Standortbestimmung, für einen Austausch im Kollegium oder für die Vorbereitung auf ein Mitarbeitergespräch.

Professionelle pädagogische Haltung als Basis für eine gemeinsame Beurteilungskultur

Beurteilen und bewerten gehören zum Berufsauftrag der Lehrpersonen. Zweck und Ziel der Beurteilung und Bewertung sind im Lehrplan definiert. Der Lehrplan 21 löst neue Formen von Beurteilen und Bewerten sowie die Neugestaltung kantonaler Zeugnisse aus. Beurteilung ist sowohl förderorientiert als auch selektionswirksam, sie muss deshalb sorgfältig, respektvoll und verantwortungsbewusst erfolgen.

→ Impuls 8   Die Kompetenzorientierung fordert eine Feedbackkultur, in der Kinder und Jugendliche mit Selbsteinschätzung, -reflexionen und -beurteilungen zu Wort kommen und von den Lehrpersonen konstruktive Anregungen und Rückmeldungen erhalten. Bei der Beurteilung ihrer Lernprozesse und Lernergebnisse sollen Kinder und Jugendliche weitreichend beteiligt sein.

«Eine demokratische Schule muss den Lernweg von Kindern und Jugendlichen individuell fördern, gestalten, respektieren und ihn deshalb auch hinsichtlich dieses individualförderlichen Aspekts beurteilen und zertifizieren, weil Vielfalt ein Wesensmerkmal der Demokratie ist.» (Beutel & Beutel, 2010, S. 10)

Lehrpersonen trennen das Lernen vom Messen und Beurteilen von Leistungen klar voneinander. Selbsteinschätzung und Selbstbeurteilung ergänzen oder ersetzen Fremdbeurteilung. Auf Vergleiche mit dem Lernen anderer wird möglichst verzichtet. Beutel zitiert Fauser: «Wer das individuelle Lernen permanent mit dem anderer vergleicht und danach bewertet, beschädigt Selbstständigkeit, Selbstvertrauen und Eigenverantwortung zugunsten einer wachsenden Abhängigkeit von aussen.» (Fauser et al., 2008, S. 74)

Jede Art von Beurteilung ist der Ausdruck eines Menschenbildes, einer pädagogischen Haltung. Thematisieren und diskutieren Lehrpersonen die Herausforderungen bei der Beurteilung, kommen die Typen X und Y (→ S. 73) deutlich zum Ausdruck. Für die Ausarbeitung einer gemeinsamen Beurteilungskultur ist es zwingend, sich damit auseinanderzusetzen. Aufbauend darauf und auf der Basis kantonaler Vorgaben können in einer Beurteilungskultur verschiedene Bereiche gemeinsam geklärt und festgehalten werden.

Leitfragen für die individuelle und gemeinsame Reflexion

Mein Menschenbild, meine Haltungen und Handlungen als Lehrperson
- Wer und was prägt mein aktuelles Menschenbild? Woran erkenne ich das? (Persönliche Geschichte, Mitmenschen, spezielle Begegnungen, eigene Schulzeit, Bücher, Filme, Beziehungen usw.).
- Was lösen die LCH-Standesregel 9 und die Reckahner Leitlinien bei mir aus?
- Wie reagiere ich, wenn ich mich oder wenn sich Kolleginnen und Kollegen im Umgang mit Kindern und Jugendlichen, mit Kolleginnen, Kollegen oder Eltern «ethisch unzulässig verhalten»?
- Was lösen Theorie X und Y in mir aus? Sind sie hilfreich? In welchen Situationen ordne ich mich eher der Theorie X oder der Theorie Y zu? Wie zeigt sich das? Finde ich dazu Beispiele aus meiner Arbeit als Lehrperson? Wie sehen und erleben mich meine Kolleginnen und Kollegen? Habe ich Verständnis für Aussagen des anderen Typs? Kenne ich Teammitglieder, die so denken und handeln?
- Wie würde ich mein Berufsethos beschreiben? Wäre ich bereit für einen konsensstiftenden Diskurs? Was würde mich dabei besonders herausfordern?
- Was weiss ich über die Menschenbilder, Haltungen und Handlungen meiner Kollegen und Kolleginnen? Was würde es brauchen, dass aus meiner Sicht in unserem Kollegium konsensstiftende Diskurse möglich werden?

Unsere Menschenbilder, Haltungen und Handlungen als Lehrpersonen
- Wie kommen professionelle pädagogische Haltungen und Handlungen in unserem Leitbild zum Ausdruck? Wie setzen wir die entsprechenden Leitideen um?
- Über welches Wissen zu Menschenbildern, Berufsethos, professioneller Haltung und professionellem Handeln verfügen wir als Team?
  – Welche teaminternen Ressourcen können wir nutzen?
  – Welches Wissen wollen wir uns noch aneignen?
- Was braucht es, dass wir uns im Kollegium über unsere Menschenbilder, unsere pädagogischen Haltungen und Handlungen und über die Theorien X und Y offen austauschen?
- Was würde es brauchen, dass im Kollegium ein konsensstiftender Diskurs gelingt? Welche Herausforderungen stellen sich uns, und wie könnten wir ihnen begegnen?
- Mit welchen Menschenbildern sind unsere Kinder und Jugendlichen ausserhalb der Schule konfrontiert?
- Was wissen wir über die Menschenbilder in anderen Kulturen?

MEHR DAZU

Omer & Schlippe (2010, S. 47): Stärke statt Macht
«[…] Stärke ist nicht mehr mit Macht gleichgesetzt, nicht mehr Mittel, den anderen zu kontrollieren, sondern bedeutet Wahrung der eigenen Präsenz, unabhängig vom Verhalten des Gegenübers.»

Baeschlin & Baeschlin (2001, S. 82): Unterschiedliche Meinungen als Beitrag zum Ganzen
«Lösungsorientierte Intervision: Das Team kommt von Zeit zu Zeit zu einem im Voraus festgelegten Zeitpunkt (zum Beispiel alternierend mit Supervision) zusammen zu einem Gedankenaustausch. Ziel dieses Gedankenaustausches ist es, sich als Kompetenzzentrum zu erkennen, indem die Kompetenzen der einzelnen Teammitglieder sichtbar gemacht werden. Versteckte Teamressourcen werden aufgedeckt. Konkurrenzdenken wird reduziert und durch Kooperation ersetzt. Ein Klima der Zusammenarbeit baut sich auf, weil unterschiedliche Sichten und Meinungen als Beitrag zum Ganzen gewürdigt werden. Ein Ziel ist es auch, dass Probleme ohne fremde Hilfe gelöst werden.»

Zugefallenes aus dem Schulalltag

Nola und Tina

Ich bin im Rahmen einer Hospitationswoche in einer Mittelstufenklasse (4. bis 6. Klasse) auf Schulbesuch.

Nola wird wöchentlich viermal von Frau Lehmann, der schulischen Heilpädagogin, unterstützt. Gestern hat ihr Frau Lehmann erklärt, wie man Brüche dividiert und Nola in kleinen Schritten aufgezeigt, wie sie einfache Brüche teilen kann. Am Ende der Stunde hat Nola die gemeinsam erarbeiteten Unterlagen in ihrem Mäppchen versorgt. Heute kommt Tina, eine sehr begabte Schülerin, die in der Regel eigenständig arbeitet, beim Dividieren von Brüchen nicht weiter. Die Klassenlehrerin ist mit einer Partnergruppe am Arbeiten. Als Besucherin beobachte ich die Situation und warte gespannt auf das, was geschieht.

Da Tina gestern mitbekommen hat, dass Frau Lehmann mit Nola Brüche dividiert hat, geht sie zu ihrer Kollegin und bittet sie um Hilfe. Nola schaut überrascht auf und sagt: «Ich würde es dir schon gerne erklären, aber ich weiss nicht, ob ich es noch kann. Ich brauche ja selbst immer wieder Hilfe von Frau Lehmann!» Tina setzt sich neben sie und sagt: «Das weiss ich doch auch, aber zusammen finden wir es vielleicht schon raus! Frau Lehmann hat ja mit dir gearbeitet! Etwas weisst du sicher noch!» Nola holt die Unterlagen vom Montag hervor. Tina bittet Nola, ihr einmal aufzuzeigen, was sie im Gespräch mit Frau Lehmann alles verstanden hat und wo sie noch Fragen hat. Durch den Austausch und dank der Unterlagen der schulischen Heilpädagogin, haben bald beide verstanden, wie sie bei der Division von Brüchen vorgehen müssen. Die Divisionen lösen Nola und Tina zu zweit.

Ich bin sehr beeindruckt. Die selbstverständliche Zusammenarbeit der beiden Mädchen ist für mich ein Zeichen für gelebte Inklusion. Die von Respekt, Vertrauen und Zutrauen geprägte Beziehungsebene ermöglicht ein gemeinsames erfolgreiches Lernen trotz grosser unterschiedlicher intellektueller Lernvoraussetzungen.

Beispiele aus der Praxis

Primarschule Wyden, Winterthur (ZH), Schulbegleitung, Heidi Gehrig: Schulkultur

Weiterbildung LOA – Jedes Verhalten ist ein Lösungsversuch

Weiterbildungen zu unterschiedlichen Themen mit verschiedenen Fachpersonen werden von Lehrpersonen oft als additiv empfunden. Als Schulbegleiterin ist es mir ein Anliegen, die Themen wenn möglich miteinander zu vernetzen und Synergien zu nutzen. Der Schulleiter der Schule Wyden bot mir an, an der Weiterbildung «LOA-Impuls Kommunikation» (loa-training.ch), die von Donat Rade geleitet wurde, dabei zu sein.

Nach dem Einstieg in die Weiterbildung reflektierten die Lehrpersonen in sechs stufengemischten Gruppen die bereits vor der Umstellung auf das Mehrklassensystem ausgearbeiteten Hausregeln (z. B. Ich löse Streit gewaltfrei) anhand von drei Fragen:
- Welche Kompetenzen braucht es, um diese Regel einzuhalten?
- Wie unterstützen wir bis jetzt den Erwerb dieser Kompetenzen?
- Wie liessen sich diese Kompetenzen auch noch erwerben und üben?

Der Austausch im Plenum zeigte auf, wie zentral dabei ein positives Menschenbild ist und wie wichtig es ist, für die gefragten Kompetenzen wie Zuhören, Empathie entwickeln, Perspektiven übernehmen, eine eigene Meinung haben, Respekt zeigen, über sprachliche Ausdrucksfähigkeit verfügen und Lösungsstrategien kennen, passende Erfahrungs-, Lern- und Übungsfelder anzubieten. Die bereits fest institutionalisierten Bereiche im Wyden machten den Lehrpersonen bewusst, dass ihre Arbeit mit LOA sehr gut zu den AdL-Bausteinen für das Zusammenleben und zu den überfachlichen Kompetenzen im Lehrplan 21 passt.

Nach der Pause lernten wir die Arbeit mit Klärungsgesprächen nach LOA kennen:
- Was gibt es zu klären?
- Was gibt es zu tun?
- Wie bringen wir es in Ordnung?
- Wie bleibt es gut?

Wir erkennen, wie wichtig es ist, sich immer wieder bewusst zu machen, dass jedes Verhalten ein Lösungsversuch ist, wenn auch manchmal mit negativen Auswirkungen. Ebenso entscheidend ist die Einstellung, an guten Lösungen interessiert zu sein und nicht an den Problemen. Das Team Wyden war sich bald einig: Es braucht ein gemeinsam festgelegtes Vorgehen mit Klärungsgesprächen. Die Kinder sollen jederzeit das Recht auf ein Klärungsgespräch haben.

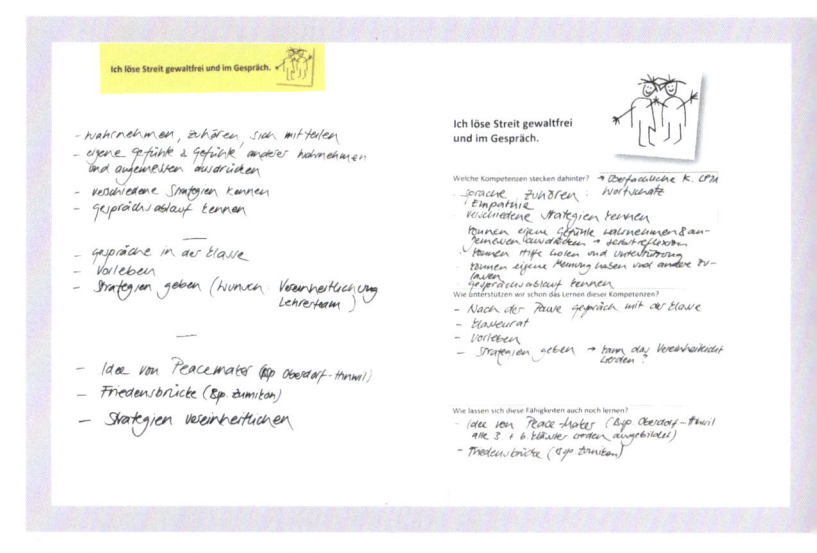

Ergebnisse von Gruppenarbeiten

Primarschule Heimat Buchwald, St. Gallen (SG), Alice Gimmi: Schulkultur
Arbeit mit der «Neuen Autorität»

Mit dem Teilprojekt «Schulkultur» suchten wir 2011 nach Antworten auf die Frage «Wie schaffen wir es, dass unsere Schule ein friedlicher, angstfreier Ort ist, wo Lernen gut möglich wird?» An der schulinternen Weiterbildung vom 8. August 2011 befassten wir uns u. a. mit dem Thema Respekt. Wir lasen und diskutierten verschiedene Texte und beschlossen, uns intensiver mit dem Buch «Stärke statt Macht» von Haim Omer auseinanderzusetzen. Es folgten weitere schulinterne Weiterbildungen zum Thema «Neue Autorität», zum Beispiel:
- Vorbildfunktion der Lehrpersonen im respektvollen Umgang mit andern, im Umgang mit Konfliktsituationen, in Begegnungen auf Augenhöhe, schulinterne Unterstützungsgruppe;
- Stärke statt Macht und gewaltfreie Konfliktlösung: Sieben Säulen der «Neuen Autorität» nach Haim Omer: Präsenz, Selbstkontrolle, Unterstützungssysteme, gewaltloser Widerstand, Versöhnung, Beziehung, Transparenz, Wiedergutmachung.

An zwei Elternabenden zeigten wir auf, wie wir in der Schule mit herausfordernden Situationen im Zusammenleben umgehen und dass Haim Omers «Neue Autorität» zuerst als Konzept zur Stärkung der Eltern in ihrer Erziehungsrolle entwickelt und erst später für die Arbeit in Schulen entdeckt wurde. Es geht zum Beispiel darum, dem Kind zu zeigen, dass es geschätzt wird, dass es wichtig ist, dass es unsere Pflicht ist, zu reagieren, wenn gegen die gemeinsam beschlossenen Regeln verstossen wird. Dabei steht immer eine gute Beziehungsarbeit im Zentrum, die von Zutrauen und Zuversicht geprägt ist. Wenn immer möglich wird auf Strafen verzichtet. Im Sinne von «Ich gebe dich nicht auf, und ich gebe nicht nach» bleiben wir täglich dran und nützen dazu auch das Netzwerk des Teams. Niemand ist in herausfordernden Situationen allein. Wir arbeiten an unserer Schulkultur.

Friedensbrücke Schule Zumikon (ZH)

Primarschule Heiden, Dorf (AR), Martina Weber/Primarschule Schwarzenbach (SG), Susanne Bernet: Beurteilung

Gesprächskommode für Standortgespräche mit dem jungen Kind (4 bis 8 Jahre)

Wir, zwei Lehrpersonen der Basisstufe beziehungsweise aus der Unterstufe, absolvierten den Master-Studiengang «Inklusive Pädagogik und Kommunikation» am Institut Unterstrass, Zürich und an der Universität Hildesheim, Deutschland. Wir haben die Masterarbeit zum Thema «Anerkennung, Selbstwirksamkeit und Fähigkeitsselbstkonzept» geschrieben. Ausgangslage für die Arbeit war unser Anliegen, dass auch junge Kinder an Standortgesprächen dabei sein sollen und entsprechend ihrer Entwicklung über ihre schulischen, personalen und sozialen Kompetenzen Auskunft geben. Im Zentrum des Gesprächs stehen die Anerkennung des jungen Kindes und dessen Gesprächsbeteiligung. Das Kind soll dabei viel Selbstwirksamkeit erfahren.

Wir entwickelten unsere Gesprächskommode in Anlehnung an die Publikation «Schulische Standortgespräche – Ein Verfahren zur Förderplanung und Zuweisung von sonderpädagogischen Massnahmen» (Lehrmittelverlag Zürich, 2007) als Instrument für die Arbeit in Standortgesprächen mit dem jungen Kind (4–8 Jahre).

Der Fokus in der Gesprächsführung liegt auf der Anerkennung, welche als Basis für das gesamte Gespräch von zentraler Bedeutung ist. Der Einsatz der Gesprächskommode soll auf die Selbstwirksamkeit und das Fähigkeitsselbstkonzept des jungen Kindes fokussieren. Diese Kommode befähigt Kinder, über ihr eigenes Lernen zu erzählen, und fördert einen echten Dialog mit allen Beteiligten. Die Einsatzmöglichkeiten für die Kommode sind breit: Coachinggespräche mit Kindern, Standortgespräche mit Erziehungsberechtigten und Kindern, spontane Lerndialoge im Klassenzimmer.

Einblick in die Gesprächskommode

Impuls 6

Schule öffnen und als Teil der demokratischen Gesellschaft gestalten

Schulen sind Teil der demokratischen Gesellschaft. Lernen **über, durch** und **für** Demokratie geschieht nicht nur in den Schulen, sondern auch im schulischen Umfeld. Deshalb öffnen sich die Schulen für die Zusammenarbeit mit schulischen und ausserschulischen Partnern und nutzen ausserschulische Lernorte als Bereicherung des schulischen Lernens, Lehrens und Zusammenlebens. Kinder und Jugendliche erleben Leben und Lernen als Einheit und erfahren sich als Teil einer Gesellschaft, die sie mitgestalten und mitprägen können.

Die Individualisierende Gemeinschaftsschule
- arbeitet mit den interessierten Eltern kooperativ, partnerschaftlich, partizipativ, alltags- und zukunftsorientiert zusammen;
- öffnet sich für regelmässigen Austausch und Zusammenarbeit mit dem schulischen Umfeld, mit ausserschulischen Partnern, bietet vielfältige ausserschulische Lernorte an und ermöglicht Einblicke in die Berufs- und Arbeitswelt;
- ermöglicht und fördert Lernen durch Engagement mit Verantwortungsübernahme im gesellschaftlichen Zusammenleben;
- bereitet die Jugendlichen auf den Übertritt in die Berufs- und Arbeitswelt sowie in das gesellschaftliche Zusammenleben vor;
- arbeitet mit anderen Schulen, mit Partnerschulen, in schulischen Netzwerken, mit Pädagogischen Hochschulen und der Wohngemeinde zusammen.

Darum geht es

«Die Schule soll einen überschaubaren Erfahrungsraum darstellen, der Gelegenheit bietet, im Kleinen, durchaus im Ernstfall, einzuüben, was hernach im Grossen die zivilgesellschaftliche Praxis bestimmen soll.»
Wolfgang Edelstein (Edelstein, 2009, S. 11)

«In der 7. und 8. Klasse bekommen die Schüler zwei Stunden Lernzeit pro Woche geschenkt für ein festes zivilgesellschaftliches Engagement. [...] Gemeinschaft endet nicht am Schultor. Wir stellen uns unserer Verantwortung auch über die Schule hinaus.»
Aus dem Schulprogramm der Evangelischen Schule Berlin Zentrum (Rasfeld & Spiegel, 2012, S. 52ff.)

Wir gehören dazu!

Die Schule ist Teil der demokratischen Gesellschaft und öffnet sich für die Zusammenarbeit mit Eltern, mit verschiedenen ausserschulischen Partnern, mit Partnerschulen und in schulischen Netzwerken. Sie nutzt das schulische Umfeld mit ausserschulischen Lernorten und organisiert Projekte im Interesse der Gesellschaft. Wissen, Fähigkeiten und Haltungen und Sozialisation können nicht losgelöst von der Lebenswelt und der Lebensrealität erworben werden. Es braucht Alltagsbezug und die Einbettung des schulischen Lernens in die Lebenswelt der Kinder und Jugendlichen und in das schulische Umfeld.

Durch die Öffnung der Schule nach aussen erfahren sich die Kinder und Jugendlichen bereits in der Volksschule als Teil der Gesellschaft und erkennen die Bedeutsamkeit von Wirkungen und Zusammenhängen in der Natur und im ausserschulischen, gesellschaftlichen, von Menschen gestalteten Zusammenleben. Sie engagieren sich für eine nachhaltige Zukunft, übernehmen dabei Verantwortung. Sie erleben, dass sie etwas bewegen und bewirken können.

Im Lehrplan 21 (2016, S. 5) heisst es unter «Bildung für nachhaltige Entwicklung»:
«Die Schülerinnen und Schüler setzen sich mit der Komplexität der Welt und deren ökonomischen, ökologischen und gesellschaftlichen Entwicklung auseinander. Sie erfassen und verstehen Vernetzungen und Zusammenhänge und werden befähigt, sich an der nachhaltigen Gestaltung der Zukunft zu beteiligen.»

Schulen, die sich nicht nur nach innen, mit Öffnung von Unterricht und Zusammenleben, sondern auch nach aussen öffnen, leisten einen Beitrag zum gesellschaftlichen Zusammenleben. Sie geben damit der Gesellschaft auch etwas zurück. Sie zeigen, dass sie Teil der Gesellschaft sind und sich nicht als eine nach aussen getrennte Institution verstehen.

Öffnung nach aussen – Teil des Ganzen

Öffnen sich Schulen nach aussen, unterstützen und fördern sie
- zusätzliche Anerkennung und Beteiligung der Kinder und Jugendlichen;
- durch handlungsorientiertes Lernen die Wiederherstellung oder Stärkung der Einheit von Leben und Lernen;
- die Erfahrung, sich als wichtiges und selbstwirksames Mitglied der Gesellschaft zu erleben;
- systemisches und vernetztes Denken und Handeln;
- die Sozialisation in ausserschulischen Gemeinschaften;
- die Perspektivenübernahme im Umgang mit Mitmenschen mit verschiedenen Geschichten, Menschenbildern, soziokulturellen Hintergründen, Ansichten, Meinungen und Haltungen;
- die Kompetenzen der Kinder und Jugendlichen im Umgang mit den Mitmenschen in den kreativen, kulturellen und sportlichen Bereichen;
- das Erkennen und Wertschätzen des ausserschulischen Expertenwissens in allen Lebensbereichen;
- die Bereitschaft, Arbeiten für ausserschulische Gemeinschaften sowie Verantwortung zu übernehmen;
- die Vorbereitung und Befähigung für die Berufs- und Arbeitswelt sowie für das gesellschaftliche und gesellschaftspolitische Zusammenleben;
- die Bereitschaft, sich für die Umwelt und für eine nachhaltige Entwicklung zu engagieren;
- die Fähigkeit/Bereitschaft, sich mit der Komplexität der Welt lösungsorientiert auseinanderzusetzen.

Zusammenarbeit mit den Eltern

Die Elternmitwirkung ist in der Schweiz trotz entsprechender Empfehlungen noch nicht in allen Schulen eine Selbstverständlichkeit. Eine Begegnung auf Augenhöhe zwischen Schule und Elternhaus ermöglicht eine optimale Zusammenarbeit im Interesse der Kinder und Jugendlichen.

Formen der Zusammenarbeit mit den Eltern

Schulen arbeiten auf verschiedene Art und Weise mit Eltern zusammen. Dazu laden sie die Eltern zu einem ersten Treffen ein und klären gemeinsam Ziel und Zweck der Zusammenarbeit und die Grenzen der Partizipation. In einer Arbeitsgruppe (Schulleitung, Lehrpersonen, Eltern) werden die Strukturen für die Mitwirkung der Eltern, zum Beispiel in einem Elternforum oder in einem Elternrat, diskutiert und geregelt. Eltern erhalten verschiedene Möglichkeiten, sich – neben den herkömmlichen Elternkontakten wie Eltern-Kind-Gespräche, klasseninterne Elternabende und Infoveranstaltungen für Eltern – beim Lehren, Lernen und Zusammenleben in der Schule zu beteiligen:

- Teilnahme an Weiterbildungen der Lehrpersonen;
- gemeinsame Weiterbildungen von Eltern und Lehrpersonen;
- Nutzen der Schulbesuchstage, zum Beispiel immer am 15. eines Monats;
- Vorstellen des Berufs oder eines Hobbys;
- Begleitung bei Exkursionen, Schulreisen, Klassenlagern;
- Mitarbeit bei Anlässen in der Gemeinschaft;
- Mitarbeit in der Steuergruppe für die demokratiepädagogische Schulentwicklung;
- Mitarbeit in verschiedenen schulinternen Arbeitsgruppen;
- Leitung von Gesprächsgruppen an Vollversammlungen;
- Mitarbeit und Mitbestimmung bei der gemeinsamen Arbeit zu den Kinderrechten;
- Leitung / Teilnahme am Elternstamm (einmal im Monat: Austausch mit der Schulleitung und mit Lehrpersonen zum aktuellen Schulgeschehen);
- Mitwirkung beim jährlichen Begegnungsanlass Eltern, Kinder, Jugendliche, Lehrpersonen (1. Quartal);
- Mitwirkung bei der Ausarbeitung des Schulleitbildes;
- Mitwirkung bei der Ausarbeitung der Statuten des Elternrates und/oder des Elternforums.

→ Impuls 12

Kommen neue Eltern in die Schule, können mögliche Interessen für die Mitarbeit der Eltern geklärt werden. In einem dreiteiligen Formular werden diese eingeholt:
- Teil 1: Personalien
- Teil 2: Auflistung möglicher Formen der Mitarbeit (siehe oben). Die Eltern kreuzen an, in welchem Angebot sie sich gerne beteiligen würden.
- Teil 3: Platz für zusätzliche Angebote der Eltern wie Vorstellung von Hobbys, Herkunftsland.

Eltern mit Migrationshintergrund besonders beachten

Eine besondere Herausforderung ist die Tatsache, dass rund ein Viertel der Einwohnerinnen und Einwohner in der Schweiz nicht eingebürgert ist. Obwohl die volljährigen Ausländerinnen und Ausländer Steuern zahlen, haben sie zum Beispiel kein Stimm- und Wahlrecht. Ein ansehnlicher Teil dieser Menschen kommt ursprünglich aus nichtdemokratisch ausgerichteten Ländern. Sie haben nie demokratische Rechte und Pflichten erlebt und wenig Erfahrungen mit Anerkennung und Beteiligung. Die Schule ist jedoch darauf angewiesen, dass die Eltern möglichst aller Kinder und Jugendlichen bereit sind, in der Schule mitzuwirken. Auch Eltern mit einem Schweizer Pass verfügen nicht automatisch über demokratische Kompetenzen. Die Formen der Anerkennung und die Formen und Ebenen der Beteiligung gelten auch für die Eltern.

→ Impulse 3 und 4

Zusammenarbeit mit ausserschulischen Fachpersonen, mit der Berufs- und Arbeitswelt

Externe Fachpersonen einladen

Für das Lernen in der Schule laden Lehrpersonen, Kinder und Jugendliche Eltern, Fachpersonen aus der Berufs- und Arbeitswelt, aus der Wirtschaft und aus der Politik in die Schule ein und nutzen diese Expertinnen und Experten als Bereicherung des schulischen Lernens, zum Beispiel mit Themen wie:

- Verschiedene Kulturen: Ich lebe so! – Wie lebst du? – Wie leben sie? Austausch mit Menschen unterschiedlicher Herkunft usw.;
- Unsere Schule als Teil der Gesellschaft: Leben im Quartier, im Dorf, in der Stadt, Zusammenarbeit mit dem Quartierverein, mit Gemeindeangestellten usw.;
- Schule gestern – Schule heute – Schule morgen: Austausch mit Menschen, die im Alters- und Pflegeheim leben; Austausch mit Vertreterinnen und Vertretern der Lehre und Forschung Pädagogischer Hochschulen usw.;
- Arbeiten für die Gemeinschaft: Gemeinschaftsorientierte Arbeiten in der Schule; Austausch mit Erwachsenen, die sich in der Freiwilligentätigkeit engagieren;
- Freizeitgestaltung: Austausch mit Erwachsenen über ihre Freizeitgestaltung, mit Mitarbeitenden von Freizeit- und Sportanlagen usw.;
- Vom Klassenrat zum Familienrat, zur Gemeindeversammlung, zum Stadtparlament bis ins Bundeshaus: Austausch mit den zuständigen Politikern und Politikerinnen.

Einblicke in Berufs- und Arbeitsfelder

Im Jahr 2001 wurde in der Schweiz der Vater-Tochter-Tag eingeführt. Dieses Angebot für Kinder und Jugendliche der 5. bis 7. Klasse kam aus Amerika («Take our daughters to work day», 1993 in New York). Auch in der Schweiz können jeden 9. November die Kinder und Jugendlichen ihren Vater zu seiner Arbeit begleiten. Sie erhalten so einen Einblick in die Berufs- und Arbeitswelt. Der Vater-Tochter-Tag kann erweitert werden. Auch jüngere Kinder und Knaben dürfen mitmachen, der Arbeitsplatz der Mutter und weiterer Verwandten oder Bekannten kann besucht werden. Die Kinder und Jugendlichen können eine ganze Woche im November nutzen, um einen Tag in der Berufs- und Arbeitswelt zu verbringen. Das ermöglicht ihnen, den Tag zusammen mit den jeweiligen Erwachsenen frei zu wählen. Diese Unterrichtswoche, die Woche davor und danach gestalten die Lehrpersonen jährlich unter dem Thema «Berufs- und Arbeitswelt».

Für den Übergang aus der Volksschule in die Berufs- und Arbeitswelt und in das gesellschaftliche Zusammenleben nutzen die Lehrpersonen und Jugendlichen zusätzliche Angebote, zum Beispiel:

- Schnuppertage und -wochen und andere Einblicke in die Berufs- und Arbeitswelt;
- berufswahlbezogene Projekte und Wahlangebote als Teil des Stundenplans;
- Austausch mit ehemaligen Schülerinnen und Schülern der jeweiligen Oberstufe: Wie erlebten sie den Wechsel von der Schule in die Berufs- und Arbeitswelt?

Neben den verschiedenen schulinternen Aktivitäten, welche die Jugendlichen auf die Berufswahl und auf das gesellschaftliche Leben vorbereiten, bestehen zusätzliche Kooperationsmöglichkeiten, zum Beispiel:

- Mitarbeit an Projekten wie Projekt MINT (phsg.ch/forschung)
- Projekt LIFT (jugendprojekt-lift.ch)
- Kinder- und Jugendpolitik: Eine kinderfreundliche Stadt (unicef.ch/de/so-helfen-wir/in-der-schweiz/kinderfreundliche-gemeinde)
- Mitarbeit in demokratischen Projekten wie Mitreden – Mitbestimmen – Mitgestalten (stiftung-mercator.ch)

Ausserschulische Lernorte

Wiederherstellung der Einheit von Leben und Lernen

Die ausserschulische Welt begegnet den Kindern und Jugendlichen nicht in Schulfächern. Wenn Lernen ausschliesslich oder mehrheitlich in Schulfächern erteilt wird, fällt es den Kindern und Jugendlichen immer schwerer, das Leben in seinen komplexen Zusammenhängen zu erfahren und zu begreifen. Ausserschulische Lernorte bieten Erfahrungs- und Lernfelder, die in der Schule selbst nicht möglich sind. Sie sind jedoch eng mit dem schulischen Unterricht verbunden, denn Vor- und Nachbereitungen des Lernens ausserhalb des Schulzimmers finden im Unterricht statt. Ausserschulisches Lernen meint, die Schule als Teil der Gesellschaft zu verstehen, ausserschulische Lernorte in den Unterricht aufzunehmen, einzubinden und regelmässig zu nutzen. Erfahrungen und Fragen aus den ausserschulischen Lernorten bereichern das Lernen im Schulzimmer und lösen für das nächste ausserschulische Lernen wieder neues Lerninteresse aus. Die Kinder und Jugendlichen erwerben durch entdeckendes und forschendes Lernen und Handeln und durch Begegnungen und Zusammenarbeit mit ausserschulischen Personen fächerübergreifende, fachspezifische und soziale Kompetenzen. Am nachhaltigsten ist dieses Lernen, wenn zum Beispiel Waldtage, Mathplätze (mathplatz.ch), Lernen im Dorf, im Quartier oder in der Stadt und die Arbeit mit demokratischen Projekten fixe Bestandteile des Unterrichts sind.

Ausserschulisches Lernen im Lehrplan 21

Die Bedeutsamkeit des ausserschulischen Lernens im Fachbereich NMG ist auch im Lehrplan festgehalten (lehrplan.ch → NMG → Didaktische Hinweise):

«Die Verbindung von Lernen innerhalb und ausserhalb der Schule ist für den Fachbereich NMG zentral. Gegenstand dieses Fachbereichs sind Phänomene, Strukturen, Sachverhalte und Prozesse, die ausserhalb der Schule sicht- und erlebbar sind. Deshalb ist es wichtig, diese ausserschulischen Lerngelegenheiten im Unterricht zugänglich zu machen und die mannigfachen Erfahrungen der Schülerinnen und Schüler mit ihrer Umwelt in den Unterricht zu integrieren.
Ausserschulische Lernorte sind dadurch gekennzeichnet, dass direkte Begegnungen mit Phänomenen und Situationen ermöglicht werden. Diese Begegnungen werden von der Lehrperson initiiert und begleitet. Dabei stehen entdeckende, forschende und problembezogene Zugangsweisen für die Erschliessung im Vordergrund. Ausserschulische Lernorte sind Örtlichkeiten, die extra zum Lernen aufgesucht werden.»

Diese Ausführungen im Lehrplan gelten jedoch nicht nur für den Fachbereich NMG. Die im Lehrplan aufgelisteten ausserschulischen Lernorte ermöglichen auch regelmässiges fächerübergreifendes und fachspezifisches Lernen in verschiedenen Fachbereichen:
- Standorte in der naturnahen Umwelt (z. B. im Wald, an Fliessgewässern, auf einer Wiese, am Weiher; auch botanische und zoologische Gärten, Sternwarten);
- Standorte in einer kulturgeprägten Umgebung (z. B. Äcker, Rebberge, archäologische Stätten);
- Standorte in der gebauten Umwelt (z. B. in der Stadt, bei historischen Bauten, in Kirchen);
- Betriebe, Anlagen, Arbeitsstätten, die durch Fachpersonen (z. B. Försterinnen und Förster, Wildhüterinnen und Wildhüter, Handwerkerinnen und Handwerker, Dienstleistende) betreut und erschlossen werden;
- Begegnungsorte und -situationen mit Menschen ausserhalb der Schule, die Zugänge zu Bereichen der Alltagswelt und unserer Umwelt ermöglichen (z. B. mit älteren Menschen);
- Einrichtungen mit spezifisch didaktischer Ausrichtung oder museumspädagogischen Angeboten (z. B. Museen, Ausstellungen, Lehrpfade, Produktionsbetriebe).

Den Lehrpersonen stehen dazu praxisorientierte, methodisch-didaktisch abgesicherte Unterrichtsmaterialien zur Verfügung, zum Beispiel in der Publikation «45 Lernorte in Theorie und Praxis» (Brade & Krull, 2016).

Erste Schritte im ausserschulischen Lernen

Erste Schritte im ausserschulischen Lernen können in den Unterricht oder ins Schulprogramm integriert werden, zum Beispiel:
- Erarbeitung und Gestaltung eines Ortsführers (Dorf-, Quartier-, Stadtführer) für Kinder und Jugendliche oder für Zuzüger und Zuzügerinnen und Angebote von Führungen;
- Instandsetzung von Spielplätzen, Waldplätzen, Waldwegen, Bergwanderwegen, Wald putzen, Bach putzen, Anpflanzung von Hecken und Sträuchern unter Anleitung von Fachpersonen, Lancierung oder Unterstützung von Umweltprojekten vor Ort, zum Beispiel Recycling;
- regelmässige Spielnachmittage mit den Bewohnerinnen und Bewohnern eines Alters- und Pflegeheims oder in Kinderkrankenstationen;
- Sport-, Spielnachmittage mit Asylbewerbern und Asylbewerberinnen, interkulturelle Spieltage/interkulturelles Fussballturnier (gemischte Mannschaften), interkulturelles Singen und Musizieren, interreligiöse Veranstaltungen;
- Gestaltung von Demokratietagen/Tag der Kinderrechte/Tag der Menschenrechte;
- Veranstaltungen an speziellen Gedenktagen;
- Teilnahme und Mitarbeit von Vertreterinnen und Vertretern der Schule an der jährlichen nationalen Kinderkonferenz;
- Schulinterne Planspiele, zum Beispiel Projekt Stadt (S. 93);
- Gründung und Führung einer Schülerfirma (schuelerfirmen.com): Jugendliche entscheiden sich für eine Geschäftsidee, für die Organisationsform der Firma usw. Die Arbeit mit einer Schülerfirma bereitet die Jugendlichen auf die Berufswelt vor;
- regelmässige, gemeinsame Anlässe zusammen mit Vereinen, Fachpersonen der Stadt.

Beitrag der Schule für das gesellschaftliche Zusammenleben – Lernen durch Engagement

Die Kinder und Jugendlichen übernehmen beim Lernen durch Engagement Verantwortung für das Zusammenleben in der Gesellschaft, im Quartier, im Dorf, in der Stadt. Verantwortungsübernahme kann schon «im Kleinen», zum Beispiel im Unterricht und Zusammenleben oder im Rahmen der Hausaufgaben in der Schule geübt werden. Schulen gehen aber auch weitreichende demokratische Projekte an.

➡ Impuls 4

Im Rahmen des ausserschulischen Lernens spielen Service Learning und demokratische Projekte zur Einhaltung und Unterstützung von Menschenrechten eine besondere Rolle. Seifert & Zentner (2013, S. 11) definieren Service Learning (Lernen durch Engagement) als eine Lehr- und Lernform, die gesellschaftliches Engagement von Kindern und Jugendlichen mit fachlichem Lernen verbindet:
«Die Erfahrungen, die die SchülerInnen bei ihrem Engagement machen, werden im Unterricht aufgegriffen, reflektiert und mit Unterrichtsinhalten verknüpft. Dabei lernen die Kinder und Jugendlichen, dass es sich lohnt, sich für die Gemeinschaft einzusetzen. Sie trainieren soziale und demokratische Kompetenzen. Und: Sie können ihr praktisch erworbenes Wissen und ihre Erfahrungen in den Unterricht einfliessen lassen. Lernen wird praxisnäher und handlungsorientierter […] Dadurch profitieren ‹Service› (Engagement) und ‹Learning› (Lernen) voneinander: Auf der einen Seite wird das gesellschaftliche Engagement durch das im Unterricht erworbene theoretische und konzeptionelle Wissen der SchülerInnen bereichert, und auf der anderen Seite gewinnt das fachliche Lernen durch die Erfahrungen in der Realität an Relevanz, Handlungsbezug und Verständnistiefe.»

Eine besondere Form von Service Learning geht die Evangelische Schule Berlin Zentrum (esbz) mit dem Projekt «Sprachbotschafter» an. Die Arbeit am Projekt ist während der Unterrichtszeit angesetzt (ev-schule-zentrum.de/projekte/sprachbotschafter).

«Sprachbotschafter ist ein Peer-Education-Projekt. Peer-Lernen oder Peer-Coaching bedeutet, dass Jugendliche und Kinder aus ihrer Schule in andere Grundschulen gehen, um dort Kinder im Unterricht zu begleiten und beim Lernen zu unterstützen. An der esbz werden SchülerInnen in mehrmaligen Trainingszeiten zu SPRACHBOTSCHAFTERn ausgebildet, die sich in Grundschulen mit 80 bis 95 Prozent Migrationsanteil als Peer-Coaches engagieren. Sie begleiten GrundschülerInnen der Klassen 1 bis 3 ein- bis zweimal wöchentlich im Unterricht, unterstützen sie beim Lernen, fördern sie in ihrer sprachlichen Kompetenz, führen am Nachmittag Hausaufgabenbetreuung oder kreative Projekte durch. So sind inspirierende Projekte entstanden wie eine Wasser-AG mit dem Resultat eines kleinen Theaterstücks oder das Projekt «Berlin – meine Stadt». Die SPRACHBOTSCHAFTER lernen auch mit Kindern, die keinen Hortplatz haben.»

Das Lernen in der und für die Gemeinschaft fördert das Interesse für ein Engagement in der Gesellschaft, für die Freiwilligentätigkeit, für das politische Engagement, für das Interesse an Politik, für das Wissen über Demokratie als Herrschaftsform und nicht zuletzt für das Interesse am «Weltgeschehen». Schulen gehen zusammen mit ausserschulischen Partnern gemeinsam Ideen, Initiativen sowie kleinere und grössere Projekte an, in denen Erfahrungs- und Lernfelder für «Demokratie und Menschenrechte leben und lernen» erweitert werden. Aktuelle Themen und gesellschaftliche Aufgaben eines Quartiers, eines Dorfes oder einer Stadt oder eigene Ideen der Kinder und Jugendlichen werden mit Projekten, die das handelnde Lernen in den Mittelpunkt stellen, geplant, organisiert, umgesetzt und evaluiert, zum Beispiel:
- demokratische Projekte in allen Schulstufen (demokratisch.handeln.de)
- ausserschulisches Lernen im Politikunterricht in der Oberstufe (Studtmann, 2017)
- demokratische Lernarrangements in der Mittel- und Oberstufe (de Haan et al., 2007)

Zusammenarbeit mit Partnerschulen, in schulischen Netzwerken und mit der Wohngemeinde

Schulen öffnen sich im Sinne von lernenden Organisationen für den Austausch und die Zusammenarbeit mit anderen Schulen und wenn möglich für die Zusammenarbeit mit Pädagogischen Hochschulen und mit der Wohngemeinde.

Partnerschulen mit ähnlichem Schulprofil
Schulen mit eigenem Schulprofil treffen sich mit Partnerschulen mit einem ähnlichen Schulprofil. Sie können auch gemeinsame Projekte durchführen. Die Lehrpersonen bieten Einblicke in Schulentwicklungsschritte und tauschen ausgearbeitete Unterrichtsmaterialien wie Lernarrangement, Planungsbeispiele, Lernjournal aus.
Auch Vertreter und Vertreterinnen der Schülerschaft treffen sich mit ihren Kolleginnen und Kollegen der Partnerschule. Sie reflektieren ihre Erfahrungen aus dem Unterricht, aus dem Zusammenleben, aus dem ausserschulischen Lernen und aus dem Lernen durch Engagement sowie ihre Beteiligungsmöglichkeiten und die damit verbundenen Erfolge und Herausforderungen.
In Partnerschulbüchern werden die Themen und Ergebnisse der Treffen dokumentiert.

UNESCO und Comenius Partnerschulen
Wollen Schulen eine Partnerschule in anderen Ländern finden, nutzen sie die Angebote der UNESCO und Comenius Partnerschulen:
«Comenius ist auf die Schulbildung ausgerichtet und verfolgt zwei Grundziele: Entwicklung von Kenntnis und Verständnis der Vielfalt der europäischen Kulturen und Sprachen und von deren Wert bei jungen Menschen und Bildungspersonal und Unterstützung junger Menschen beim Erwerb der lebensnotwendigen Fähigkeiten und Kompetenzen für ihre persönliche Entfaltung, künftigen Beschäftigungschancen und eine aktive europäische Bürgerschaft. […] Die Zusammenarbeit zwischen Partnerschulen gibt den Teilnehmern einer Comenius Schulpartnerschaft Gelegenheit, die Länder, die Kulturen sowie Denk- und Lebensarten der Partner kennen und besser schätzen zu lernen. Dabei können Themen im Mittelpunkt stehen, die weitgehend mit den Lehrplänen und den Interessen der Schüler übereinstimmen, oder es können Themen im Bereich Schulverwaltung und Lehrtechniken und Lehrmethoden sein.»
(Europäische Gemeinschaften, 2008, S. 11 ff.)

Schulische Netzwerke
Schulen mit speziellen Schulentwicklungsschwerpunkten oder ähnlichen Schulprofilen treffen sich in schulischen Netzwerken, zum Beispiel:
- Mosaik – Sekundarschule (mosaik-sekundarschulen.ch):
  In der Oberstufe treffen sich Schulen im Verbund Mosaikschulen (Mo: Motivation/s: Selbstständigkeit/a: Altersdurchmischtes Lernen/i: Individualität/k: Kurs-System);
- Just Community-Netzwerk:
  Schulen (Kindergarten bis Oberstufe) treffen sich zu den JC-Treffen an der PH Luzern;
- Netzwerkangebote von Volksschulämtern:
  Schulen mit speziellen Entwicklungsinteressen nutzen die bestehenden sehr vielfältigen Netzwerk-Angebote kantonaler Volksschulämter;
- Netzwerkangebote Demokratische Schulen:
  In Deutschland bestehen verschiedene Netzwerke demokratischer Schulen. Seit Abschluss des BLK-Programms «Demokratie leben und lernen» übernehmen zum Beispiel die DeGeDe (Deutsche Gesellschaft für Demokratiepädagogik), der Schulverbund «Blick über den Zaun» und länderinterne Netzwerke die Initiierung und Organisation demokratisch ausgerichteter Schulen. In der Schweiz tauschen sich Sudbury-Schulen (Privatschulen) aus.

Zusammenarbeit von Kindertagesstätten und Kindergärten mit der Wohngemeinde
In Reggio (I) gehen die Lehr- und Betreuungspersonen der Kindertagesstätten und Kindergärten regelmässig mit den Kindern in die Stadt, schauen sich die Architektur und die verschiedenen Gebäude an, lernen deren Funktion kennen, gehen an die Wochenmärkte, malen und zeichnen das, was sie sehen oder leisten für die Gemeinde oder Institutionen einen Beitrag. Sie wollen damit in der Gemeinde präsent sein und in ihr leben und lernen.
«Was in den Kindertagesstätten passiert, wie sie ausgestattet sind, welche Ziele und Inhalte in der pädagogischen Arbeit verfolgt werden, soll von der Öffentlichkeit mit Interesse und Engagement begleitet werden. Um dieses öffentliche Interesse zu erreichen, werden zum einen die Einrichtungen geöffnet. Sie sollen als Begegnungszentrum für das Gemeinwesen dienen. Diese Öffnung zeigt sich nicht nur in der Architektur, sondern auch in der Offenheit der Mitarbeiter. Zum anderen dient die Gemeinwesenorientierung der pädagogischen Arbeit dazu, das öffentliche Interesse zu wecken. Kindertagesstätten werben um Aufmerksamkeit für ihre Arbeit, Kinder machen durch ihre Präsenz im Gemeinwesen auf sich aufmerksam. Wo immer es geht, wird die Umgebung als Lernfeld in die pädagogische Arbeit einbezogen. Nach Malaguzzi ist es absurd zu glauben, dass die Sozialität sich in einer von der Gesellschaft getrennten Kindertagesstätte positiv entwickelt.» (Ullrich & Brockschnieder, 2009, S. 19)

⚡ Leitfragen für die individuelle und gemeinsame Reflexion

Mein Verständnis von «Schule öffnen»

- Was weiss ich über die Möglichkeiten, über den Sinn und Zweck, die Schule auch nach aussen hin zu öffnen?
- Wie offen bin ich für eine Öffnung der Schule nach aussen? Wie kann ich dabei die innere Öffnung in meinem Unterricht und Zusammenleben aufbauen?
- Wann und wie nutze ich die Ressourcen der Eltern?
- Wie oft und in welchen Situationen arbeiten ich und meine Klasse mit aussenstehenden Fachpersonen zusammen?
- Für welche Themen und wie oft nutze ich ausserschulische Lernorte? Welche Erfahrungen mache ich dabei?
- Was unterstützt oder hindert mich, das ausserschulische Lernen als festen Bestandteil des Unterrichts aufzunehmen?
- Was unterstützt oder hindert mich, ausserschulische Projekte, zum Beispiel in der Wohngemeinde, anzugehen?
- Was unterstützt oder hindert mich, in schulischen Netzwerken mitzumachen?

Unser Verständnis von «Schule öffnen»

- Wie kommt die Öffnung der Schule in unserem Leitbild zum Ausdruck? Wie setzen wir die entsprechenden Leitideen um?
- Welche Formen von Zusammenarbeit mit den Eltern pflegen wir? Wie könnten wir sie noch erweitern?
- Woran erkennen wir, dass wir auf eine Öffnung unserer Schule achten?
  - Wie zeigt sich das in den bestehenden Strukturen (z. B. Stundenplangestaltung, ausserschulische Lernorte, Gestaltung der Lernarrangements, Lehr- und Lernformen, Zusammenarbeit mit ausserschulischen Fachpersonen)?
  - Mit welchen Instrumenten unterstützen, fördern und stärken wir die Öffnung nach aussen?
- Welche ausserschulischen Fachpersonen und städtischen Institutionen bieten sich im Umfeld unserer Schule an?
- Welche ausserschulischen Lernorte und welche Themen für Lernen durch Engagement bieten sich im Umfeld unserer Schule an? Welche ausserschulischen Lernorte könnten wir gestalten?
- Wie gelingt es uns, das ausserschulische Lernen auch unter dem Fokus Übertritt in die Berufs- und Arbeitswelt zu gestalten und das Lernen in Zusammenarbeit mit Firmen usw. «nach aussen» zu verlegen?

MEHR DAZU

Rasfeld & Spiegel (2012, S. 54): Projekt Verantwortung – Spüren wie es ist, gebraucht zu werden

«Im Projekt Verantwortung, das als zweistündiges Schulfach im Curriculum verankert ist, übernehmen alle Siebt- und Achtklässler eine Aufgabe im Gemeinwesen. ‹Wir erarbeiten gemeinsam: Was ist Verantwortung? Wo habe ich schon Verantwortung übernommen? Welche Stärken und Schwächen habe ich, was kann ich gut?›, erklärt Projektkoordinatorin Ariane Konetzka.
Zusätzlich erkunden die Schüler und Schülerinnen als Gemeindedetektiv ihr Umfeld, erproben sich im Vorstellungstraining, überlegen, wie sie ihre Erfahrungen dokumentieren können. Manche erzählen schon beim Aufnahmegespräch, wo sie sich engagieren wollen, andere brauchen noch Anregungen. Diese bekommen sie auf einer Börse, bei der Mitschüler, die schon ein Jahr «Projekt Verantwortung» hinter sich haben, ihre Projekte vorstellen, sowie bei ausserschulischen Kooperationspartnern wie Senioreneinrichtungen, Naturschutzverbänden, der Johanniter-Jugend, den Kirchengemeinden, Bibliotheken, Vereinen, die ihre Arbeit und Engagementmöglichkeiten präsentieren. Wir arbeiten inzwischen mit über 80 Partnern im Gemeinwesen zusammen. […]»

Zugefallenes aus dem Schulalltag

Primarschule Allee, Wil (SG): Spieltreff

Das Elternforum, der Quartierverein Wil West und die Schuleinheit Allee unterstützen sich gegenseitig. Im Anschluss an die Sonderwoche zum Thema «Spiel» wurde in Zusammenarbeit mit dem Elternforum ein Spielnachmittag angeboten. Daraus entstand spontan die Idee des «Spieltreffs».

Seither treffen sich immer am ersten Mittwoch im Monat jeweils ab 15.30 Uhr Kinder, Jugendliche und Erwachsene zum Spielen, Plaudern und Austauschen. Meistens sind auch Lehrpersonen aus dem Allee-Schulhaus dabei. Spiele, die in der Schule gelernt wurden, kommen hier wieder zum Einsatz. Freispiel/freie Tätigkeit und verschiedene Formen von Regelspielen sind im Alleeschulhaus feste Bestandteile des Unterrichts und des Zusammenlebens. Das Team hat dazu sechs eigene Bausteine ausgearbeitet. Diese können jederzeit ergänzt werden.

Für den Spieltreff wurden bewusst passende Räumlichkeiten ausserhalb des Schulareals gesucht. Sechs Freiwillige, Erwachsene aus dem Quartier, betreuen den Treff ehrenamtlich. Sie bringen neue Spiele mit oder leihen sie in der Ludothek aus. Im Anschluss an den Spieltreff führen sie die anderen Freiwilligen in diese neuen Spiele ein. Die Arbeit mit Regelspielen ist ein zentrales Element des Unterrichts und des Zusammenlebens.

Beispiele aus der Praxis

Primarschule Allee, Wil (SG), Heidi Gehrig: Zusammenarbeit mit Aussenstationen
Jahresthema «Wachsen – 14 Lebensstationen»

Die vier Mittelstufenklassen wählten das gemeinsame Thema «Wachsen». Meine Kollegin aus der Tandem-Klasse (1. bis 3. Klasse) und ich beschlossen, den Lebenskreislauf des Menschen zu thematisieren und mit unseren beiden Klassen in einer Sonderwoche eine Ausstellung mit 14 Stellwänden zu verschiedenen Lebensstationen (gemeinsames Produkt) zu gestalten.

Jedes Kind führte ein Lernheft zum Thema. Vor der Sonderwoche im Mai kannten alle den Lebenskreislauf: Kindheit, Jugend, frühes und mittleres Erwachsenenalter, hohes Erwachsenenalter, Tod. Für die Sonderwoche teilten wir die Kinder aus beiden Klassen in sieben altersdurchmischte Lerngruppen ein. Mit den sieben Kindern aus der 6. Klasse suchte ich vor den Frühlingsferien 14 passende ausserschulische Lernorte zu den vier Lebensabschnitten, sodass jede Gruppe zwei Besuche machen konnte. Den Tod als letzte Lebensstation thematisierten wir klassenintern. Die Sechstklässler und Sechstklässlerinnen meldeten sich bei verschiedenen Aussenstationen, organisierten die Besuchstage und kümmerten sich um Begleitpersonen (Lehrpersonen mit Teilpensum, Mütter, Väter). Bald standen die 14 Aussenstationen fest:
Kindheit: Geburtsabteilung Spital Wil, Säuglingsschwimmen, MuKi-Turnen, Spielgruppe, Kindergarten Rosenstrasse; Jugend: Oberstufe Lindenhof, Freizeithaus Obere Mühle, Berufsschule Wil; Frühes Erwachsenenalter: Universität und ETH Zürich, Firma Schmolz Bickenbach, Dienstleistungsbetrieb Stadtverwaltung Wil; Hohes Erwachsenenalter: Betreuung einer 90-jährigen Frau, Spitex Wil, Alters- und Pflegeheim Wil. Die Besuche wurden geplant, vorbereitet, dokumentiert, reflektiert und für die Ausstellung gestaltet.

Die Sechstklässlerinnen und Sechstklässler schrieben vor Beginn der Sonderwoche eine Einladung an die Eltern, Kontaktpersonen und Begleitpersonen zur Eröffnung der Ausstellung.
Während der Sonderwoche traf ich mich nach Unterrichtsschluss mit den Gruppenleiterinnen und -leitern und besprach mit ihnen Gelungenes und Herausforderungen. Sie erhielten für die Weiterarbeit mit ihren Gruppen Anregungen und Ideen von ihren Kolleginnen und Kollegen. Ein Sechstklässler meinte: «Die Gruppe gut zu leiten, ist schon sehr schwierig. Die Kleinen sind oft schnell fertig und zufrieden mit ihrer Arbeit. Aber dann wissen sie wieder mehr als wir oder haben bessere Ideen als wir von der Mittelstufe. Das ist ein Hin und Her!»
Am Montag nach der Sonderwoche trafen sich die Gruppen für eine Reflexion und Selbstbeurteilung ihrer Arbeit und für die Organisation und Vorbereitung der Führungen durch die Ausstellung mit den anderen sieben Klassen.

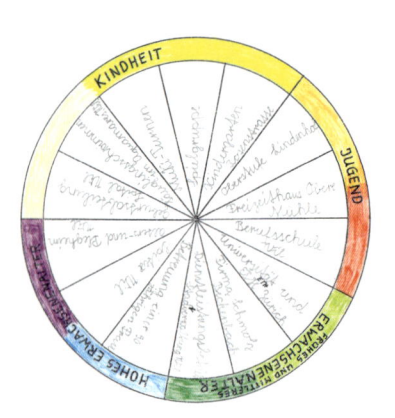

Kreislauf des Lebens

Rückblicke auf den Besuch im Säuglingsschwimmen

**Oberstufe Sonnenhof, Wil (SG), Laesar Camenzind, Helen Frehner:
Planspiel Demokratie**

Projekt «Kleinstadt Maluna»

Alle drei Jahre gehört das Planspiel «Projekt Kleinstadt» in unser Schuljahresprogramm. Die Projektwoche findet im Mai statt und ist zu bestimmten Zeiten für Besucherinnen und Besucher geöffnet. Im zweiten Quartal wählen die Schülerinnen und Schüler in einem demokratischen Entscheidungsprozess den Namen der Kleinstadt. Analog der Wahlen in der Stadt Wil werden Stadtrat und Stadtratspräsidentin oder -präsident gewählt. Der Stadtrat wird in der Projektwoche die Kleinstadt regieren. Die städtischen Ressorts, zum Beispiel Sicherheit (Polizei) und Arbeitsamt, werden besetzt.

Bis zum Start der Projektwoche haben die Jugendlichen Zeit, ihre Angebote (eigene Geschäfte, Restaurants usw.) auszuarbeiten. Gefragt sind dabei Eigeninitiative, Fantasie und Kreativität. Während der Projektwoche erfahren die Jugendlichen u. a., was es heisst, ein Unternehmen zu führen oder angestellt zu sein, arbeitslos zu werden und eine neue Stelle suchen zu müssen, in einer Bank zu arbeiten, ein Restaurant zu führen, für die Sicherheit besorgt zu sein oder in einer Zeitungsredaktion zu arbeiten. Die Stadt hat eine eigene Währung – den Solido. Die rund 180 Einwohnerinnen und Einwohner der Kleinstadt (Schülerinnen und Schüler) leben den ganzen Tag in ihrer Stadt und müssen von ihrem Einkommen auch ihren Unterhalt (Essen und Trinken) selbst bestreiten. Alle haben das Recht, an Vollversammlungen teilzunehmen und von ihrem Initiativrecht Gebrauch zu machen. Damit das Zusammenleben gelingt und sich alle sicher fühlen, ist es wichtig, dass sich alle an die Gesetze halten. Wenn nötig, ist die Polizei zur Stelle. Entsteht nach Abschluss der Projektwoche ein finanzieller Überschuss, wird das Geld karitativen Projekten weitergegeben.

Die Schülerinnen und Schüler erleben im Planspiel wirtschaftliche und politische Zusammenhänge, übernehmen Verantwortung und können die Erfahrungen mit dem im Unterricht Gelernten verbinden. Dabei bietet der spielerische Ansatz eine willkommene Abwechslung zum Unterricht. Wir verstehen das Planspiel als exzellentes Beispiel für kooperatives Lernen und Lehren. Für das Stadtprojekt im Mai 2018 hat sich die Schülerschaft für den Stadtnamen Maluna entschieden.

Logo Maluna
von Ribana Bandolino

Solido: eigene Währung im
Stadtprojekt Saliente (2006)

Stadtrat Maluna

Ressorts:
- Präsident / Einwohnerkontrolle
- Bau & Umwelt & Unternehmen
- Polizei & Zoll
- Arbeitsamt & Soziales
- Finanzen

333 Jahre Schule Oberthal (BE), Urs Schürch: Zusammenarbeit
Fescht i de Höger

2017 stand die Schule Oberthal ganz im Zeichen ihres 333-Jahrjubiläums unter dem Motto «Fescht i de Höger». Das gesamte Dorf war in die Vorbereitung eingebunden (Finanzbeschaffung durch Verkauf von Schokolade mit Zutaten aus dem Oberthal), denn die kleine Dorfschule im Kanton Bern ist seit je ein wichtiges Element der Identifikation mit dem Oberthal, dies kommt auch in der Gründungsgeschichte zum Ausdruck:

«Mittwochs, den 4.6.1684 ist in Oberthal by Hanss Luginbüels Haus bey der Linden eine Gemeind gehallten worden von wegen eines Schulhauses, an welcher Gemeind die meisten Haussvätter von Hüsslibach, Hargarten, Blasen, Buch, Bumersbach und Möschberg sich eingefunden und einhällig erkennt worden, dass sie selber eine Schule und ein Schulhaus errichten und bestreiten wollen ohne Höchstetten» (Nachbargemeinde).

Im Rahmen des Festes wurde eine «Klassen»zusammenkunft organisiert, zu der alle ehemaligen Schülerinnen und Schüler der Dorfschule Oberthal eingeladen wurden. Über 400 Personen trafen sich, darunter die älteste ehemalige Schülerin mit ihrer Tochter und der Enkelin.

Das Fest für die Schule, an dem in der Vorbereitung und Durchführung alle Vereine und fast alle Oberthalerinnen und Oberthaler eingebunden waren, hat viele Reaktionen ausgelöst.

Sponsoring mit Verkauf von Karten und Schokolade

«Klassenzusammenkunft»

Schule Oberthal (BE), Urs Schürch: Partnerschule
Schulpartnerschaft mit der Schule Chinov (Tschechien)

Die Initiative für die Schulpartnerschaft mit einer tschechischen Schule ging vom kantonalen Amt für Gemeinden und Raumordnung aus. Der Gemeinderat von Oberthal empfing 1994 den Gemeindepräsidenten von Chinov. Die Schulleitung schlug vor, die Partnerschaft primär über schulische Kontakte umzusetzen. So besuchten 1995 die ersten Schülerinnen und Schüler aus dem Oberthal die viel grössere Schule in Chinov, wohnten bei Gasteltern und erlebten eine unbekannte Realität. Bereits ein halbes Jahr später fand der Gegenbesuch im Oberthal statt. Aus Chinov reisten Schülerinnen und Schüler an, die das Wahlfach Deutsch besuchten.

Um jeder Schülerin und jedem Schüler der Schule Oberthal die Gelegenheit des Austauschs zu geben, wird dieser alle drei Jahre wieder organisiert. Dabei ergeben sich auch immer wieder neue Entwicklungen: Das Wahlfach Deutsch ist in Chinov nicht mehr gleich gut besucht wie in den Jahren nach der Wende. Zum Erstaunen der Lehrpersonen im Oberthal haben die Oberthaler Schülerinnen und Schüler ohne Hemmungen auf englische Konversation gewechselt, nach zwei Jahren Englischunterricht. Eine willkommene Motivation, Fremdsprachen zu lernen in einem Dorf, in dem fast ausschliesslich der gemütliche Dialekt gesprochen wird.

Impulse 7-12
Umsetzung der Individualisierenden Gemeinschaftsschule

Ich teile mein Znüni

Man kann alles lernen

Ich will Piano spielen

MEINE LEBENSAUFGABE
MEIN ZUHOUSE
AOHA

Lernlandkarte
Garten
Das weiss ich schon:

Wir singen coole Lieder!

Wir bestimmen mit im Klassenrat
und bei der Vollversammlung.
Post

Impuls 7

Rahmenbedingungen kennen und Freiräume nutzen

Rahmenbedingungen sind Orientierungshilfen. Sie helfen Schulen, bei der Gestaltung von Lernen, Lehren und Zusammenleben Freiräume zu erkennen und diese zu nutzen. Gleichzeitig geht es auch darum, darauf zu achten, sich als Schule mit schulinternen Regelungen und Verordnungen nicht selbst die Möglichkeit zu nehmen, die Schule mutig zu gestalten und ein eigenes Schulprofil zu entwickeln. Demokratie regelt Pflichten und Rechte, ermöglicht Freiräume.

Die Individualisierende Gemeinschaftsschule
- kennt und respektiert die nationalen, kantonalen und kommunalen gesetzlichen Rahmenbedingungen und Vorgaben und anerkennt gesetzliche Vorgaben sowohl als Pflichten als auch als Rechte;
- öffnet mit der Arbeit mit Kinder- und Menschenrechten und mit Blick auf «Demokratie leben und lernen» einen Gestaltungsraum sowohl für die schulinterne Arbeit als auch für die Zusammenarbeit mit dem schulischen Umfeld;
- sorgt für wenige, aber sinnvolle und nützliche schulinterne Regelungen und Vorgaben;
- ermutigt alle Beteiligten der Schule, sich immer wieder mit den Rahmenbedingungen auseinanderzusetzen und nach ungenutzten Freiräumen Ausschau zu halten;
- anerkennt die Rahmenbedingungen als Leitplanken und setzt sich nötigenfalls für eine Veränderung der Rahmenbedingungen ein.

Darum geht es

«Das soziale Zusammenleben, die Gemeinschaft und der Unterricht werden von allen Beteiligten mitgestaltet.»
Lehrplan 21

«Den Gesetzen gehorchen wir nur deswegen, um frei sein zu können.»
Marcus Tullius Cicero

In der Schweiz obliegt die Schulhoheit der öffentlichen Volksschule der Kantonsregierung. Die kantonalen Volksschulgesetze bauen auf der Bundesverfassung auf, berücksichtigen die Menschenrechts-, Kinderrechts- und Behindertenrechtskonventionen und setzen sich mit den Empfehlungen der EDK, zum Beispiel mit dem Lehrplan 21, auseinander.
Für ihre Schulentwicklungsarbeit klären die Schulen vor allem die kantonalen und kommunalen Rahmenbedingungen. Die kantonalen Bildungsdepartemente legen die gesetzlichen Vorgaben für Bildung und Erziehung fest. Diese sind in den Volksschulgesetzen, in verschiedenen Verordnungen und Weisungen sowie im kantonalen Lehrplan geregelt. Die Schulgemeinden sind befugt, im Rahmen der kantonalen Gesetzgebungen eigene Reglemente festzulegen. Dazu gehören zum Beispiel die Schulorganisation und der Unterricht: Schulzeit, Schulferien, Stundenplan, Lehrmittel, Klassenbildung, Klassenzuweisung, Klassengrösse, Zusammensetzung der Klassen (z. B. Mehrklassen), Zeugnis, Übertritt usw.

Kantonale Vorgaben kommen zum Beispiel in den Grundlagen und in der Bildung für nachhaltige Entwicklung im Lehrplan 21 zum Ausdruck:

«Die Schülerinnen und Schüler lernen, sich in der Schule ihrem Alter entsprechend einzubringen und auf Klassen- und Schulebene mitzuwirken. Die Schule als Ort des sozialen, partizipativen Lernens fördert die Beziehungsfähigkeit der Schülerinnen und Schüler, die Fähigkeit zur Zusammenarbeit und das Übernehmen von Verantwortung für die Gemeinschaft. Gegenseitige Wertschätzung, Lebensfreude und Musse stellen wichtige Werte dar.»

«Politik, Demokratie und Menschenrechte
Demokratie und Menschenrechte sind Grundwerte unserer Gesellschaft und bilden zusammen mit der Rechtsstaatlichkeit die Leitlinien für die Politik. Die Schülerinnen und Schüler befassen sich mit unterschiedlichen Gesellschaftsformen, Traditionen und Weltsichten, diskutieren deren Entstehung und Wandel und lernen historische, gesellschaftliche und politische Zusammenhänge zu verstehen. Sie setzen sich mit politischen Prozessen auseinander, lernen diese zu erkennen, verstehen Grundelemente der Demokratie und kennen grundlegende Funktionen öffentlicher Institutionen. Sie befassen sich mit den Menschenrechten, kennen deren Entwicklung und Bedeutung und sind in der Lage, Benachteiligung und Diskriminierungen zu erkennen. Die Schülerinnen und Schüler engagieren sich in der schulischen Gemeinschaft und gestalten diese mit. Sie lernen, sich eine eigene Meinung zu bilden, eigene Anliegen einzubringen und diese begründet zu vertreten. Sie befassen sich mit dem Verhältnis von Macht und Recht, diskutieren grundlegende Werte und Normen und setzen sich mit Konflikten, deren Hintergründen sowie möglichen Lösungen auseinander.» (lehrplan.ch)

Wenn Lehrpersonen Hintergründe und gesetzliche Vorgaben kennen, die die kantonalen, kommunalen und auch die schulinternen Rahmenbedingungen festlegen, erkennen sie, dass Gesetze nicht nur Pflichten, sondern auch Schutz und Rechte bedeuten und dass sie innerhalb dieser gesetzlichen Vorgaben freie Gestaltungsmöglichkeiten haben. Es ist jedoch oft einfacher zu sagen «Das geht nicht!» als «Das versuchen wir!». Es kann auch vorkommen, dass schulinterne «Gesetze» während Jahren in Lehrerzimmern «weitervererbt» und – wenn auch mit Murren – übernommen werden, oder es fehlt den Lehrpersonen für die Nutzung des möglichen Freiraums der Mut.

Zwei Beispiele aus meiner Arbeit als Schulberaterin in zwei verschiedenen Kantonen zum Bereich Beurteilung zeigen auf, dass es sich lohnt, die bestehenden Gestaltungsmöglichkeiten zu klären.

Situation A: Notendurchschnitte für den Übertritt in die Sekundarstufe und ins Gymnasium

Bei der Vorbereitung auf die Umstellung auf das Mehrklassensystem beschloss die Steuergruppe, die Umstellung schrittweise anzugehen. Ich arbeitete deshalb zuerst mit Lehrpersonen der Schuleingangsstufe. Sie wiesen mich darauf hin, dass es für sie bestimmt einfacher sei, im Mehrklassensystem zu arbeiten als für die Lehrpersonen, welche den Übertritt in die Oberstufe vorbereiten. In der ganzen Gemeinde müssten alle Lehrpersonen der 6. Klassen gleiche Prüfungen gleichentags ansetzen, um für die Kinder möglichst gleiche Bedingungen für den Übertritt in die Oberstufe zu schaffen. Für diesen Übertritt brauche es einen Notendurchschnitt von 4,7 und für den Übertritt in das Gymnasium 5,3. Als ich mit den Mittelstufenlehrpersonen die Umstellung vorbereitete, kam diese Situation zur Sprache. Niemand konnte mir sagen, wer diese Vorgaben angeordnet hatte. Den Schulleitungen waren diese Vorgaben bekannt, sie wussten jedoch auch nicht, wie sie zustande gekommen waren. Der Rektor teilte mir mit, dass beide Vorgaben vor ein paar Jahren von den damaligen Mittelstufenlehrpersonen festgelegt worden waren. Er würde eine Änderung dieser Vorgaben befürworten und sofort unterstützen. Ich bat ihn, dies an der nächsten Weiterbildung den Lehrpersonen persönlich mitzuteilen. Die Vorgaben wurden aufgehoben.

Situation B: Keine Noten während des Semesters

Schulen, die im Mehrklassensystem arbeiten und entwicklungs- und lernstandsorientiertes Lernen ermöglichen, befassen sich mit Fragen der Beurteilung, zum Beispiel «Welchen Test macht ein Kind aus der 4. Klasse, wenn es beim Lernen an der gleichen Sache erfolgreich mit den Sechstklässlerinnen und -klässlern gearbeitet hat? Was bedeutet das für die Zeugnisnote in seinem Viertklass-Zeugnis?» In einer Mehrklassenschule schauten die Lehrpersonen die kantonalen Vorgaben genau an und stellten fest, dass sie lediglich im Zeugnis Noten machen müssen. Die Klassenlehrpersonen der Unterstufe (1.–3. Klasse) machten den ersten Schritt. Während des Schuljahres arbeiteten sie vor allem mit formativen Tests und verzichteten auf Tests mit Noten. Am Elternabend zeigten sie auf, weshalb sie so arbeiten und wie die vom Kanton geforderten Notenzeugnisse zustande kommen. Es gab keinen Widerstand aus der Elternschaft. Zwei Jahre später wagte auch das Mittelstufenteam diesen Schritt und informierte die Eltern. Seither erhalten alle Kinder nur im Zeugnis Noten.

In allen Schulen bestehen in Konzepten, Regelungen und Vereinbarungen schulinterne Vorgaben. Diese sollen Lehren, Lernen und Zusammenleben unterstützen und nicht einengen oder belasten. Es lohnt sich, schulinterne Regelungen bezüglich ihrer Anzahl und ihrer Inhalte immer wieder zu überprüfen und anzupassen. Anstelle einer umfangreichen Schulordnung genügen zum Beispiel drei Regeln (➡ S. 28): Ich trage Sorge zu mir! Ich trage Sorge zu den anderen! Ich trage Sorge zu den Sachen! Freiräume nutzen beginnt im «Kleinen» und «vor Ort».

Erkennen Schulen, dass gesetzliche Rahmenbedingungen in Demokratien zwar verpflichtend sind, dass Gesetze aber auch Rechte schützen und die Nutzung von Freiräumen legitimieren, erachten sie Rahmenbedingungen nicht ausschliesslich als ein «Müssen», sondern auch als ein «Dürfen».

Im Folgenden werden sowohl die Funktionen von Rahmenbedingungen (Pflichtdefinierung und Schutz der Rechte) als auch das mutige Einfordern der Rechte kurz skizziert.

Rahmenbedingungen definieren Pflichten und schützen Rechte

Gesetzliche Regelungen in Demokratien nehmen zum Beispiel das Recht auf Bildung ernst und definieren sie als Schulpflicht. In Anlehnung an die Bundesverfassung und mit Bezug auf die Menschenrechts-, Kinderrechts- und Behindertenrechtskonventionen (Recht auf Bildung) besteht in der Schweiz die Schulpflicht. Damit wird verhindert, dass Eltern ihre Kinder nicht in die Schule schicken. Eltern können auch zur Mitwirkung verpflichtet werden. Neben dem Unterricht in staatlich anerkannten Privatschulen können nach kantonaler Überprüfung Kinder und Jugendliche auch zu Hause beschult werden (Homeschooling). Andere Vorgaben schützen Kinder und Jugendliche z. B vor Gewalt, sexuellem Missbrauch und gestehen ihnen Beteiligung in Bereichen, die sie betreffen sowie eine Privatsphäre zu.
Kantone können zum Beispiel die Partizipation der Kinder, Jugendlichen und Eltern im Volksschulgesetz regeln. Sie sorgen mit dieser Pflicht für das Recht auf Mitsprache.

Im Volksschulgesetz des Kantons Zürich heisst es:
«Die Schülerinnen und Schüler werden an den sie betreffenden Entscheiden beteiligt, soweit nicht ihr Alter oder andere wichtige Gründe dagegensprechen. Das Organisationsstatut und das Schulprogramm sehen eine dem Alter und dem Entwicklungsstand entsprechende Mitverantwortung und Mitsprache der Schülerinnen und Schüler vor.» (VSG, 6. Abschnitt: Stellung der Schülerinnen und Schüler sowie der Eltern/A: Schülerinnen und Schüler/§ 50, Absatz 3, 2005).

Das Volksschulamt Zürich definiert vier Ebenen der Schülerinnen- und Schüler-Partizipation (vsa.zh.ch):
«1 die individuelle Ebene (das eigene Lernen)
2 Unterricht (Lern- und Arbeitsformen gemeinsam gestalten)
3 Gemeinschaft/Klassen (kollektive Interessen des Zusammenlebens, Klassenrat)
4 Schule (die Schule als Gemeinschaft; Schülerinnen- und Schülerparlament)»

Rahmenbedingungen definieren Rechte und öffnen Freiräume

In einer Demokratie haben alle Bürgerinnen und Bürger demokratische Rechte. Sie können zum Beispiel in Vereinen und Parteien mitmachen, Eingaben einreichen, Anträge stellen, Einsprachen erheben, Versammlungen einberufen, Volksinitiativen einreichen, Informationsveranstaltungen und Podiumsdiskussionen organisieren und durchführen und an Demonstrationen[1] teilnehmen. Allen, auch Kindern und Jugendlichen, steht in strittigen Fällen das rechtliche Gehör zu.
Erachten Lehrpersonen Rahmenbedingungen als einschränkend, gibt es immer die Möglichkeit, dies bei den zuständigen Behörden aufzuzeigen und begründete Eingaben oder Anträge einzureichen.
Vorgaben sind nicht nur Pflichten, sie sind auch Legitimation. Nicht nur die Behörden berufen sich darauf, auch Lehrpersonen können darauf hinweisen, dass ihre Arbeit gesetzlich abgesichert, möglich und legal ist. Bestehende Vorgaben können immer entweder unter dem Aspekt «Das müssen wir so machen!» oder unter dem Aspekt «Was lässt diese Vorgabe eigentlich alles zu?» betrachtet werden.

---

1 Lehrpersonen und andere Mitarbeitende einer Schule dürfen ausserhalb der Unterrichtszeit an Demonstrationen teilnehmen.

Rechte einfordern und Freiräume nutzen braucht Mut und Engagement

Für die schulinterne Arbeit gehen Schulleitungen und Lehrpersonen zum Beispiel vom Artikel 12 der Kinderrechtskonventionen aus:

«Die Vertragsstaaten sichern dem Kind, das fähig ist, sich eine eigene Meinung zu bilden, das Recht zu, diese Meinung in allen das Kind berührenden Angelegenheiten frei zu äussern, und berücksichtigen die Meinung des Kindes angemessen und entsprechend seinem Alter und seiner Reife.»

➡ Impuls 5

Anlässlich eines Schulbesuchs in der inklusiven Schule Berg Fidel in Münster (Jakob Muth-Preis 2013 für inklusive Schule) ermutigte uns der Schulleiter Reinhard Stähling: «Wehrt euch gegen amtlich verordnete Kinderschädigungen!»

Erfahrungsgemäss sind Lehrpersonen politisch eher wenig aktiv, obwohl sie gerade in bildungspolitischen Fragen gefragt wären. Aufgrund sehr unterschiedlicher Menschenbilder, Einstellungen und Haltungen ist es jedoch für Lehrpersonen schwierig, aus pädagogischer Sicht als Lobby für die Kinder und Jugendlichen aufzutreten.

Sich als Schulleitung und Lehrperson auf gesellschaftlicher und politischer Ebene für Kinder und Jugendliche einzusetzen, braucht Mut.

Fritzsche (2007, S. 138–141) fordert Lehrpersonen auf, sich mutig für die Umsetzung und Einhaltung der Menschenrechte einzusetzen und sich gegen Menschenrechtsverletzungen zu wehren.[2] Er ist davon überzeugt, dass die Bildung entscheidend dazu beitragen kann, Kinder und Jugendliche dazu zu ermutigen.

«Mut kann man nicht verordnen und auch nicht durch Kampagnen herbeireden, aber man kann durch Bildung, durch Menschenrechtsbildung Wissen und Erfahrungen vermitteln, die mutiges Verhalten erleichtern. Hierbei geht es sowohl um das Kennenlernen ermutigender Vorbilder und Mut machender Erfolgsgeschichten von Menschenrechten und Menschenrechtlern als auch um die Ermöglichung von Erfahrungen eigener Würde und gleicher Rechte im Bildungsprozess selbst. Die Erfahrung ermutigender Berechtigungen kann man nicht früh genug machen, deshalb kann auch die Menschenrechtsbildung, die bereits als Kinderrechtsbildung beginnt, einen nachhaltigen Beitrag für die Entwicklung von Zivilcourage leisten.»

Mutige Behörden

Innovative Zentren brauchen Energie! Behörden tun deshalb gut daran, Schulen, die umfassende Veränderungsprozesse und tiefgreifende Schulentwicklungsvorhaben angehen wollen, entsprechend zu unterstützen. Als Schulbegleiterin erlebe ich immer wieder, wie wichtig es für Schulen ist, dass sie sich von der Behörde getragen fühlen und zusätzlich unterstützt werden. Das kann ideell, mit relativ geringem oder mit grösserem finanziellem und personellem Aufwand zum Ausdruck kommen:

Situation A

Eine Schule beschloss, auf das Mehrklassensystem (1. bis 3./4. bis 6. Klasse) umzustellen. Die zuständige Behörde bewilligte eine schrittweise Umstellung, zuerst mit drei 1./2. Klassen und mit drei 4./5. Klassen (alles Vollzeitstellen). Die Klassengrössen wurden so festgelegt, dass im folgenden Schuljahr in den Unterstufenklassen neue Erstklässlerinnen und Erstklässler dazukommen konnten und in den Mittelstufen neue Viertklässlerinnen und Viertklässler. So hatten Lehrpersonen und Kinder während zweier Jahre Zeit, sich mit dem Dreiklassensystem vertraut zu machen. Die von der kantonalen Schulbehörde zusätzlich bewilligten Lohnkosten bewegten sich im sechsstelligen Bereich.

---

2 Die Ausführungen von Fritzsche zur Menschenrechtsbildung lassen sich auch auf die Anliegen der Demokratiepädagogik übertragen.

Situation B

An einer Steuergruppensitzung erwähnte die Schulleitung eine hilfreiche Publikation zum aktuellen Schulentwicklungsthema. Der Schulratspräsident meinte: «Wenn ihr dieses Buch brauchen könnt, dann bestellt es doch für alle Lehrpersonen.» Kurz darauf waren alle Lehrpersonen (Kindergarten, Primarschule, Sekundarschule) im Besitz der Publikation.

Situation C

Eine kleine Schule mit vier Klassen hatte die freie Tätigkeit eingeführt und wollte sie am gleichen Halbtag mit allen vier Klassen durchführen. Sie organisierte sich so, dass die Kinder auch Gelegenheit hatten, in der Turnhalle, in der Werkstatt, draussen und in der Küche zu arbeiten. Damit auch im technisch-textilen Gestalten eigene Vorhaben und Projekte umgesetzt werden konnten, finanzierte die Behörde zusätzliche Lektionen für die Lehrperson.

Situation D

Eine Schulgemeinde beschloss, in allen vier Primarschulen auf das Doppelklassensystem umzustellen. Die Umstellung erfolgte schrittweise (1./2. Klasse, 3./4. Klasse und schliesslich 5./6. Klasse). Die Behörde bewilligte für jede der drei Stufen eine gemeinsame Weiterbildungswoche, in der sich die Lehrpersonen auf die Umstellung vorbereiten konnten. Diese Woche fand jeweils vor den Frühlingsferien während der Unterrichtszeit statt. Die Behörde sorgte für Stellvertretungen.

Situation E

Eine Schulbehörde schätzt die Arbeit fünf kleiner Schulen, welche im Mehrklassensystem unterwegs zum Altersdurchmischten Lernen sind. Sie ermöglicht diesen Schulen während dreier Jahre gemeinsame Weiterbildungen, schulinterne Beratungen und Austauschtreffen der Schulleitungen.

Lehrmittelfreiheit ist in einigen Kantonen noch keine Selbstverständlichkeit. Ich erlebe immer wieder, dass sich Bildungsdirektionen öffnen und Lehrmittel zur Auswahl anbieten. Wenn Schulgemeinden die Lehrmittel selbst bezahlen müssen, lassen sie die Lehrpersonen selbst- oder mitbestimmen. Wenn der Kanton die zur Auswahl stehenden Lehrmittel finanziert, sind Schulgemeinden manchmal bereit, auf Antrag der Lehrpersonen ein anderes Lehrmittel selbst zu finanzieren. Die Forderung von Behörden, Nachbarstufen und Stufenteams «Alle arbeiten mit dem gleichen Lehrmittel!» schränkt dieses Angebot ein. Mit dem gleichen Lehrmittel arbeiten bedeutet nicht, dass alle Lernenden das Gleiche gelernt und verstanden haben. Lehrmittel sind Mittel zum Zweck und keine heimlichen Lehrpläne.

Nicht alle Schulen erhalten personelle und finanzielle Unterstützung, wenn sie aufwendige Schulentwicklungsschritte angehen. Bei meiner Arbeit als Schulbegleiterin ermutige ich Schulleitungen und Lehrpersonen, mit den zuständigen Behörden zusammenzusitzen, ihnen ihre Anliegen pädagogisch begründet aufzuzeigen und gemeinsam mögliche Freiräume zu eruieren. Ich erkläre mich auch bereit, bei solchen Gesprächen dabei zu sein.[3]

Manchmal lösen mutige Schritte von Schulteams bei Kolleginnen und Kollegen unerwartete negative Reaktionen aus (Konkurrenz, Neid). Es ist Aufgabe der Schulbehörde, diese Situationen im Rahmen der Personalführung konstruktiv anzugehen.

---

3   Manchmal braucht es auch unkonventionelle Lösungen wie zum Beispiel die Einmietung in leerstehende Wohnungen in der unmittelbaren Nachbarschaft für zusätzliche Angebote wie Lernlandschaften oder im Sinne von Umgang mit Vielfalt auf Ebene Lehrpersonen die Bewilligung unterschiedlicher Lehrmittel in der gleichen Schule.

Mutige Lehrpersonen und Schulleitungen

Innerhalb der kantonalen und kommunalen Rahmenbedingungen können öffentliche Schulen in vielen Bereichen selbst bestimmen, wie sie Unterricht organisieren und gestalten möchten. Gehen ihre Visionen über die bestehenden Rahmenbedingungen hinaus, können sie bei der kommunalen und kantonalen Behörde Anträge für Schulversuche einreichen. Die Schulleitung übernimmt dabei eine zentrale Rolle.

➡ Impuls 12   Für weitreichende schulinterne Veränderungsprozesse und tiefgreifende Schulentwicklungsschritte lohnt es sich, in konsensorientierten Diskursen oder in Aushandlungen Teamvereinbarungen zu erarbeiten, die von allen mitbestimmt und mitgetragen werden.

Erste Schritte können bei der Öffnung der Schule oder mit der Überprüfung und Neugestaltung bestehender Strukturen gemacht werden:

➡ Impuls 6   **Öffnung der Schule und sie als Teil der demokratischen Gesellschaft gestalten**
Zusammenarbeit mit den Eltern (Nutzen ihrer Ressourcen), ausserschulisches Lernen an ausserschulischen Lernorten, regelmässige Zusammenarbeit mit dem schulischen Umfeld und mit ausserschulischen Fachpersonen, demokratische Projekte im Sinne von Service Learning, Zusammenarbeit in schulischen Netzwerken, mit Partnerschulen oder mit Pädagogischen Hochschulen usw.

➡ Impuls 9   **Strukturen überprüfen und neu gestalten**
Einführung flexibler Auffangzeiten vor Unterrichtsbeginn, Klassenstrukturen, Umstellung von Lektionentafeln auf Bausteine, flexibler Umgang mit Vorgaben zur Lektionentafel, Schulzimmereinrichtung mit Blick auf die Individualisierende Gemeinschaftsschule, klassen- und stufenübergreifende Projekte als fixe Bestandteile der Schuljahresprogramme, Kursprogramme in Oberstufen, fächerverbindendes und fächerübergreifendes Lernen/Umgang mit Beurteilungen und Noten, Partizipationsmöglichkeiten für Kinder und Jugendliche, Arbeit mit Supervisionen usw.
⬇ Ein möglicher erster Schritt ist die Festlegung eines fixen Zeitgefässes für «Wiederholen, vertiefen und erweitern.»

Was hat dich viel Mut gekostet?
Welche Berufe brauchen Mut?

Leitfragen für die Arbeit in den Schulen

Mein Verständnis von «Rahmenbedingungen kennen und Freiräume nutzen»
- Weiss ich, wie unsere schulinternen Regelungen zustande gekommen sind?
- Engen mich die bestehenden schulinternen Regelungen ein, oder belasten sie mich? Welche Schritte wären möglich, um diese Regelungen im Team zu reflektieren?
- Engagiere ich mich in bildungspolitischen Fragen? Was unterstützt mich dabei, und was hält mich davon ab?
- Für welche Schritte in meinem Unterricht klärte ich bestehende Rahmenbedingungen? Welche Erfahrungen machte ich bei der Nutzung des Gestaltungsspielraumes? Wie reagierten meine Kolleginnen und Kollegen?
- Wie erlebe ich die Unterstützung der kommunalen Behörde und ihre Bereitschaft, in konsensorientierten Diskursen Lösungen zu finden?
- Welche Erfahrungen habe ich gemacht, wenn ich Mut aufbrachte und im Team weitreichende Veränderungsprozesse oder Schulentwicklungsschritte einbrachte?

Unser Verständnis von «Rahmenbedingungen kennen und Freiräume nutzen»
- Kennen wir die Vorgaben in den gesetzlichen Grundlagen? Worin zeigt sich die Legitimation, in der Schule die Anliegen von «Demokratie und Menschenrechte leben und lernen» sowie «Anerkennung und Beteiligung leben und lernen» umzusetzen?
- Kennen wir alle aktuellen Vorgaben im Lehrplan 21, welche Demokratie und Menschenrechte einfordern? Wie sorgen wir dafür, dass die demokratischen Kompetenzen, die auch in den Fachbereichen vorkommen, in den demokratischen Kontext der Schule gestellt werden?
- Haben wir den Interpretationsraum der gesetzlichen Vorgaben gemeinsam geklärt, und erkennen wir unseren Gestaltungsspielraum?
- Wie gehen wir mit den Spannungsfeldern, die durch die gesetzlichen Vorgaben entstehen, zum Beispiel Sachorientierung/Entwicklungsorientierung, Förderung/Selektion, Kompetenzorientierung/Zeugnisnoten, um?
- Sind wir als Team bereit, uns pädagogisch begründet für Veränderungen der kommunalen und kantonalen Vorgaben zu engagieren, uns aktiv für Demokratie und Menschenrechte einzusetzen?

MEHR DAZU

Schulamt Stadt Zürich (2013, S. 16): Praxisleitfaden SchülerInnen-Partizipation
«Was SchülerInnen-Partizipation bedeutet …
Mit der SchülerInnen-Partizipation setzt die Schule Kinderrechte um und bereitet die Kinder und Jugendlichen zugleich auf ein aktives Leben in der Demokratie vor. […]
Eine partizipative Schulkultur zeichnet sich durch verschiedene Merkmale aus:
- Das Schulteam setzt sich kontinuierlich mit dem Thema Partizipation auseinander. Es bemüht sich um eine gemeinsame Haltung und verständigt sich darüber, mit welchen Zielen, in welchen Bereichen es die Kinder und Jugendlichen an Entscheidungen beim Lernen, im Unterricht, in der Betreuung und im Schulalltag beteiligt.
- Die Kinder und Jugendlichen erleben und erkennen, dass sie ernst genommen werden und mit ihren Anliegen, Sichtweisen und Vorschlägen zur Gestaltung des Schulalltags sowie zu Veränderungen in ihrer Schule beitragen können.
- Die Schule verfügt über «partizipative Strukturen» mit entsprechenden Anlässen, Projekten sowie institutionalisierten Formen und Gremien, in welchen die Kinder ab dem Kindergarten Partizipation erleben und erlernen.»

Rasfeld & Breidenbach (2014, S. 150): Veränderung beginnt bei jedem einzelnen
«Und jetzt? – ‹Jeder von uns hat, kurz gesagt, die Möglichkeit zu begreifen, dass auch er, sei er noch so bedeutungslos und machtlos, die Welt verändern kann. Jeder muss bei sich anfangen. Würde einer auf den anderen warten, warteten alle vergeblich.› (Vaclav Havel). – Wie sieht Ihr Aufbruch aus? Im Sinne von Vaclav Havel wünschen wir Ihnen dafür den Glauben an Ihre Wirksamkeit, Zuversicht und Mut.»

Zugefallenes aus dem Schulalltag

Arber und Ilmi

Arber und Ilmi, zwei kosovarische Fünftklässler aus einer 4. bis 6. Klasse, melden sich Ende Schuljahr bei mir als Schulleiterin mit folgendem Anliegen: «Wir kommen nach den Sommerferien in die 6. Klasse und wissen, dass wir nach der Mittelstufe in die Realschule[4] übertreten. Das ist auch gut so, wir wollen gute Realschüler werden. Unsere neuen Viertklässlerinnen und Viertklässler haben ja wie immer einen Rechtschreibekurs. Wäre es möglich, dass wir diesen Kurs zusammen mit ihnen nochmals besuchen könnten?»

Zu dritt melden wir uns in ihrer Unterstufen-Tandemklasse[5] an. Die zwei Knaben bringen ihr Anliegen vor. Die Drittklassgruppe beschliesst einstimmig, der vorgetragenen Bitte nachzukommen. Ilmi und Arber besuchen während ihres letzten Schuljahres in der Mittelstufe freiwillig das Rechtschreibetraining, obwohl der Kurs ausserhalb ihrer Unterrichtszeit angesetzt ist. Einzelne Rechtschreiberegeln kennen und nutzen sie bereits. Regeln, die sie nicht mehr abrufen können, lernen sie nochmals zusammen mit ihren jüngeren Kolleginnen und Kollegen.

Beispiele aus der Praxis

Primarschule Allee, Wil (SG), Heidi Gehrig: Projekt Prisma

Das Buch «Mit Kindern Schule machen» (1992) von Edwin Achermann hat mich motiviert, in Wil ein Schulprojekt mit Altersdurchmischtem Lernen und «Demokratie lernen» anzugehen. Nach Absprache mit dem Schulratspräsidenten bildete ich 1992 zusammen mit gleichgesinnten Wiler Lehrpersonen aus verschiedenen Wiler Primarschulen die Arbeitsgruppe «Interessengemeinschaft Schule Wil (IGS)», in der Lehrpersonen, Vertretungen der Elternschaft und der Schulbehörde mitarbeiteten. Wir organisierten u. a. drei Matinées zu Schulentwicklungsthemen, Schulbesuche im Knirischulhaus bei Edwin Achermann in Stans (Entwicklungsprojekt Stans) und Weiterbildungen mit Edwin Achermann. Anschliessend arbeitete die Arbeitsgruppe «Mit Kindern Schule machen» ein Schulkonzept aus und reichte dieses dem Schulrat ein. Der Schulrat bewilligte das Konzept und den Beizug eines externen Beraters. Für den Bereich Integration brauchten wir die Bewilligung des Erziehungsrates. In der Lokalpresse hiess es «Realisierung eines besonderen Projekts» und «Gewagter Schulversuch ‹Prisma› angelaufen». An einer öffentlichen Infoveranstaltung informierten wir Interessierte über die Ziele und Elemente unserer Individualisierenden Gemeinschaftsschule. In Leserbriefen meldeten sich die Eltern, zuerst besorgt, ein paar Tage später mit der Botschaft «Funken sprang über».

---

4 Im Kanton St. Gallen wechseln die Kinder und Jugendlichen nach der Primarschule in die Realschule, in die Sekundarschule oder ins Untergymnasium.

5 In AdL-Schulen kann mit Tandem- oder Tridemklassen gearbeitet werden: Eine Unterstufen-Klasse 1–3 und eine Mittelstufenklasse 4–6 bilden eine Tandemklasse. Die Drittklässler der Unterstufenklasse treten immer in ihre Tandemklasse über. Eine 1./2. Klasse, eine 3./4. Klasse und eine 5./6. Klasse bilden eine Tridemklasse.

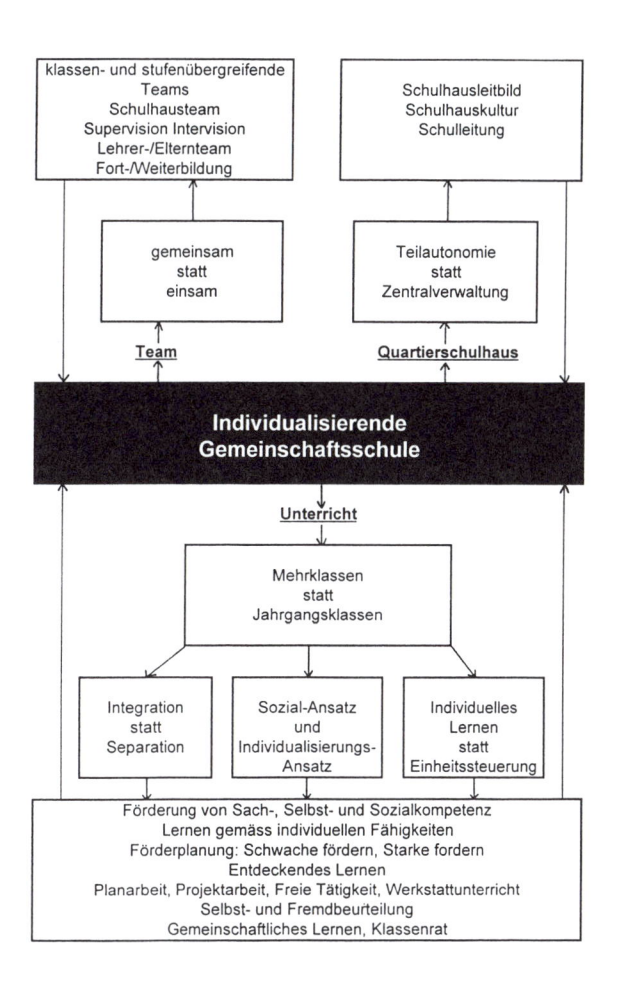

Alle Wiler Lehrpersonen hatten die Möglichkeit, sich für die Mitarbeit an der Umsetzung des Projekts beim Schulrat zu bewerben. Der Schulrat beschloss, für das Schulentwicklungsprojekt Prisma das Alleeschulhaus (acht Klassen) zur Verfügung zu stellen und bewilligte eine externe Projektbegleitung.

In den Sommerferien bereiteten wir uns während einer Woche auf die Umstellung vor. Die beiden Stufenteams (Unterstufe, Mittelstufe) trafen sich während eines Tages mit je einer Mehrklassenlehrperson. Im August 1997 starteten wir mit unserem Schulentwicklungsprojekt.

Im Schuljahr 2017/18 feierte das Prisma den 20. Geburtstag.

Primarschule Heimat Buchwald, St. Gallen (SG), Hanspeter Krüsi: Projekt Mikado

Im Jahr 2007/08 führten u. a. die sehr hohe Zahl von Einwohnerinnen und Einwohnern mit Migrationshintergrund (Menschen aus 78 Nationen) in unserem Quartier, eine äusserst heterogene Sozialstruktur, die zunehmende Erwerbslosigkeit der Eltern sowie die Abwanderung der Schweizer Familien in andere Quartiere dazu, dass wir uns die Frage stellten: «Welche Schule brauchen unsere Schülerinnen und Schüler?» Nach intensiver Auseinandersetzung (Schulbesuche und Weiterbildungen) mit verschiedenen Schulmodellen beschlossen wir 2007, die Idee einer «Schule mit AdL» weiterzuverfolgen. Für unser Schulentwicklungsprojekt MIKADO brauchten wir das Bild des Bergsteigens. Wir wollen «den Mount Everest» besteigen. Für diesen langen und anspruchsvollen Weg rüsteten wir uns gut aus, planten die Etappen schrittweise und ressourcenorientiert. Wir legten in den Basislagern auch immer wieder Ruhepausen ein.

Die Arbeit bis zur Etablierung unsres Schulprojektes erfolgte in sechs Phasen:
- Phase 1 (2006/07): Idee «Schule mit AdL»
- Phase 2 (2007/08) und (2008/09): Projektkonzept
- Phase 3 (2007/08) und (2008/09): Projektorganisation und -planung
- Phase 4 (2009/10): Konzept AdL, Vorbereitung auf die Umstellung
- Phase 5 (2010/11): Betriebsjahre «Individualisierende Gemeinschaftsschule mit AdL»
- Phase 6 (2011/2012): Projektabschluss und Beginn der Etablierungsphase

Einweihungsfest «Mikado»

In den Sommerferien 2010 bereiteten wir uns auf unser Schulprojekt vor (➡ Impuls 9), und im August 2010 starteten wir mit der MIKADO-Mehrklassenschule. Seither haben wir unsere Schule stetig weiterentwickelt. Städtische Projekte (z. B. «fit für die Vielfalt», «Kompetenzen fördern und abbilden» forderten und bereicherten unseren Weg zusätzlich. Es gilt immer, die Gratwanderung zwischen kantonalen und städtischen Vorgaben mit unserer Vision einer Individualisierenden Gemeinschaftsschule mit AdL so zu gestalten, dass alle auf dem Weg bleiben. Das ist nicht immer einfach. Trotzdem gehören heute viele Bereiche zu unserem Schulalltag, zum Beispiel die Tagesbetreuung, ein gemeinsames Erziehungsverständnis nach Stärke statt Macht (Haim Omer/➡ Impuls 5), unsere Regeln für das Zusammenleben, der Morgenkreis, die Mikadowoche (➡ Impuls 9), der Lesemonat (➡ Impuls 11), Sonderwochen, welche die Selbstständigkeit der Kinder fördern, die Denkwerkstatt im Lernstudio, der Wochenkick (gemeinsamer Einstieg in die Schulwoche), das gemeinsame Singen und Musizieren, die Grundformen des AdL, die Arbeit mit Bausteinen oder mit deren Grundvarianten. Dank der Begleitung und Beratung einer externen Fachperson haben wir gut funktionierende interne Organisationsstrukturen entwickelt.

Auch wenn vor der Umstellung die eine oder andere Lehrperson Respekt hatte vor unserer Bergtour, haben wir nach wie vor den «Mount Everest» im Auge, finden innerhalb der gesetzlichen Vorgaben (oder trotz ihnen) immer wieder neue Möglichkeiten, die Schule verantwortungsbewusst weiterzuentwickeln. Wir geniessen bei unseren Zwischenhalten bereits eine beeindruckende Aussicht und freuen uns über die Wegstrecke, die wir gemeinsam gemeistert haben.

Broschüre über den «Mikado-Start»

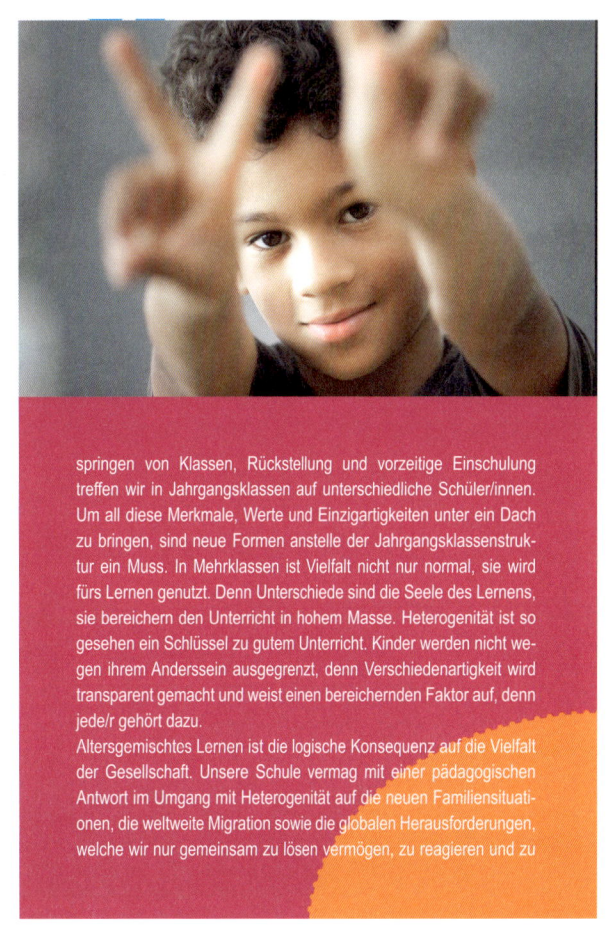

springen von Klassen, Rückstellung und vorzeitige Einschulung treffen wir in Jahrgangsklassen auf unterschiedliche Schüler/innen. Um all diese Merkmale, Werte und Einzigartigkeiten unter ein Dach zu bringen, sind neue Formen anstelle der Jahrgangsklassenstruktur ein Muss. In Mehrklassen ist Vielfalt nicht nur normal, sie wird fürs Lernen genutzt. Denn Unterschiede sind die Seele des Lernens, sie bereichern den Unterricht in hohem Masse. Heterogenität ist so gesehen ein Schlüssel zu gutem Unterricht. Kinder werden nicht wegen ihrem Anderssein ausgegrenzt, denn Verschiedenartigkeit wird transparent gemacht und weist einen bereichernden Faktor auf, denn jede/r gehört dazu.
Altersgemischtes Lernen ist die logische Konsequenz auf die Vielfalt der Gesellschaft. Unsere Schule vermag mit einer pädagogischen Antwort im Umgang mit Heterogenität auf die neuen Familiensituationen, die weltweite Migration sowie die globalen Herausforderungen, welche wir nur gemeinsam zu lösen vermögen, zu reagieren und zu

Auszug aus dem Mikado-Flyer

Oberstufe Erlen (TG): Spezielle Unterrichtsstruktur

Nachmittagskurse und Sonderwochen

Seit Sommer 2005 ist die swiss unihockey Schule in unsere Sekundarschule integriert. Das bringt eine spezielle Unterrichtsstruktur mit:

- Kernunterricht: immer vormittags, maximal 23 Lektionen (⅔ Input / ⅓ individuelles Arbeiten), Sprachen (Deutsch, Englisch, Französisch), NMG (Natur, Mensch, Gesellschaft), Gestalten, Musik, Bewegung und Sport, Medien und Informatik, Berufliche Orientierung
- Lernumgebung: individuelle Arbeitsplätze im Lernraum (⅓ der Unterrichtszeit)
- Input-Unterricht: pro Jahrgang zwei fix eingerichtete Unterrichtszimmer, in denen Themen geführt vermittelt werden
- Kursunterricht: immer nachmittags, Wahlangebote für alle Schülerinnen und Schüler der 2. und 3. Sekundarschule in den Fächern Zeichnen, Gestalten, Sport und Bewegung, Musik, Freifachangebote, individuelle Festlegung der Stundenplangestaltung an den Nachmittagen, Vorgaben für die Auswahl, Arbeit in der Lernumgebung, wenn während der Unterrichtszeit keine Kurse besucht werden
- institutionalisiertes Lerncoaching: Lernen als gemeinsame Aufgabe der Lehrpersonen und Jugendlichen, Verantwortungsübernahme durch die Schülerinnen und Schüler, Qualitätsentwicklung der Arbeit im schulischen Alltag, Arbeit mit der Lernagenda

Die Lektionenzahl des Kernunterrichts beträgt für die Drittklässlerinnen und Drittklässler 20 (Minimum) beziehungsweise 23 Lektionen pro Woche. Am Nachmittag werden diese Stunden durch Wahlpflicht- und Freifächer ergänzt. Die Nachmittagskurse sind Bestandteil des regulären Unterrichts. Es ist erlaubt, die Pflichtstundenzahl bis auf 38 Lektionen zu erhöhen, indem zusätzliche Kurse gewählt werden.

Am Ende des 1. und 2. Oberstufenjahres erhalten die Schülerinnen und Schüler der angehenden 2. und 3. Klasse die Broschüre mit den Nachmittagskursen. Bei der Wahl der Angebote haben die Drittklässlerinnen und Drittklässler Vorrang. Für sie besteht zudem Wahlpflicht, zum Beispiel Sport (2 L), Zeichnen oder Musik (2 L), zusätzliche Wahlpflicht (5 L). Der Unterricht findet an den Nachmittagen klassen- und stufenübergreifend statt. Die verstärkte Zusammenarbeit fördert gegenseitige Toleranz bei allen Beteiligten. Die Ausgangslage der Schülerinnen und Schüler wird optimal berücksichtigt. Die Jugendlichen werden in Sozial-, Lern- und Arbeitskompetenz gefördert. Sie organisieren ihr Lernen selbstständig.

Pro Schuljahr werden von uns ca. 40 Kurse angeboten (z. B. zu Fremdsprachen, Informatik, Technisches Zeichnen, Graffiti, DJ, Musikband, Kochen, Werken, Textiles Gestalten, Theater, Sport, Fitness, Elektronik, Schreiben und Drucken, Kreatives Schreiben).

Ergebnisse aus dem Nachmittagskurs

Vier Sonderwochen pro Schuljahr

Wir führen in der Sekundarschule in allen drei Klassen je vier Sonderwochen durch. Je nach Ausrichtung der Sonderwochen erhalten die Jugendlichen zum Teil weitreichende Beteiligungsmöglichkeiten, vor allem in den Sonderwochen 1, 3 und 4.

Sonderwochen	1. Sekundarklasse	2. Sekundarklasse	3. Sekundarklasse
Sonderwoche 1 (erste Woche im neuen Schuljahr)	Lernen und Kennenlernen	Einführung in die Berufswahlvorbereitung	Klassenlager
Sonderwoche 2 (Kalenderwoche 9 oder 10)	Obligatorisches Schneesportlager	Polysportive Winterwoche oder Schneesportlager	Polysportive Winterwoche oder Schneesportlager
Sonderwoche 3 (Kalenderwoche 9 oder 10)	Lesen und Arbeiten mit Texten	Schnupperlehre Prüfungsvorbereitungen	Abschlussprojekt
Sonderwoche 4 (Auffahrtswoche)	Lager oder Klassenprojekt	Stellwerk 8	Vorbereitung Schulabschlussanlass

Die letzte Sonderwoche in der 3. Sekundarklasse findet immer mit Blick auf unseren Schulabschluss statt. Dieser Anlass, der von der Gemeinde ideell und finanziell unterstützt wird, ist auch ein Fest für alle.

Gruppe Bühnenbau

Gruppe Kostüme

Ausschnitte aus dem Musical

Proben für den Auftritt

Impuls 8

Lehr-, Lern- und Rollenverständnis der Lehrpersonen klären

Das Lehr-, Lern- und Rollenverständnis der Lehrperson prägt das Lehren, Lernen und Zusammenleben in der Individualisierenden Gemeinschaftsschule. Unterricht ist nicht mehr Wissensvermittlung «in eine Richtung» (Lehrperson – Kinder und Jugendliche). Er zeichnet sich vor allem auch durch Verständigung und Austausch über eine gemeinsame Sache, durch Dialoge und Diskurse aus. Eine Pädagogik und Didaktik der Vielfalt baut mit Blick auf «Demokratie und Menschenrechte leben und lernen» auf einer Anerkennungs- und Beteiligungskultur auf.

Die Individualisierende Gemeinschaftsschule
- geht davon aus, dass Kinder, Jugendliche und Lehrpersonen lern- und lehrfähig sind und richtet die verschiedenen Rollen der Lehrperson danach aus;
- baut auf dem Professionswissen der Lehrpersonen, auf den Erkenntnissen aus den Impulsen 1 bis 6 (Ziele der Individualisierenden Gemeinschaftsschule) und auf den Anliegen des Ko-Konstruktivismus, der Kompetenzorientierung, der Gehirnforschung und der Vertrauensdidaktik auf;
- öffnet sich für die stetige Weiterentwicklung der Lehr-, Lern- und Unterrichtsgestaltung;
- respektiert, dass Kompetenzen nicht gelehrt, sondern erworben werden, erkennt Chancen und Grenzen eines kompetenzorientierten Unterrichts;
- sorgt für viele kooperative Lernsituationen mit Partner- und Gruppenarbeiten, Austauschrunden, Präsentationen von Lernprozessen, und -ergebnissen, Dialogen, Diskursen usw.;
- respektiert in einer heterogenen Lernkultur kognitive, soziale, emotionale, kulturelle, motivationale (interessensbezogene), volitionale (willensbezogenene) Unterschiede zwischen den Kindern und Jugendlichen und geht anstelle einer Defizitorientierung von der Ressourcenorientierung aus.

Darum geht es

«Man kann einen Menschen nichts lehren, man kann ihm nur helfen, es in sich selbst zu entdecken.»
Galileo Galilei (Quelle unbekannt)

«Bildung auf eine reine Anpassungsleistung zu reduzieren, so wie es das Kompetenzmodell nahelegt, führt dazu, das Bestehende nicht mehr daraufhin zu befragen, ob es das Bestmögliche ist, und die alte Frage nach einem gelingenden und menschenwürdigen Leben vorschnell und einseitig zu beantworten.»
Erik Ode (Ode, 2015, S.190)

Lehren und Lernen

Die Begriffe Lehrperson (die Person, die lehrt) und Schüler (die Person, die belehrt wird) gingen von einem traditionellen Verständnis von Unterricht aus. Heute wissen wir, alle Menschen sind lern- und lehrfähig. Kinder und Jugendliche sind die ersten Lehrerinnen und Lehrer. Sie lernen täglich von- und miteinander, auch ausserhalb der Schule. Dieses Verständnis von Lehren und Lernen setzt fundiertes Professionswissen und Kompetenzprofile der Lehrpersonen voraus, löst eine Öffnung des Unterrichts und des Zusammenlebens und andere Formen von Unterrichts-, Lehr- und Lerngestaltung aus und bringt für Lehrpersonen, Kinder und Jugendliche wechselnde Rollen mit. Die Anerkennung und Akzeptanz individueller Lernprozesse und -ergebnisse, die Gelegenheiten zur Partizipation mit Verantwortungsübernahme, die Offenheit für ein verändertes Leistungsverständnis und die Bereitschaft zur Zusammenarbeit mit dem schulischen Umfeld sind u. a. Elemente einer Pädagogik und Didaktik der Vielfalt. Anstelle des 7-G-Unterrichts treten ein Lehren, Lernen und Zusammenleben, die es Kindern und Jugendlichen ermöglichen, altersunabhängig, entwicklungs- und lernstandsorientiert allein und/oder von und mit anderen zu lernen (Altersdurchmischtes Lernen). Die vielfältigen Lernbedürfnisse, Lerninteressen und Kompetenzen der Kinder und Jugendlichen sind willkommene Lernangebote: «Die Seele des Lernens ist der Unterschied.» (Kahl, 2004)

➡ Impuls 1

Lehrpersonen gehen dabei zum Beispiel davon aus, dass
- alle Kinder und Jugendlichen lernen wollen;
- sowohl Lehrpersonen als auch Kinder und Jugendliche lehr- und lernfähig sind;
- berücksichtigt wird, dass Lernen nicht alters-, sondern entwicklungsabhängig ist;
- ko-konstruktivistisches Lernen durch vielfältige Formen von Kooperation und Kommunikation ermöglicht wird;
- die Lernförderung und Kompetenzentwicklung nicht defizit-, sondern ressourcenorientiert ausgerichtet ist (vom «Das weisst, kannst du noch nicht!» zu «Das weisst, kannst du schon!»);
- der Schritt von der Lehrerorientierung zur Schülerorientierung nicht in der Materialorientierung endet und die «Didaktik des weissen Blattes» sowie die Verantwortungsdidaktik Sinn macht (➡ S. 117ff.);
- in unterschiedlichen Lernsituationen unterschiedliche Lehrerrollen eingenommen werden;
- eine positive Fehlerkultur entwickelt wird (mit den Buchstaben des Wortes «Fehler» kann das Wort «Helfer» gebildet werden);
- mögliches Scheitern nicht verhindert oder missbilligt, sondern zugelassen und förderorientiert angegangen wird;
- Rahmenbedingungen bekannt sind und Freiräume genutzt werden;
- Strukturen überprüft und neu gestaltet werden;
- Bausteine für Unterricht und Zusammenleben genutzt werden, individuell und kooperativ gelernt und die Schule demokratiepädagogisch und menschenrechtsorientiert entwickelt wird.

Professionswissen: Ich handle kompetent!

Lehrpersonen sind Fachleute bezüglich Lernen, sie kennen Merkmale eines guten Unterrichts und bringen fundiertes und wissenschaftlich abgesichertes Wissen über Lernen und Lehren mit, zum Beispiel aus der Lern- und Entwicklungspsychologie, zu Methodik und Didaktik. Mit Blick auf die Individualisierende Gemeinschaftsschule hilft die Reflexion der Impulse 1–6.

	Reflexionen und Erkenntnisse über ...
Impuls 1	die Relevanz eines positiven Spannungsverhältnisses zwischen Individuums- und Gemeinschaftsorientierung; Persönlichkeitsbildung und Gemeinschaftsfähigkeit; das Lernen und Zusammenleben in schulischen Gemeinschaften und in schulischen Gruppen; Lernarrangements für individuelles und kooperatives Lernen (Lernen an der gleichen Sache) und über eine entsprechende Schulzimmereinrichtung; die Wirksamkeit von verschiedenen Formen des Umgangs mit Vielfalt (innere und äussere Differenzierung, Individualisierung, Personalisierung); Inklusion und damit verbunden über die Schule im gesellschaftspolitischen Spannungsfeld.
Impuls 2	das Verhältnis von Demokratie, Menschenrechte und Rechtsstaat; das Verständnis von Demokratie und Menschenrechte im Rechtsstaat; aktuelle Herausforderungen für Demokratie und Menschenrechte; die Relevanz von «Demokratie und Menschenrechte leben und lernen» in der Schule und über die Relevanz der Bereitschaft der Lehrperson, sich mit Demokratie und Menschenrechten auseinanderzusetzen; Gestaltungsnormen für Unterricht und Zusammenleben; Lernen über, durch und für Demokratie und Menschenrechte; Werte diskutieren statt vermitteln.
Impuls 3	Achtung vor mir und vor dem anderen – soziale Eingebundenheit; drei Formen der Anerkennung; Schutz vor Kränkungen, Beschämungen und Gewalt; die pädagogische Verantwortung (Berufsethos und vermeiden von pädagogischen Kunstfehlern); das Erkennen von «ersten Unruhen»; eine besonders verantwortungsvolle Anerkennung in schwierigen Lebensphasen.
Impuls 4	Relevanz der Autonomie- und Selbstwirksamkeitserfahrungen mit Beteiligung von Anfang an; Relevanz der persönlichen Bereitschaft zur Öffnung; eine Kultur der Beteiligung (fünf Formen und sechs Ebenen der Beteiligung); Beteiligung ermöglichen durch Öffnung von Unterricht und Zusammenleben (vier Aspekte); einen Weg zum Unterricht mit einer möglichst weitreichenden Öffnung; Möglichkeiten, die Kinder und Jugendlichen bei der Beteiligung zu unterstützen und zu fördern (autonomieförderndes Verhalten der Lehrperson, hilfreiche Strukturen, Beratung und Unterstützung); die Einsicht, dass Kinder und Jugendliche fähig und bereit sind, für ihr Lernen und für ihr Verhalten Verantwortung zu übernehmen; die Nachhaltigkeit des Lernens und Zusammenlebens, wenn Kinder und Jugendliche selbst- und mitbestimmen können.
Impuls 5	Menschenbilder (Entstehung und Auswirkungen); das Menschenbild im Bildungsauftrag und im LCH-Berufsleitbild sowie in den Standesregeln; die Reckahner Leitideen; die Relevanz der Bereitschaft zum Dialog und zur Reflexion und der Wirksamkeit konsensstiftender Diskurse; die Relevanz eines gemeinsamen Verständnisses von Beziehung und Erziehung (professionelle pädagogische Haltung und Handlung, Autorität durch Beziehung; die Erkenntnis, dass jedes Verhalten eines Kindes oder von Jugendlichen als Lösungsversuch anerkannt werden soll, auch wenn dieser oft nicht zielführend ist; die Relevanz einer professionellen pädagogischen Haltung als Basis für eine gemeinsame Beurteilungskultur.
Impuls 6	das Erleben und Erkennen der Dazugehörigkeit zur demokratischen Gesellschaft; die Relevanz der Öffnung einer Schule nach aussen; verschiedene Formen der Zusammenarbeit mit Eltern und der Beachtung der Eltern mit Migrationshintergrund; die Zusammenarbeit mit ausserschulischen Fachpersonen, mit der Wohngemeinde und mit der Berufs- und Arbeitswelt; die Arbeit an ausserschulischen Lernorten; die Zusammenarbeit mit Partnerschulen und schulischen Netzwerken; die Aufgabe der Schule, mit Lernen durch Engagement einen Beitrag für das gesellschaftliche Zusammenleben zu leisten; die Förderung des Interesses und des Engagements an der pädagogischen Arbeit in der Schule.

Die Beispiele aus der Praxis in den Impulsen 1 bis 6 konkretisieren die Ausführungen.

Die folgenden Ausführungen zum Lehr-/Lern- und Rollenverständnis verstehen sich als kurze Vertiefungen und Ergänzungen.

Ko-Konstruktivismus: Das bringen wir mit – darauf bauen wir auf!
Lernen ist ein aktiver, sowohl kognitiver als auch sozialer Prozess. Was ein Individuum lernt, ist vor allem vom individuellen Vorwissen, vom Lerninteresse und von der Lernsituation abhängig. Lernende bauen auf ihrem Vorwissen auf und reichern es im Austausch mit anderen an. Auf dem Vorwissen aufbauen ermöglicht erfolgreiches Lernen.

«Denn Selbstwirksamkeit ist nicht nur eine Basis für erfolgreiches Lernen. Selbstwirksamkeit braucht den Erfolg, um entstehen und sich entwickeln zu können. Es gibt also keine Alternative zum Erfolg. Lernende müssen das, was sie in der Schule tun, als erfolgreich wahrnehmen. Und als Ergebnis ihrer Anstrengung. Das macht stolz. Stolz entsteht im Individuum, ist das Resultat subjektiv positiv bewerteter Leistung, steht in Wechselwirkung mit sozialen Interaktionen und begünstigt das Erleben von Selbstwirksamkeit.» (Müller, 2015, Folie 4)

«Lernen ist ein Kommunikationsprozess, mithin am erfolgreichsten in und durch Gruppen, die für sich selbst verantwortlich sind. Lernen in der Gruppe ermöglicht zugleich optimale Individualisierung, weil jeder auf seine Weise und nach seinen Kräften wahrnehmbar zum Gruppenerfolg beitragen kann. So wird – durch Selbstwahrnehmung und Selbstkritik – zugleich Respekt und Toleranz gelernt. Lernen bildet! Das Gehirn ‹sagt›: Diese strukturierte ‹Lernumgebung› hilft mir, meine eigenen Strukturen werden stabiler und zugleich differenzierter. Ich habe das schöne Gefühl der Selbstentwicklung.» (Hermann, 2006, S. 96)

Kompetenz: Wer viel weiss und nichts damit macht, ist nicht kompetent!
Die Kompetenzorientierung im Lehrplan 21 basiert auf der Definition von Weinert (2001, S. 27ff.). Kompetenzen sind … «die bei Individuen verfügbaren oder durch sie erlernbaren kognitiven Fähigkeiten und Fertigkeiten, um bestimmte Probleme zu lösen, sowie die damit verbundenen motivationalen, volitionalen (Anm.: d.h. absichts- und willensbezogenen) und sozialen Bereitschaften und Fähigkeiten, um Problemlösungen in variablen Situationen erfolgreich und verantwortungsvoll zu nutzen.»

Bevor der Begriff «Kompetenzen» eingeführt wurde, nannte man Bildungs-, Erziehungs-, Unterrichts-, Lehr- und Lernziele «Kenntnisse, Fertigkeiten, Fähigkeiten, Einstellungen und Haltungen». Kompetente Kinder und Jugendliche übernehmen Verantwortung für ihr Lernen, kompetente Lehrpersonen respektieren und stärken sowohl das Individuum wie auch die Gemeinschaft.

Unsere komplexe Welt ist auf kompetente Menschen angewiesen. Dabei geht es nicht nur um das Können, um die Brauchbarkeit, Messbarkeit oder Verwertbarkeit.
«Es muss uns deutlich werden, wie radikal der Wechsel von einer traditionsgeleiteten zu einer nachhaltigen Bildung im Sinne des Erwerbs zukunftsfester Kompetenzen ist. Denn nachhaltig ist Bildung, deren Inhalte in einer unsicheren Zukunft Geltung beanspruchen können; nachhaltig ist Bildung, die Einstellungen, Haltungen und Handlungsdispositionen erzeugt, welche Individuen dazu befähigt, in einer sich wandelnden Welt zu bestehen.» (Edelstein, 2014, S. 13)

«Wer sich nur dem widmet, was er unmittelbar benötigt, wer sich immer nur an Brauchbarkeit und an Verwertbarkeit orientiert, wird letztlich beschränkt bleiben.» (Liessmann, 2014)[1]
Kompetenz bezieht sich auf Wissen, Können und Haltungen. Dieses Verständnis prägt gute Lernaufgaben. Fehr beschreibt sie folgendermassen:

---

1 derstandard.at 13. September 2014.

«Lernaufgaben ‹neuen Typs›
- beruhen auf Prozess- und Zieltransparenz,
- berücksichtigen das Erfahrungsfeld von Lernenden,
- verschränken bereits erworbenes Wissen mit neuem,
- sind fachlich herausfordernd und subjektiv bedeutsam,
- sind komplex, fordern eigenständige Problemlösungen und Entscheidungen,
- ermöglichen individuelles und kooperatives Lernen,
- stärken die Reflexion über Lernen,
- ermöglichen Lösungen auf verschiedenen (Kompetenz-)Niveaus,
- orientieren sich an einem langfristigen Kompetenzaufbau,
- lassen kriterienbezogene Rückmeldungen zu.»
(Fehr, 2016, S. 40)

Fragen mit Blick auf die Kompetenzorientierung

Ob es sinnvoll ist, das Lernen mit Kompetenzrastern, Kompetenzstufen mit Operatoren/Kriterien, die sich zwischen selbstverständlich/trivial bis hin zu überspitzt und wirklichkeitsfremd bewegen, zu beschreiben, wird die Zukunft zeigen. Ob und wie es gelingt, das Lernen mit diesen Instrumenten nachhaltig zu gestalten und zu sichern, wird sich ebenfalls erst zeigen. Folgende Fragen stellen sich:

- Kompetenzen können nicht gelehrt werden, sie können erworben werden. Damit Kinder und Jugendliche sich selbst als kompetent erleben, braucht es vielfältige Beteiligungsgelegenheiten beim Lernen und im Zusammenleben. Kann die Kompetenzorientierung im Lehrplan 21 das Lehren, Lernen und Zusammenleben, die Gestaltung des Unterrichts und des Zusammenlebens wirklich nachhaltig verändern?
- Lehrpersonen arbeiten «gute kompetenzorientierte Aufgaben» aus. Sind nicht auch Kinder und Jugendliche kompetent, sich selbst gute Aufgaben zu stellen?
- Widersprechen die angestrebten «verordneten» Kompetenzen nicht dem Ziel der Eigenständigkeit und der Selbstständigkeit, der Selbst- und Mitbestimmung?
- Muss man alles mit Können formulieren? Sind nicht auch zum Beispiel die Neugierde aufs Lernen, das Interesse am Lernen, die Kreativität, die Bereitschaft zum Lernen, die intensive Auseinandersetzung mit Ansichten und Erfahrungen anderer und mit Lerngegenständen zentral fürs Lernen?
- Muss Lernen immer möglichst handlungsorientiert sein? Ist nicht auch das Nachdenken wichtig? Was ist, wenn es keine «guten» Lösungen gibt?
- Haben alle im Lehrplan formulierten Kompetenzen für die Kinder und Jugendlichen einen Lebensbezug?
- Wie schaffen wir den Spagat zwischen Wünschbarem und Machbarem?
- Nicht alle Kompetenzen können und sollen auch überprüft werden. Wer legt zum Beispiel überprüfbare Kriterien für Empathie oder für Kreativität, Zivilcourage, Neugierde fest? Wo setzen wir Grenzen?
- Bedeutet Kompetenzorientierung – zu Ende gedacht – nicht den Verzicht auf Notenzeugnissen und die Arbeit mit Portfolios/Zertifikaten? Wer hat den Mut dazu?

Gehirnforschung: Gelernt wird, wo Emotionen im Spiel sind!

Das menschliche Gehirn ist einzigartig. Die Gehirne Neugeborener sind bereits individuell geprägt durch das, was das Ungeborene im Bauch seiner Mutter mitbekommt und «lernt». Das Gehirn entwickelt sich durch Wahrnehmungen und Anregungen (z. B. kognitive, emotionale) aus der Umwelt und den damit verbundenen Herausforderungen. Zentral ist dabei das limbische System, welches alle Wahrnehmungen und Informationen von aussen «filtert». Informationen, die mit Gefühlen verbunden sind, passieren den Hippocampus (Teil des limbischen Systems) schnell. Informationen, die mit positiven Gefühlen verbunden sind, werden anders verarbeitet als solche, die mit negativen verbunden sind. Die Trauma-Forschung zeigt, dass mit starken

Ängsten verbundene Informationen nicht im Wissens-Gedächtnis, sondern im episodischen/biografischen Bilder-Gedächtnis abgespeichert werden. Sie können das Reagieren und Handeln erschweren.

Je mehr wir Informationen und Wahrnehmungen über verschiedene Zugänge aufnehmen, desto nachhaltiger werden sie im Langzeitgedächtnis behalten und abgespeichert. Für die Gestaltung von Lernarrangements sind deshalb vielfältige Zugänge, soziale Interaktionen und Formen der Kommunikation sehr wichtig. Kraus erinnert uns daran, wie die Gedächtnisleistung von der Art der Wahrnehmung abhängt. Wir behalten:

→ Impuls 11

«– 10 Prozent, wenn wir es nur lesen,
– 20 Prozent, wenn wir es hören,
– 30 Prozent, wenn wir es sehen,
– 50 Prozent, wenn wir es hören und sehen,
– 70 Prozent, wenn wir es selbst sagen,
– 90 Prozent, wenn wir es selbst tun.»
(Kraus, 2006, S. 151)

Schirp (2011, S. 35) weist auf die grosse Relevanz von kooperativem Lernen hin:
«Unser Gehirn ist ein ‹soziales Gehirn›. Soziale Interaktion und Kommunikation gehören zu den effektivsten Bestandteilen ‹gehirnfreundlicher› Lernarrangements. Unser Gehirn, unsere neuronalen Netzwerke, unsere kognitiven und emotiven Vernetzungen werden nämlich besonders aktiv, wenn sie mit Lernsituationen konfrontiert werden, zu denen es unterschiedliche Meinungen, Beobachtungen, Begründungen, Erfahrungen ... gibt.»

Pädagogik des weissen Blattes: Meine Arbeit mache ich selbst!

Die Materialorientierung in Schulen kennt oft keine Grenzen. Kinder und Jugendliche haben häufig Probleme, sich mit den vielen Kopien und Arbeitsblättern zurechtzufinden. Diese müssen sie ausmalen, ausfüllen oder im Rahmen eines verordneten Plans oder einer Werkstatt abarbeiten. Die Pädagogik des weissen Blattes geht davon aus, dass Arbeitsblätter leere Blätter sind. Die Arbeit kommt von den Kindern und Jugendlichen aufs leere Blatt, indem sie die Blätter füllen, mit Schreiben, Zeichnen, Gestalten usw. Zehnpfennig & Zehnpfennig (1992) begründen ihr wichtigstes Arbeitsmaterial folgendermassen:

→ Impuls 4

«Das leere Blatt fordert oder provoziert geradezu die kindliche Phantasie, es zu füllen. Wie, das sagt ihm weder das leere Blatt noch sagen wir's. Das Kind muss selber entscheiden und gestalten. Ein Arbeitsergebnis ist zu dokumentieren, ein Sachthema zusammengefasst darzustellen, um in ein gemeinsames Buch zu kommen. Welche Informationsquellen benutzt werden und wie, überlassen wir vollständig dem Kind.»

Erste Schritte weg von Kopien und Arbeitsblättern hin zur Pädagogik des weissen Blattes können schnell umgesetzt werden, zum Beispiel:
- Wird im Klassenkreis gemeinsam ein Kreislauf exemplarisch thematisiert und ausgearbeitet, erhalten die Kinder und Jugendlichen von der Lehrperson keine Kopie mit dem Kreislauf. Sie zeichnen, gestalten, beschreiben anschliessend diesen Kreislauf auf einem leeren Blatt. Einfache Formen von «Lernlandkarten» (Kombination von Orientierungshilfe und Lerndokumentation), Einträge in Wochenhefte (1 x pro Woche), Lerndokumentationen, Einträge für ihr Portfolio gestalten die Kinder und Jugendlichen selbst.
- Werkstätten werden nicht gekauft und kopiert. Die Werkstattposten einer Übungs- oder Vertiefungswerkstatt zu einem behandelten Thema in Form von Karteikarten, die mehrmals verwendet werden können, gestalten die Kinder und Jugendlichen selbst. Sie werden dabei zu einem Posten Experte/Expertin und sind während der Arbeit an der Werkstatt Ansprechperson für alle anderen.

→ Seite 60

Verantwortungsdidaktik: Ich bin für mein Lernen zuständig und verantwortlich!

Lässt man den Kindern und Jugendlichen durch Öffnung des Unterrichts und des Zusammenlebens Raum für Mit- und Selbstbestimmung, übernehmen sie schrittweise Verantwortung und werden von den Lehrpersonen ermutigt, begleitet und unterstützt. Lehrpersonen trauen den Kindern und Jugendlichen etwas zu, vertrauen darauf, dass auch sie über Expertentum verfügen. Pätzold nennt Verantwortung den zentralen Bestandteil professionellen pädagogischen Handelns und weist darauf hin, dass die Lehrperson sich zurücknehmen soll und vor allem in ihrer Rolle als Prozessbeobachterin gefragt ist:

«Die Fähigkeit, mit Verantwortung umzugehen, wird damit zu einem grundlegenden Bestandteil pädagogischer Professionalität. Pädagogisches Handeln erfordert es, Situationen mit Blick auf Verantwortung gestalten zu können, aber auch die Grenzen fremder und eigener Verantwortung zu kennen.» (Pätzold, 2014, S.179)

«In Phasen der Schüleraktivität ist zumindest die Absicht, dass die Lernenden selbst Verantwortung für ihre Arbeit und deren Ergebnisse übernehmen. Werden sie aufgefordert, etwas ‹alleine› oder ‹in Gruppen›, zu tun, so bedeutet das formal, das der Lehrende sie an dieser Stelle nicht beeinflussen wird und sie so also auch für das Ergebnis selbst einstehen müssen. Diese Verteilung von Verantwortung wird aber nur dann Realität, wenn Eingriffe des Lehrenden tatsächlich auf ein Minimum beschränkt werden und die Lernenden die Konsequenzen ihrer Leistung nicht in einer Bewertung, sondern möglichst in realen Formen erleben, etwa in Form von Anerkennung durch die anderen Lernenden.» (Pätzold, 2014, S.172)

Impuls 1 Familienklassenzimmer: Gemeinsame Verantwortung im Interesse der Kinder und Jugendlichen

Kinder und Jugendliche, denen es schwerfällt, sich an Regeln zu halten oder die über keine ausreichenden Lern- und Arbeitsstrukturen verfügen, oder sich insgesamt einfach schwer tun mit dem Lernen, erhalten im Familienklassenzimmer mit aktiver Unterstützung ihrer Eltern und mit Begleitung von Fachpersonen Gelegenheit, diese Kompetenzen zu erwerben (ein Vormittag pro Woche). In einem Familienklassenzimmer hat es Platz für acht Kinder oder Jugendliche mit je einem Elternteil. Sie arbeiten mindestens während sechs Monaten am Mittwochvormittag gemeinsam im Familienklassenzimmer. Eine Mutter aus Hünenberg blickt zurück:

«Nach 19 Wochen im Familienklassenzimmer ist wieder Ruhe eingekehrt. Wir sind ruhiger geworden, alle haben ihren Platz gefunden, und wir haben gutes Rüstzeug auf den Weg mitbekommen, um weiterzumachen.» (Raemy, 2018)

Lernen an der gleichen Sache: Gemeinsam Verantwortung übernehmen

Zentrale Elemente, Absicht und Begründung des Lernens an der gleichen Sache sind bereits im Beispiel aus der Praxis «Leben im und am Wasser» (S. 30) genauer beschrieben. Beispiele gemeinsamer Verantwortungsübernahme sind:
- Gemeinsamer Lebensraum: Wir wählten den Lebensraum einheimischer Gewässer, damit originale Begegnungen möglich waren und die Kinder Informationen aus diesen Begegnungen in ihre Texte einbauen konnten.
- Gemeinsames Recherchieren: Damit alle Kinder ein Lebewesen fanden, welches sie interessierte, sammelten wir alle gemeinsam zu allen Lebewesen Informationen. Durch konsensorientierte Gespräche wurden die Lebewesen den Kindern zugeteilt. Erst dann begannen die Kinder mit der Arbeit am Mind-Map.
- Austausch in Gruppen: In Sprach- und Redaktionsgruppen, Tier-/Pflanzengruppen, Expertengruppen (z.B. Säugetiere, Vögel), in der Gruppe Lebensraum und in der Gruppe Gestaltung trafen sich die Kinder und tauschten ihre Texte aus, diskutierten darüber und erhielten Korrekturhinweise und Anregungen zur Optimierung.

- Anregungen und Ideen erhalten: Immer wieder präsentierten die Kinder die Arbeiten auch im Kreis, zum Beispiel ihre individuelle Gestaltung der Kreisläufe zu ihrem Lebewesen. Dabei wurden Ideen von anderen erkannt. Wollten sie Beiträge anderer in den eigenen Text übernehmen, fragten sie beim entsprechenden Kind nach. «Nein sagen» war «nicht erlaubt». Die Kinder konnten jedoch wählen, ob auf der Vorderseite einer Arbeit oder im Büchlein ein Vermerk «Idee von … » eingefügt werden sollte. Wir lernen ja auch voneinander.
- Gemeinsame Unterstützung bei der Wortschatzerweiterung: Wörter, die nicht verstanden wurden, schrieben die Kinder auf vorbereitete blaue Papierstreifen. Alle Kinder waren aufgefordert, die Streifen anzuschauen und wenn möglich auf der Rückseite die Wörter in eigenen Worten zu erklären. Die erklärten Wörter lagen dann abholbereit wieder auf.
- Individuelle und gemeinsame Produkte: Die einzelnen Büchlein waren Teil eines gemeinsamen Produkts. Auf der Rückseite der Büchlein erschien eine Zusammenstellung aller Büchlein: «In der gleichen Reihe sind erschienen.» Diese Bücherkiste stand den anderen Klassen zur Verfügung.

Rollen und Kompetenzprofile der Lehrperson: Ich passe meine Rollen an und arbeite an meinen Kompetenzen!

Die Bedeutsamkeit einer professionellen pädagogischen Haltung und entsprechender Handlungskompetenzen wird im ➡ Impuls 5 aufgezeigt. An dieser Stelle geht es um die unterschiedlichen Rollen, welche die Lehrpersonen bei der Begleitung der Kinder und Jugendlichen beim Lernen einnehmen und um Kompetenzprofile der Lehrpersonen im Umgang mit heterogenen Lerngruppen. Lehrpersonen sind herausgefordert, ihren Unterricht in den Spannungsfeldern Individuums-/Gemeinschaftsorientierung, Schüler-/Lehrpersonenorientierung, Sach-/Enwicklungsorientierung immer wieder neu auszurichten und je nach Situation eine Dimension ins Zentrum zu stellen und die anderen dabei nicht aus den Augen zu verlieren. Jede Lernsituation fordert eine andere Positionierung und somit eine mehrdimensionale Didaktik. (vgl. Grunder & Gut, 2011, S. 145f.)

Verschiedene Rollen

Achermann & Gehrig (2011, S. 48ff.) zeigen auf, dass Lehrpersonen je nach Öffnung des Unterrichts und je nach Unterrichtssituation unterschiedliche Rollen einnehmen. Diese zeigen sich in einem breiten Feld, welches entweder die Schülerorientierung oder die Lehrpersonenorientierung gewichtet. Die jeweilige Lernsituation definiert die Rolle der Lehrperson. Auch die Kinder und Jugendlichen übernehmen verschiedene Rollen. Die unterschiedlichen Rollen stehen in einer Wechselwirkung zueinander.

Schüler/in, Klasse					Lehrperson
Prozessberater/in	Erkenner/in von Alternativen	Mitarbeiter/in an Problemlösungen	Arbeiter/in an Lernmöglichkeiten	Instruktorin/in	Expertin/Experte	Vertreter/in von Vorgaben

Professioneller Umgang mit Lehrmitteln und Unterrichtsmaterialien

Lehrmittel prägen den Unterricht, vor allem, wenn sie heimliche Lehrpläne werden und nicht als Mittel zum Zweck genutzt werden. Lehrpersonen gestalten ihren Unterricht mit Lehrmitteln bedürfnisorientiert.

Nach wie vor sind die meisten Lehrmittel jahrgangsorientiert. Weil immer mehr Schulen aus pädagogischen Gründen auf Altersdurchmischtes Lernen in Mehrklassen umstellen, bieten Schulbuchverlage vermehrt passende Lehrmittel an.

Bestehen bezüglich Lehrmittel einschränkende Vorgaben des Kantons, lohnt es sich, mit den zuständigen Personen Kontakt aufzunehmen und gemeinsam einen Konsens zu suchen.

➡ Impuls 9

⬇ Leitfragen für die Arbeit in den Schulen

Mein Lehr-/Lern- und Rollenverständnis als Lehrperson

- Wie gut passen die Ausführungen in der Rubrik «Darum geht es» und die Hinweise auf die Ausführungen in den Impulsen 1 bis 6 zu meinem Lehr-/Lern- und Rollenverständnis? Worin bestehen Gemeinsamkeiten und Unterschiede?
- Wie erkenne ich in meinem Professionswissen «blinde Flecken»?
- Wie kann ich das Gelernte mit den Hinweisen auf die Impulse 1, 4, 5 verbinden?
- Was löst der Satz «Wer Prüfungsangst hat, macht die Prüfung nicht.» bei mir aus? Welche Möglichkeiten habe ich, Kinder und Jugendliche mit Prüfungsangst zu stärken? (Belastende Emotionen verhindern sowohl das Lernen wie auch das Anwenden von Gelerntem.)
- Welche Fragen stellen sich mir bei der Kompetenzorientierung?
- Wie sieht mein Kompetenzprofil im Umgang mit heterogenen Gruppen aus? Worin sehe ich Stärken und Schwächen?
- Welche Rollen übernehme ich hauptsächlich in meinem Unterricht? Was bedeutet das für meine Unterrichtsgestaltung?
- Was löst Verantwortungsdidaktik bei mir aus?
- Was weiss ich über das Lehr-/Lern- und Rollenverständnis meiner Kolleginnen und Kollegen?

Unser Lehr-, Lern- und Rollenverständnis als Lehrpersonen

- Welche Situationen und Zeitgefässe stehen uns für einen Austausch und für die Reflexion unserer Lehr-/Lern- und Rollenverständnisse zur Verfügung?
- Wie zeigen sich unsere Lehr-/Lern- und Rollenverständnisse in den konsensstiftenden Diskursen zu unseren Menschenbildern? (➡ Impuls 5)
- Wie klären wir im Team unsere Einstellungen und Haltungen zur Kompetenzorientierung?
- Wie zeigen sich an unserer Schule im Umgang mit den Kindern und Jugendlichen Elemente der Vertrauensdidaktik?
- Kennen wir die Vorstellungen unserer Kinder und Jugendlichen bezüglich Lernen und Lehren?
- Wissen unsere Kinder und Jugendlichen, was wir unter Lehren und Lernen verstehen und wie wir unsere Unterrichtsgestaltung und die Gestaltung des Zusammenlebens begründen?

MEHR DAZU

Schirp (2011, S. 36ff.) hat für die Entwicklung von Wertvorstellungen und Orientierungsmustern vier didaktische Zugänge entwickelt. Diese vier Zugänge können für die Entwicklung von sozialem, wertorientiertem Lernen im Unterricht, im Zusammenleben und im Kontakt mit dem schulischen Umfeld, dem Gemeinwesen genutzt werden.

«Vor-Leben»/Soziale Strukturen und Modelle»

Lehrpersonen können zum Thema «Demokratie lernen und leben» so viele Unterrichtseinheiten ausarbeiten, wie sie wollen, aber nur darüber reden ist nicht nachhaltig. Ordnungs- und orientierungsbildende Strukturen sichern den Gestaltungsspielraum für demokratisches und soziales Lernen ab.

«Nach-Denken»/Werte-reflektierende Lerngemeinschaften»

Wenn Kinder und Jugendliche Möglichkeiten erhalten, eigene Vorstellungen, Argumente, Überlegungen und Gedanken auszutauschen, entstehen spezifische Lernzusammenhänge. Wenn sich Kinder mit anderen Kindern austauschen können, ohne dass die Lehrpersonen alles erklären, begründen, korrigieren, richtigstellen, kommen neue, andere Perspektiven ins Spiel, die mithelfen können, das eigene (Wert-)Bewusstsein zu differenzieren und zu erweitern.

«Mit-Machen»: Handlungsräume und Handlungszugänge»

Unterricht, Schulleben und das kommunale Umfeld müssen als Handlungsräume verstanden und genutzt werden. Die Schule muss auch Brücken schlagen zur real existierenden Lebensumwelt (z. B. Klassenrat, Übernahme von Pflichten, Peer Mediation, tutorielle Hilfen, Service Learning, Projekt «vor Ort», soziales, ökologisches Engagement).

«Ein-Fühlen»/Emotionale Zugänge, Präkonzepte und intuitive Bindungen»

Unser Gehirn ist ein soziales Gehirn, das durch Emotionen und Gefühle hohe Bindungs- und Beziehungswerte mit und zu anderen Personen und Gruppen entwickelt.

Zugefallenes aus dem Schulalltag

Ana-Lena

Ana-Lena, eine 11-jährige, sehr begabte und eigenständige Schülerin, schreibt gerne eigene Texte, ist eine unersättliche Leseratte, steht jedoch mit der Rechtschreibung von Anfang an auf Kriegsfuss. Sie fragt sich, wer sich überhaupt das Recht nimmt, für alle zu bestimmen, was wie geschrieben werden muss. Für sie ist es einfach wichtig, dass man das, was sie geschrieben hat, auch versteht, und sie sieht deshalb keinen Sinn darin, die Regeln für eine korrekte Rechtschreibung kennenzulernen, geschweige denn diese gezielt anzuwenden. Da Ana-Lena das Potenzial für eine zukünftige Kantonsschülerin hat, sind die Eltern besorgt. Am Standortgespräch thematisieren wir die Situation. Ana-Lena meint, schreiben würde sie ja gerne, aber richtig schreiben sei ihr zu aufwendig. Ich schlage ihr vor: «Nutzen wir doch das, was du gerne machst, schreiben und lesen. Während eines halben Jahres schreiben wir uns wöchentlich je einen Brief. Wir beginnen damit, dass du mir schreibst, weshalb du die Rechtschreibung als überflüssig erachtest. Ich schreibe dir dann zurück. Wir achten nicht auf die Rechtschreibung.» Ana-Lena ist sofort einverstanden. Die Eltern wundern sich, dass ich diese Arbeit auf mich nehme. Ich zeige ihnen auf, dass ich mehr Arbeit hätte, wenn ich Ana-Lenas Texte korrigieren und die Verbesserungen überprüfen müsste. Zudem hätten wir zwei so viel mehr Spass, mit dem Thema Rechtschreibung umzugehen. Ana-Lena schreibt den ersten Brief, und ich schreibe zurück. Für mich ist es spannend zu erfahren, wie dieses kluge Mädchen seine Position begründet. Ana-Lena fordert mich mit ihren Ausführungen zur Rechtschreibung heraus. In einem späteren Brief baue ich bewusst Rechtschreibefehler ein. Ana-Lena erkennt sie sofort und macht mich darauf aufmerksam. Ich erwidere: «Ich habe das gleiche Recht wie du. Hauptsache, du verstehst mich.» Nach ein paar Wochen kommt Ana-Lena zu mir und fragt mich, ob ich in ihrem nächsten Brief die schwierigen Wörter, die sie falsch geschrieben hat, unterstreichen würde. Nicht die einfachen Wörter, von denen wisse sie ja eigentlich schon, wie man sie schreiben würde. Ich sichere mich ab: «Auf wie viele Fehler soll ich dich hinweisen?»

Ana-Lena besuchte später die Sekundarschule, machte die Matura und studierte an der Universität Zürich.

Anfangs des zweiten Semesters können die Sechstklässlerinnen und Sechstklässler an einem Unterrichtsnachmittag die Oberstufe besuchen, in der sie ab dem kommenden Sommer zur Schule gehen werden.

In einem ihrer Briefe teilte Ana-Lena mir mit, dass sie im wöchentlichen Begabungsunterricht Beiträge für die Schülerzeitung schreibe. Sie fragte nach, ob ich ein Rezept für ihren Beitrag «Rezepte und coole Drinks für den Sommer» hätte oder ob ich eine andere Idee für einen Beitrag hätte. Ich schrieb zurück, dass wir in der Klassenbibliothek Kinderkochbücher hätten, und schlug ihr u.a. vor, dass sie einen Bericht über den Sechstklass-Nachmittag in der Oberstufe schreiben könnte und dazu als Fünftklässlerin die Sechstklässler/innen sozusagen als Reporterin eventuell begleiten könnte. Das müsste ich mit der Oberstufe klären. Die Oberstufenlehrpersonen würden dann den Bericht auch lesen ....

Auszug aus dem Brief

Liebe Frau Gehrig

Es würde mich sehr, sehr, sehr, sehr freuen, wenn ich an den Besuch von den Sechstklässler/innen mit könnte und einen Bericht schreiben könnte. Ihre Ideen sind sehr gut.
Ich kann am Freitagnachmittag Frau X* die Ideen vorstellen. Soll ich das? Ich habe den Brief heute schon abgegeben, weil am Nachmittag ja der OS-Besuch ist. Ich hoffe sehr, dass ich mit kann. Stehen die Chancen gut, dass ich mit kann? [...]

*Name der Lehrerin für Begabungsförderung anonymisiert

Beispiele aus der Praxis

Schulbegleitung, Heidi Gehrig: Ausarbeitung einer gemeinsamen Beurteilungskultur

In einer Primarschule in der Ostschweiz beschloss das Team, sich auf den Weg zu einer gemeinsamen Beurteilungskultur zu machen. Wir nahmen uns drei Jahre Zeit dazu und behielten dabei die Entwicklung des Lehrplans 21 im Auge. An einem Elternabend zeigten wir auf, welche Herausforderungen eine sorgfältige und aussagekräftige Beurteilung mitbringt. Aus allen Stufen gab je eine Lehrperson einen kurzen Einblick in ihre aktuelle Beurteilungsarbeit. Die Lehrperson für Textiles Gestalten zeigte mit einer einzigen Folie (zwei Linoldrucke von zwei Kindern) auf, wie schwierig es ist, bei der Beurteilung Produkt und Prozess zu berücksichtigen. Nach dem Elternabend kam ein Vater bei mir vorbei und sagte: «Ich wusste nicht, dass das so schwierig ist und bin sehr froh, dass ich nicht beurteilen muss.»

Die sieben Bereiche der Beurteilungskultur

- Formative und summative Tests
- Andere Arbeiten und Leistungen für die Gesamtbeurteilung
- Arbeits-/Lern- und Sozialverhalten
- Selbstbeurteilung der Schülerinnen und Schüler
- Dokumentationen
- Beurteilungsgespräche
- Zeugnis

Nachdem wir die kantonalen und kommunalen Vorgaben zur Beurteilung geklärt hatten, legten wir die sieben Bereiche der Beurteilungskultur fest: Formative und summative Tests, andere Arbeiten und Leistungen für die Gesamtbeurteilung, Arbeits-/Lern- und Sozialverhalten, Selbstbeurteilung, Beurteilungsgespräche, Zeugnis. Jeden Bereich gingen wir immer im Gesamtteam in fünf Schritten an:

Schritt 1: So machen wir es aktuell! (Austausch/Fragen)
Schritt 2: Input (Wissen über ... /Hintergründe usw.)
Schritt 3: Individuelle Erprobung von etwas Neuem (aus dem Input oder aus dem Austausch)
Schritt 4: Auswertung der individuellen Erprobungen/Reflexionen
Schritt 5: Formulierungen von Leitsätzen (Konsensfindung Kiga, US, MS, Fachlehrpersonen)

➡ Impuls 5 In den Austauschrunden und in den konsensorientierten Diskursen (Schritt 5) kamen das unterschiedliche Lehr- und Lernverständnis, die unterschiedlichen Menschenbilder und Haltungen der Lehrpersonen immer wieder zum Ausdruck. Fragen wie «Werden alle Tests angesagt, oder gibt es Überraschungstests? – Können Prüfungen mit ungenügenden Ergebnissen wiederholt werden? – Gestalten wir Tests nach der Bloomschen Taxonomie? – Arbeiten wir mit Portfolios?» lösten intensive Gespräche aus.

In der Steuergruppe (Schulleitung, Vertretungen der Lehrerschaft, Mitglied der Schulbehörde und ich) trugen wir die Ergebnisse aus den jeweiligen Schritten zusammen und arbeiteten zu den sieben Bereichen einen Vorschlag (Einleitung und Leitsätze) aus. Diese Vorschläge gaben wir nach Abschluss eines Bereiches zur Vernehmlassung zurück an die Lehrerschaft. Bevor wir die Beurteilungskultur abschliessend genehmigten, hatte jede Lehrperson nochmals Gelegenheit, das ganze Papier zu überprüfen. Es war der Schulleitung und mir ein grosses Anliegen, die Leitsätze so zu formulieren, dass sie von jeder Lehrperson gutgeheissen und mitgetragen werden.

Die Arbeit hatte uns alle sehr gefordert. Mit einem kleinen Apéro feierten wir den Abschluss dieses speziellen Schulentwicklungsschritts.

Die gemeinsame Beurteilungskultur wird von den Lehrpersonen bei ihrer täglichen Arbeit genutzt. Sie muss mit Blick auf den neuen Lehrplan nur leicht angepasst werden.

Primarschule Allee, Wil (SG), Heidi Gehrig: Verantwortungsdidaktik

7 W des Lernens – Lernen: Wie geht das?

Mit Kindern einer Klasse (4. bis 6. Klasse) entwickelte ich zum Thema «Lernen – Wie geht das?» 7 W, die es beim Lernen zu beachten gilt: **w**ollen, **w**ohlfühlen, **w**ach sein, **w**ahrnehmen, **w**issen wie, **w**erten, **w**iederholen.

Im Schulzimmer visualisierten wir die 7 W. Jedes Kind arbeitete mit einem Lernheft. Zu den einzelnen W stellten wir hilfreiche Unterlagen zusammen. Im Lernheft machten die Kinder Einträge zu Themen, die wir in der Klassengemeinschaft besprochen und diskutiert hatten:

- Ich gehe in die Schule, weil …
- Hausaufgaben: Welche Hausaufgaben mache ich? Wann mache ich sie? Wo mache ich sie?
- Mein Lernweg: Erinnerungen an mein Lernen – Was hat mich beim Lernen unterstützt, was hat es mir erschwert? (Die Kinder zeichneten den Lernweg auf und beschrifteten ihn.)
- Lernen – Wie geht das? – Wahrnehmungen über die fünf Sinnesorgane, Neuronen, Synapsen, Ultra-Kurzzeitgedächtnis, Kurzzeitgedächtnis, Langzeitgedächtnis, Störungen beim Lernen, Gefühle beim Lernen usw.
- Im Klassenkreis
    - sammelten wir: Meine Vorbereitungen für das Lernen, meine Einstellungen zum Lernen, meine Lern- und Arbeitstechniken.
    - diskutierten wir: Was hilft mir beim Lernen? Was hindert mich beim Lernen? Welche Regeln helfen mir bei meinem Lernen?
    - tauschten wir aus: Das lerne ich gerne. Das lerne ich nicht gerne. (Dazu holten sich die Kinder bei Kolleginnen und Kollegen Anregungen. Sie entschieden sich für die Idee eines Mitschülers oder einer Mitschülerin, setzten sie um und reflektierten sie.)

Zum Abschluss der Arbeit am Thema «Lernen – Wie geht das?» stellten die Kinder den Eltern an einem Elternabend die 7 W und die Arbeiten, die sie dazu gemacht hatten, vor. In gemischten Gruppen tauschten sich Kinder und Eltern über die 7 W und übers Lernen aus. Die Erfahrungen aus «Lernen – Wie geht das?» nahmen die Kinder für ihr weiteres Lernen mit, zum Beispiel: «Woran liegt es, dass du nicht lernen magst? – Am Wollen! – Was kannst du machen, dass dir der Einstieg trotzdem gelingt?»

Die 7 W

- **w**ollen
- **w**ahrnehmen
- **w**ohl fühlen
- **w**ach sein
- **w**issen **w**ie
- **w**erten
- **w**iederholen

wollen
Ich **w**ill lernen.

wach sein
Ich bin **w**ach und kann mich konzentrieren.

wissen wie
Ich weiss **w**ie ich am besten lernen kann.

Primarschule Heiden (AR), Franziska Bannwart: Lernen mit Freude
«Haus»-Aufgaben in der Basisstufe

In einigen Basisstufenklassen haben wir anstelle herkömmlicher Hausaufgaben ein eigenes System eingeführt. Eine Aufgabe zu haben, steigert das Selbstwertgefühl und unterstützt das Selbstbewusstsein. Die Kinder sollen Freude haben, eine Aufgabe zu lösen und selbst wählen können, was sie lernen möchten. Sie führen dazu ein Aufgabenheft. Immer auf Mittwoch erledigen die Kinder eine Aufgabe, für die jüngeren Basisstufenkinder ist die Aufgabe freiwillig. Wir haben die Eltern mit einem entsprechenden Schreiben informiert und sie gebeten, wenn möglich ab und zu einen Blick ins Aufgabenheft ihres Kindes zu werfen.

Aus der reich bebilderten Aufgabenwand, die jederzeit ergänzt werden kann (z. B. in der Weihnachtszeit, passend zum Thema usw.) wählen die Kinder etwas aus, das sie auf Mittwoch machen möchten.

Zurzeit wählen die Kinder aus vier Bereichen:
- ABC-Aufgaben
- Zahlen-Aufgaben
- Bewegungs-Aufgaben
- Allerlei-Aufgaben

Übersicht Aufgabenwand mit Materialien

Ausschnitt aus der Aufgabenwand mit Angeboten

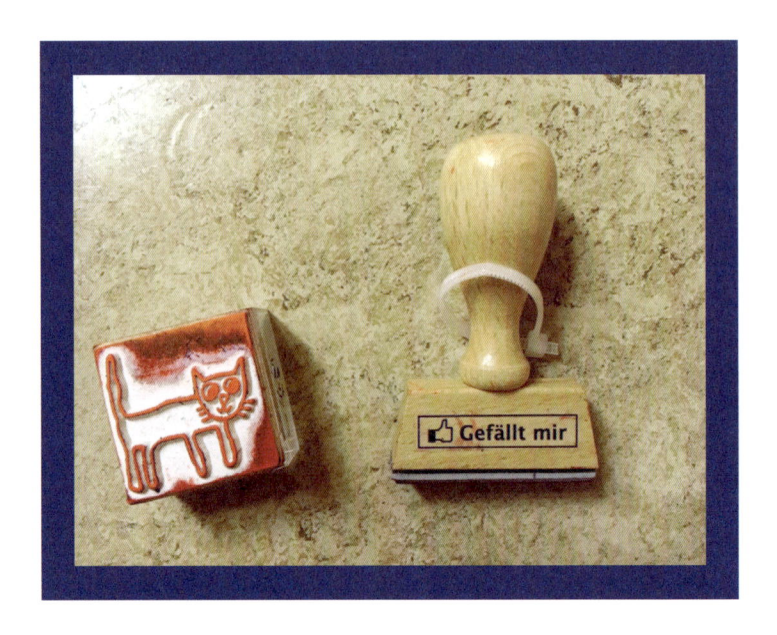

Zu den Bereichen hat es jeweils vier bis zwölf Angebote auf Karten. Die Karte «eigene Idee» gibt es für jeden Bereich. Das Bild und das passende Stichwort auf der Karte sind für Klein und Gross les- oder deutbar. Jedes Kind besitzt einen Magnetknopf mit seinem Namen, der auf seinem Foto, auch auf der Aufgabenwand platziert ist. Wenn es eine Arbeit gewählt hat, nimmt es seinen Magnetknopf vom Foto weg und setzt ihn auf die entsprechende Aufgabenkarte. Anfänglich brauchten die Kinder etwas Unterstützung bei der Auswahl, mittlerweile kennen sie die einzelnen Karteninhalte gut, und wir geben nur noch wenn nötig Erklärungen. Damit das Kind die gewählte Aufgabe nicht vergisst, wird sie von der Lehrperson kurz im Aufgabenheft notiert. Das Heft dient zur Orientierung und zur Dokumentation. Die Kinder zeichnen oder schreiben die Arbeit direkt ins Heft. Wenn es zu wenig Platz hat oder die Arbeit nicht ins Heft passt, zum Beispiel eine Bastelarbeit, bringen sie diese in die Schule mit. Solche Aufgaben können zusätzlich mit einem Foto oder mit einer Zeichnung (eher für die jüngeren Kinder) im Heft dokumentiert werden. Bei den Grossen geben auch wir Lehrpersonen Anregungen oder entscheiden gemeinsam mit den Kindern, was sie mit Blick auf den Übertritt in die 3./4. Klasse üben oder fertig machen müssen.

Am Mittwoch bringen die Kinder ihre Aufgaben zurück in die Basisstufe. Wir Lehrpersonen nehmen uns jetzt für jedes Kind Zeit, schauen mit ihm die getätigte Aufgabe an und schreiben eine ganz persönliche Rückmeldung ins Heft. Die beiden Stempel (Stempel 1: Das gefällt mir!/ Stempel 2: Katze) dienen dazu, den Kommentar gut zu begründen. Die Katze kommentiert erfreut, belustigt, kritisch, fordernd und ehrlich. Gemeinsam entscheiden wir, ob die Aufgabe geeignet ist, im Morgenkreis vorgestellt zu werden.

Die Kinder freuen sich immer auf den Aufgaben-Tag. Auch die Jüngsten wollen eine Aufgabe machen. So übernehmen schon die Kleinsten an unserer Schule Verantwortung für ihr Lernen.

Impuls 9

Strukturen überprüfen und neu gestalten

Schulische Strukturen prägen die Haltung, das Verhalten der Lehrpersonen, die Gestaltung des Unterrichts und des Zusammenlebens. Veränderte Strukturen ermöglichen und unterstützen neues Denken. Demokratisch ausgerichtete und menschenrechtsorientierte Strukturen ermöglichen Anerkennung und Beteiligung.

Die Individualisierende Gemeinschaftsschule
- klärt und nutzt die Freiräume für Veränderungen von Strukturen innerhalb der bestehenden Rahmenbedingungen;
- ermöglicht und fördert in veränderten Strukturen das individuelle Lernen und das Lernen in Gruppen und Gemeinschaften;
- thematisiert strukturelle Veränderungen mit den Kindern und Jugendlichen und gewährt diesen, wenn möglich und sinnvoll, Mitsprache;
- geht die strukturellen Veränderungen schrittweise an und prüft deren nachhaltige Wirkung;
- nutzt die vielfältigen, strukturierenden Freiräume für «Demokratie und Menschenrechte leben und lernen».

Darum geht es

«Formen der Schulorganisation – wie die Gliederung der Schüler nach Klassen – sind zwar nur äussere Bedingungen des Unterrichts; aber sie wirken doch in einer je spezifischen Weise auf das erzieherische Geschehen ein – wie das auch andere äussere Bedingungen tun: etwa die Art, die Schulzeit einzuteilen, das Mobiliar des Schulraumes oder die Art der Lehrmittel.»
Carlo Jenzer (Jenzer, 1991, S. 22)

«Altersmischung ist für mich keine methodische Grundvoraussetzung [für offenen Unterricht], sondern, erlauben Sie mir, es so auszudrücken, eine menschliche. Es gibt keine vernünftige Begründung, die mit menschlicher Gemeinschaft, menschlichem Lernen und menschlicher Persönlichkeitsentwicklung zu tun hat, die eine Altershomogenität von Lerngruppen vernünftig begründen würde. Jahrgangsklassen sind, bei allen Schwankungen, die sie aufweisen, eine Referenz an eine Vorstellung von Lernen, das normierbar wäre, altersnormierbar und unter Einbezug von Curricula, auch altersinhaltlich normierbar. Das ist einfach absurd.»
Georg Feuser (Feuser, 2012, S. 214)

Strukturen zur Unterstützung von individuellem, gemeinsamem und partizipativem Lernen und Zusammenleben

Strukturen prägen unser Denken und unser Handeln. Herausforderungen, die sich im Unterricht mit heterogenen Lerngruppen ergeben, stehen oft im Zusammenhang mit den vorhandenen Strukturen und Rahmenbedingungen. Sie wirken sich unmittelbar auf den Unterricht und das Zusammenleben mit Individuums- und Gemeinschaftsorientierung aus und können den Unterricht auch erschweren, zum Beispiel die Struktur der Jahrgangsklasse, Lektionentafeln mit einengenden Stundenplänen, obligatorische Lehrmittel, die Nichtfinanzierung oder -bewilligung anderer Lehrmittel, obligatorische Schulmöbel, das Verbot von zusätzlichem Mobiliar (z. B. Regale als Raumteiler), Vorgaben oder Verbote bezüglich der Nutzung der Raumangebote in den Schulhausgängen bis zu gesetzlichen Vorgaben wie zum Beispiel Selektions- und Übertrittsreglemente.

Eine Individualisierende Gemeinschaftsschule braucht für die Organisation des Lehrens, des Lernens und des Zusammenlebens partizipativ ausgerichtete Strukturen, die sowohl das individuelle wie auch das gemeinsame Lernen ermöglichen. Viele Schulen haben einen Gestaltungsspielraum, den es jeweils vor Ort zu klären und zu nutzen gilt. Es gibt nicht immer nur die Ideallösung, dranbleiben, sich neu orientieren und querdenken kann zu überraschenden und guten Lösungen führen. Besuche in anderen Schulen öffnen die Sicht auf neue Frei- und Gestaltungsräume. Bestehende Strukturen werden überprüft und mögliche strukturelle Veränderungen werden umgesetzt. Dazu braucht es Veränderungsbereitschaft der Lehrpersonen, gute Ideen und, je nach Situation, Gespräche mit den zuständigen Behörden.

Neue Strukturen verändern das Denken und unterstützen die Veränderungsbereitschaft

Wird bei Veränderungsprozessen bei neuen Strukturen angesetzt und nicht bei den Menschen, kann dies mentale Modelle verändern, neues Denken und neue Einstellungen auslösen. Es genügt jedoch nicht, darauf zu vertrauen, dass allein eine neue Schulzimmereinrichtung oder die Umstellung auf das Mehrklassensystem neue Formen von Lernen und Unterricht auslösen.

Kurt Reusser (2013) formuliert für das Angehen eines erfolgreichen Unterrichts in heterogenen Lerngruppen insgesamt 22 Empfehlungen, wovon einzelne auch die schulischen Strukturen betreffen:

Strukturbezogene Empfehlungen mit Blick auf erfolgreichen Unterricht in heterogenen Lerngruppen (Reusser et al., 2013)

«**Empfehlung 3:** Die schulspezifische Flexibilität und Autonomie bei der Bildung von Klassen und Lerngruppen und bei der Organisation individueller Fördermassnahmen sollten erhöht werden.

Empfehlung 4: Im Dialog mit den lokalen Schulgemeinden sollten sich Schulleitungen und Lehrerkollegien für eine Verbesserung des Angebots an pädagogisch nutzbaren Lernräumen stark machen. Anzustreben ist eine Erweiterung und Flexibilisierung der Raumnutzung in Schulanlagen.

Empfehlung 7: Schulen sollte ermöglicht werden, durch Bündelung von Ressourcen, Konzentration von Aufgaben und einer zwingend erforderlichen Rollenklärung in der Zusammenarbeit die Anzahl der in einer Klasse oder Lerngruppe unterrichtenden Lehrpersonen im Dienste einer Stärkung der Lehr-Lern-Beziehungen sowie einer effizienteren Zusammenarbeit der Lehrpersonen zu begrenzen.

Empfehlung 9: Lehrmittel als Problem – Zulassungen prüfen, Neuentwicklungen in Betracht ziehen, Nutzungskompetenzen aufbauen.

Empfehlung 13: Betreuungszeit pro Kind erhöhen – Assistenzlehrpersonen einsetzen.

Empfehlung 15: Die Handlungsspielräume der einzelnen Schulen sollten weiter erhöht werden.

Empfehlung 18: Die Fort- und Weiterbildung von Lehrpersonen muss von den Themen her auf die Aufgaben eines produktiven pädagogisch-psychologischen, förderdiagnostischen und (fach)didaktischen Umgangs mit heterogenen Lerngruppen abgestimmt werden.

Empfehlung 20: Die Einführung von Ganztagesangeboten an Schulen materiell und ideell unterstützen und ermöglichen.

Empfehlung 21: Sonder- und Regelpädagogik zusammenführen.

Empfehlung 22: Die Gliederung und Durchlässigkeit des Schulsystems sollte im Hinblick auf die produktive Förderung einer heterogenen Schülerschaft überprüft werden.»

Die folgenden Anregungen zu Veränderungen bestehender Strukturen beschränken sich auf strukturelle und organisatorische Bereiche. Sie verstehen sich als Auswahl, bedingen einander nicht, unterstützen sich aber gegenseitig.

Vom Schulzimmer zu Lernräumen

Der Raum als dritter Pädagoge kann immer wieder neu gestaltet werden. Hartmut von Hentig («Niemand hat gesagt, dass Unterricht in einem viereckigen Raum mit Blickrichtung nach vorne stattfinden muss.») setzte mit dem Start der Laborschule Bielefeld 1972 die Idee seiner auf dem konstruktivistischen Lernverständnis aufbauenden Vorstellung von Lernräumen um. In der Laborschule wird heute noch in offenen Lernräumen Unterricht so arrangiert, dass Kinder und Jugendliche individuell sowie von- und miteinander lernen. Für das gemeinsame Lernen stehen Gemeinschaftsbereiche, Begegnungs- und Präsentationsorte, nutzungsoffene Räume und Arbeitsräume für Teamarbeit zur Verfügung.

In vielen Schulen wird die Idee der Lernräume oder Lernlandschaften bereits übernommen und unterschiedlich gestaltet. Neue Lernkulturen bringen Anpassungen und Veränderungen von Unterrichtsräumen mit. Bei Umbauten und Neubauten werden sie von Anfang an berücksichtigt. Die Einrichtung von Lernräumen muss sorgfältig mit Blick auf eine angenehme Lernumgebung gestaltet werden. Die Einrichtung und Gestaltung bestehender Lernräume richten sich nach den Möglichkeiten vor Ort und hängen vor allem von der Bereitschaft der Lehrpersonen ab, aus Schulzimmern Lernräume oder -orte zu machen und sich auch für unkonventionelle Lösungen zu öffnen. Ist zum Beispiel das schulinterne Raumangebot erschöpft, kann mit Einmietungen in leer stehende Wohnungen in der unmittelbaren Nähe des Schulhauses zusätzlicher Raum geschaffen werden.

Lernen im bestehenden Raumangebot
Achermann (1992, S. 226ff.) skizzierte eine Schulzimmereinrichtung für die Individualisierende Gemeinschaftsschule. Andere nahmen die Idee auf und entwickelten sie weiter. Zur Einrichtung eines Klassenzimmers für gleichwertiges individuelles und gemeinsames kooperatives Lernen gehören zum Beispiel:
- Kreis, zum Beispiel fixer Sitzkreis mit Bänken, Stühlen, Hockern oder Kissen für gemeinsames Lernen, für Morgenkreis, Klassenrat, gemeinsame Lernreflexionen, Präsentationen in der Klassengemeinschaft;
- persönliche Arbeitsplätze für das individuelle Lernen aller Kinder und Jugendlichen oder Vierer-Gruppentische, die schnell in individuelle Arbeitsplätze umfunktioniert werden können (versenkbare Zwischenwände);
- Arbeitsplatz für die Lehrperson;
- Gruppentisch oder Gruppenarbeitsplatz für das Lernen und Austauschen in Kleingruppen;
- Regale als Raumteiler und Aufbewahrungsort für zugängliche Lernmaterialien (bei der Einrichtung Arbeitswege, Zugänge zu den Materialien beachten) sowie hilfreiche Strukturen mit gut sichtbaren Beschriftungen der Plätze für die Materialien;
- Ruheecke mit Sofa, Sitzsack u. Ä.;
- Leseecke mit kleiner Bibliothek;
- Abstellflächen für Pflanzen, Tiergehege, Ausstellungen, Werkstätten;
- Korrekturbüro mit kleinem Tisch und Stuhl mit Korrekturregistraturen und -material;
- Erklärinsel, fixer Platz oder kleiner Teppich (flexibel platzieren), die für das Lernen durch Lehren in Lernpartnerschaften genutzt werden können;
- mobile Flipcharttafel, mobile, tragbare kleine Wandtafel für das Lernen im Kreis;
- visualisierte Wochenstruktur oder visualisierter Stundenplan, zum Beispiel an Wandtafel zur Orientierungshilfe für die Kinder und Jugendlichen;
- Pinnwände, Anschlagbrett für die Visualisierung der gemeinsamen Regeln für das Lernen und Zusammenleben und für aktuelle Informationen, die alle betreffen.

Von der Jahrgangsklasse zu alternativen Klassenstrukturen
Schulklassen können unterschiedlich gebildet werden. Volksschulgesetze lassen in der Primarstufe und in verschiedenen Kantonen auch in der Oberstufe die Bildung von Mehrklassen und anderen alternativen Klassenstrukturen zu. Sie werden aus unterschiedlichen Gründen gebildet. In ländlichen Gegenden verhindert man die Schliessung von kleinen Schulen. Aufgrund grosser Schwankungen der Schülerzahlen in den Jahrgangsklassen entschliessen sich Schulen aus organisatorischen Gründen für eine Umstellung. Immer mehr Schulen stellen aber auch aus pädagogischen Gründen (Altersdurchmischtes Lernen) auf ein Mehrklassensystem oder auf alternative Klassenstrukturen um. Achermann & Gehrig geben u.a. einen Einblick in Forschung und Erfahrung, definieren Gründe für das Altersdurchmischte Lernen und zeigen auf, wie die Umstellung auf die Mehrklassenstruktur erfolgen kann. (Achermann & Gehrig, 2011, S. 37ff. und S. 65ff.)

«Hat eine Lehrerin eine erste Klasse mit 20 siebenjährigen Kindern vor sich, besteht die Herausforderung darin, dass sich die Kinder in ihrem Entwicklungsalter um mindestens drei Jahre unterscheiden. Es gibt Kinder, die mit sieben Jahren ein Entwicklungsalter von acht bis neun Jahren haben und bereits lesen können. Andere mit einem Entwicklungsstand von fünf bis sechs Jahren sind noch weit davon entfernt. Bis zur Oberstufe nehmen die Unterschiede zwischen den Kindern noch einmal deutlich zu. Mit 13 Jahren variiert das Entwicklungsalter von zehn bis 16 Jahren zwischen den am weitesten entwickelten Kindern und jenen, die sich am langsamsten entwickeln. Hinzu kommt, dass Jungen als Gruppe mit 13 Jahren im Mittel um eineinhalb Jahre in ihrer Entwicklung hinter den Mädchen zurückliegen.» (Largo, 2010, S. 86)

Die sogenannte Jahrgangsklasse gibt es heute in Wirklichkeit nicht mehr. In allen Klassen lernen Kinder und Jugendliche unterschiedlichen Alters, zum Beispiel aufgrund des unterschiedlichen Einschulungsalters, von Klassenrepetitionen usw. Ingenkamp (1972, S. 298ff.) schlug bereits aufgrund seiner empirischen Untersuchung zur Wirksamkeit der Jahrgangsklasse mit Blick auf die schulischen Leistungen unter anderem vor,

- bei der Einschulung auf starre Altersgrenzen zu verzichten und die individuellen Entwicklungsunterschiede zu berücksichtigen;
- mit dem Prinzip der Jahrgangsgruppierung auch den Lernfortschritt in Jahreseinheiten eines verpflichtenden Fächerkanons als Kriterium für eine Versetzung aufzugeben;
- anstelle des Gruppenprinzips nach Lebensalter und überfachlicher Lernfähigkeit, Instruktionsgruppen nach fachspezifischen Voraussetzungen zu bilden;
- in verschiedenen Fachkursen sollte nach einer Orientierungsphase die Möglichkeit bestehen, die vorgesehenen Lernziele in unterschiedlicher Zeit zu erreichen. Auf Prüfungen in mehreren Fächern zur gleichen Zeit sollte verzichtet werden.

Mit der Auflösung der Jahrgangsklassenstruktur und der Bildung von Mehrklassen oder alternativen Klassenstrukturen wird die Vielfalt der Kinder und Jugendlichen ernst genommen. Der Heterogenität wird bewusst Platz gegeben, und sie wird als willkommenes Lernangebot genutzt.

Vom Stundenplan mit Fächern zur Wochenstruktur mit Bausteinen

Die Problematik des Fächerunterrichts

Die kantonalen Lektionentafeln führen meistens zu Fächerstundenplänen. Fächer sind inhaltsbezogen, es besteht die Gefahr des Drucks der Stoffvermittlung. Fächer, Lektionentafeln und Lehrmittel gehen von traditionellen Strukturen aus, die unsere Vorstellungen von Lernen und Bildung prägen. Fachinteressen dürfen jedoch nicht den definierten Bildungszielen übergeordnet werden, denn Bildung ist mehr als Fachkompetenz. Für Projektwochen, für gemeinsame Lernreflexionen, für Klassenratsstunden oder Vollversammlungen und für die Förderung überfachlicher Kompetenzen gibt es keine Fächer. Nehmen sich Lehrpersonen dafür Zeit, heisst es oft, «Fächerlektionen opfern». In Finnland wird seit 2015 ohne Fächer unterrichtet. Kinder und Jugendliche lernen fachübergreifend nach Themenblöcken, auch «Phänomene» genannt. (spiegel.de 2016)

Bausteine statt Fächer

Lernen läuft über Beziehungen, über soziale Interaktionen. 45-Minuten-Lektionen lassen wenig Raum für Beziehungsarbeit. Die Inhalte stehen im Vordergrund, für gemeinsames Von- und Miteinander-Lernen bleibt kaum Zeit. Der Abschied vom 45-Minuten- Rhythmus ermöglicht längere Lernsequenzen und gibt dem gemeinsamen Lernen, dem fächerübergreifenden und dem fächerverbindenden Lernen Platz. Mit acht Bausteinen für Unterricht und Zusammenleben ermutigen Achermann & Gehrig die Schulen, sich von der Stundentafel mit Fächern zu lösen und in Anlehnung an kantonale Lektionentafeln schrittweise eine Wochenstruktur mit Bausteinen zu entwickeln (Achermann & Gehrig, 2011, S. 58ff.). Die Bausteine sind fächerunabhängig und gehen, im Unterschied zu den Fächern, nicht von den Lerninhalten aus, sondern von Lernformen. Sie decken unterschiedliche Erfahrungs- und Lernformen ab, rhythmisieren den Schultag und ermöglichen durch Öffnung des Unterrichts partizipatives individuelles sowie kooperatives Lernen.

Spezielle Zeitgefässe als fixe Teile der Wochenstruktur

Vor- und Nachbereitungen in stufen- und klassenübergreifenden Arbeitsgruppen, Vollversammlungen, Schulhaus-Treffs, Schülerparlamente, klassenübergreifende Projektwochen, Ideenbüros, gemeinsame Anlässe, Ausbildungsangebote wie Leitung des Klassenrates oder Friedensstifter/Friedensstifterinnen usw. erfordern immer wieder, dass sich Kinder und Jugendliche während der Unterrichtszeit ausserhalb des Klassenunterrichts treffen müssen. Sperrzeiten für solche speziellen Arbeiten und Treffen erhalten einen fixen Platz in allen Stundenplänen.

Von Schnittstellen zu Übergängen

In allen Schulen kommt es täglich zu kleinen und grossen Übergängen, zum Beispiel beim Wechsel vom Kreis an den Arbeitsplatz, vom Pausenplatz ins Schulzimmer, von der Arbeit an Plänen in die Projektarbeit, bei Stufenübergängen, beim Wechsel von Klassenlehrpersonen und letztlich von der Schule in die Berufs- und Arbeitswelt. Kinder und Jugendliche sind darauf angewiesen, dass Schulen Übergänge so gestalten, dass diese nicht zu Schnittstellen werden. Vor dem Eintritt in die Volksschule gilt es, die bestehenden Angebote zu nutzen und zu unterstützen. Spielgruppen übernehmen nicht nur durch ihre Unterstützung beim Übergang von der Familie in die Schule eine wichtige Aufgabe. Kleinfamilien und Familien mit Alleinerziehenden bieten nur in beschränktem Rahmen Möglichkeiten für den Erwerb zentraler Sozialkompetenzen. Schulleitungen und Lehrpersonen weisen Eltern frühzeitig auf dieses besondere Angebot hin und ermuntern sie, das Angebot zu nutzen. Die Zusammenarbeit zwischen Spielgruppenleiterinnen und -leitern sowie Kindergarten-Lehrpersonen unterstützt den Übertritt in die Schule. Primarlehrpersonen achten auf unterstützende Übergänge innerhalb der Primarstufe, Lehrpersonen der Oberstufe auf den Übergang von der Volksschule in die Berufs- und Arbeitswelt.

Anpassungsstörungen bei kleinen und grossen Übergängen

Wechsel während des Unterrichts sowie Klassen- und Stufenwechsel können das Lernen erschweren oder stören. Auch kleine Übergänge wie der Wechsel vom Kreis an individuelle Arbeitsplätze, der Wechsel vom Schulzimmer auf den Pausenplatz, der Wechsel vom Schulzimmer in die Turnhalle sind für einen Teil der Kinder immer eine grosse Herausforderung. Forschungsergebnisse zeigen auf, wie Übergänge zu Anpassungsstörungen führen können, wenn sie von den Lehrpersonen nicht verantwortungsvoll vorbereitet und begleitet werden.

Auswirkungen von Übergängen (Wenzel, 2015, Folie 4)

«Bei der Bewältigung von Übergängen kristallisieren sich bei Kindern vier unterschiedliche Typen heraus:

Die Geringbelasteten
Etwa 40 Prozent der untersuchten Kinder zeigten während der Übergangszeit keine Stress- oder Störungssymptome.

Stabile Risikokinder
Etwa 30 Prozent der untersuchten Kinder wiesen von Anfang an ein konstant hohes Ausmass an Anpassungsstörungen auf.

Übergangsverlierer
Etwa 15 Prozent der untersuchten Kinder zeigten im Verlauf des Übergangs eine Zunahme von Anpassungsstörungen.

Übergangsgewinner
Bei etwa 15 Prozent der untersuchten Kinder haben nach dem Übergang die Anpassungsschwierigkeiten abgenommen.»

Kontinuität und Diskontinuität

Werden Übergänge und Übertritte nicht sorgfältig vorbereitet und begleitet, können erworbenes Wissen und erworbene Handlungskompetenzen verloren gehen. Die Gestaltung eines grösseren Wechsels wie zum Beispiel der Wechsel der Klassenlehrperson oder der Stufenübertritt wird von zwei Prinzipien geprägt, von Kontinuität und von Diskontinuität. Wiedererkennungselemente (Kontinuität) geben Sicherheit, transparent gemachte Änderungen (Diskontinuität) unterstützen das Interesse und die Neugier auf das Neue.

Prinzip der Kontinuität: Übergang als Fortführen begonnener Entwicklungs- und Lernprozesse verbunden mit dem Bedürfnis, Bekanntes wiederzuerkennen und beizubehalten; Gefühl der Sicherheit.

Prinzip der Diskontinuität: Übergang als neue Herausforderung, verbunden mit dem Bedürfnis des «Grösserwerdens», des Sich-Weiterentwickelns; Neugier auf Unbekanntes.

Unterstützung von Übergängen

Für möglichst reibungslose Übergänge und zur Unterstützung des Lernens und Zusammenlebens arbeiten Kollegien entsprechende Teamvereinbarungen aus, welche die Klassen- und Stufenübergänge erleichtern:
- Gemeinsame Regeln für das Zusammenleben und Vereinbarungen für den Umgang bei wiederholten Regelverstössen; Teamvereinbarungen für gewaltfreie Konfliktlösungen;
- Teamvereinbarungen im Unterrichtsteam (Schwerpunkte, Ziele, Organisation der gemeinsamen Arbeit);
- Teamvereinbarungen zu den einzelnen Bausteinen und zu den Grundvarianten, zum Beispiel Morgenkreis, Klassenrat, Vollversammlung (➡ Impuls 10);
- Vereinbarungen zu gemeinsamen Bausteinen von Kindergarten bis Mittelstufe/Oberstufe.

Übergänge von einer Lern-/Arbeitsphase in eine andere können «Zeitfresser» werden und immer wieder Unruhe auslösen. Frühzeitiges Ankündigen der Wechsel gibt Platz für die Umstellungen, zum Beispiel «Nach dem Morgenkreis arbeitet ihr an eurer freien Tätigkeit. Um elf Uhr treffen wir uns zur Reflexion. Überlegt euch, wann ihr mit Aufräumen beginnen müsst, ob ihr etwas und was ihr aus eurer aktuellen Arbeit den anderen zeigen wollt und ob ihr dazu Fragen habt. Ich kündige den Wechsel frühzeitig mit der Klangschale an.»

Mit sorgfältig ausgewählten und sinnstiftenden Ritualen unterstützt die Lehrperson die Wechsel. Rituale geben Sicherheit und sind Orientierungshilfen, sie können visuell oder akustisch sein. Rituale erzielen nur dann ihre Wirkung, wenn sie Kindern und Lehrpersonen etwas bedeuten, gemeinsam akzeptiert und freiwillig praktiziert werden. Sie werden regelmässig hinterfragt: Sind sie noch brauchbar und wirksam? Helfen sie den Kindern und Jugendlichen?

Vom Einzelkämpfertum zur effizienten Zusammenarbeit der Lehrpersonen

Im Interesse der Kinder und Jugendlichen arbeiten Lehrpersonen nicht nur im Gesamtteam zusammen. Sie treffen sich nebst den Gesamtsitzungen und der Zusammenarbeit in Klassenteams in unterschiedlichen Teams und Arbeitsgruppen und nutzen die teaminternen Ressourcen.

Pädagogische Teams

Lehrpersonen arbeiten zum Beispiel in Tandemklassen-/Tridemklassenteams oder in stufenübergreifenden Teams zusammen und setzen sich auch mit herausfordernden Lernsituationen von Kindern und Jugendlichen auseinander, die aktuell nicht in der eigenen Klasse unterrichtet werden.

Professionelle Lerngemeinschaften/multiprofessionelle Teams

Lehrpersonen nutzen personelle Ressourcen wie das unterschiedliche Wissen, die unterschiedlichen Fähigkeiten, Kompetenzen, Qualifizierungen beim Zusammenarbeiten. Sie entwickeln gemeinsam Unterricht und Zusammenleben in Unterrichtsteams (Achermann, 2004, S. 3), fixen oder temporären Arbeits- oder Qualitätsgruppen und verstehen sich als
- Organisationseinheit (Gestaltungsspielraum innerhalb der bestehenden Vorgaben nutzen);
- Arbeitsgemeinschaft (gemeinsame Ziele, gemeinsame und individuelle Umsetzung);
- Lerngemeinschaft (teaminterne Ressourcen nutzen, individuelle und gemeinsame schulinterne Weiterbildungen);
- Qualitätsgemeinschaft (Arbeit mit dem Qualitätszyklus: Ziele, Indikatoren, Planung, Umsetzung, Evaluation).

Offenes Angebot «Pädagogisches Café»
Einmal pro Quartal treffen sich Lehrpersonen, andere Mitarbeitende der Schule, Eltern auf freiwilliger Basis zum Austausch und Diskutieren pädagogischer Fragen.

Intervisionen und Supervisionen
Lehrpersonen diskutieren Fallbeispiele aus der aktuellen Praxis, stehen in einem konsensstiftenden Diskurs, reflektieren das Zusammenleben und Zusammenarbeiten in Teams und stärken so die soziale Eingebundenheit und die Beziehungsgestaltung auf Ebene Team.
Für jedes Team ist es eine Herausforderung, nebst der Unterrichtszeit gemeinsam Zeitgefässe für solche Arbeit auf Teamebene zu finden. Kolleginnen und Kollegen, die eine kleine Anstellung haben, können nicht problemlos zu einer Teilnahme verpflichtet werden, obwohl es im Sinn der Schule sehr wünschenswert und sinnvoll wäre. Kollegien überprüfen deshalb immer wieder, was nötig und möglich ist. In einigen Schulen ist es, in Anlehnung an den Berufsauftrag, üblich, dass mindestens eine Schulferienwoche für Weiterbildungen und Zusammenarbeit reserviert und genutzt wird, oder dass die Teilnahme an Intervisionen und Supervisionen als Teil der Schulentwicklung für alle verpflichtend ist.

Von Unterrichtszeiten zu Ganztagesschulen

Die unterschiedlichen familiären Strukturen, die individuellen Lernvoraussetzungen der Kinder und Jugendlichen sowie gesellschaftliche Veränderungen lösen den Bedarf an zusätzlichen Betreuungsangeboten aus. In der Schweiz gibt es keine allgemeingültige Definition für die verschiedenen schulergänzenden Betreuungsangebote. Die schweizerische Konferenz der kantonalen Erziehungsdirektoren (EDK) spricht von Tagesstrukturen und meint damit «ein bedarfsgerechtes Angebot für die Betreuung der Schülerinnen und Schüler ausserhalb der Unterrichtszeit».
Die Einrichtung solcher Tagesstrukturen hängt vor allem von der Bereitschaft und Unterstützung der lokalen und kantonalen Behörden ab.

⬇ Leitfragen für die individuelle und gemeinsame Reflexion

Mein Verständnis von «Strukturen überprüfen und neu gestalten»

- Welche strukturellen Veränderungen haben sich bei meiner Arbeit bewährt?
- Welche Strukturen fordern mich am meisten heraus? Wie bereit bin ich, mich für strukturelle Veränderungen zu öffnen? Was unterstützt mich dabei, und was hindert mich daran?
- Wie individuums- und gemeinschaftsorientiert ist mein Schulzimmer eingerichtet?
- Woran erkenne ich «Risikokinder, Verlierer und Verliererinnen» bei Übergängen?
- Wie erleben die Kinder, die Jugendlichen und deren Eltern diese Übergänge?
- Welche Möglichkeiten für sorgsame Übertritte aus der/in die Nachbarstufe nutze ich?
- Welche Formen stufenübergreifender Teamarbeit liegen mir? Welche fordern mich heraus?

Unser Verständnis von «Strukturen überprüfen und neu gestalten»

- Welche tiefgreifenden Veränderungen haben wir als Team erfolgreich umgesetzt? Wie erklären wir uns das? Wie gehen wir im Kollegium mit Veränderungen um?
- Sind wir eher ein «Ja, aber!» – oder ein «Warum nicht?»-Team? (➡ Impuls 5) Wie zeigt sich das? Woran könnte das liegen?
- Wie könnten wir die bestehenden gemeinsamen Räume anders einrichten und nutzen?
- Wie öffnen wir uns für unkonventionelle Lösungen?
- Welche Gemeinsamkeiten und Unterschiede zeigen sich in unseren Klassenstundenplänen oder Wochenstrukturen? Wie könnten wir, wenn nötig und sinnvoll, die Stundenpläne und Wochenstrukturen schrittweise optimieren?
- Wie gestalten wir Stufenübergänge? Worauf könnten wir zusätzlich achten?
- Wie gelingt es uns, uns auch für die Entwicklungsschritte der Kinder vor und nach dem Lernen in einer Stufe zu interessieren? Was löst die Idee eines «pädagogischen Cafés» bei uns aus?

MEHR DAZU

Thurn (2010, S. 31):
«Besonders beeindruckend ist jahrgangsübergreifendes Miteinander in unserer Schule, wenn Schülerinnen und Schüler der letzten Stufe Lernunterstützung für Kinder der Stufe zwei anbieten und diese Mentorenaufgaben mit grossem Ernst wahrnehmen. Auch dabei machen wir die Erfahrung, dass Kinder nicht nur von Kindern, sondern auch von Jugendlichen oft leichter lernen als von ihren Erwachsenen, dass deren Zugänge und Erklärungen nicht unbedingt unserer Logik folgen, aber wirkungsvolle Ergebnisse zeigen. Wer den Profilierungskurs Sport zusätzlich zu seinem Sportunterricht in der Kerngruppe wählt, setzt die zu lernende Theorie über Bewegung um, indem er Unterricht für die Kinder der Stufe eins plant und durchführt. Einmal in der Woche findet dieser Unterricht der 14- bis 16-Jährigen für die 5- bis 7-Jährigen statt – dabei erstaunt die Sorgfalt, Verantwortungsbereitschaft, übrigens auch Durchsetzungsfähigkeit der Jugendlichen im Umgang mit den Jüngsten dieser Schule.»

Peschel (2011, S. 5): Fächer dürfen unser Bild von Bildung nicht vorgeben
«Bei all diesen Konzepten muss klar sein, dass es hier eben nicht um das Verbinden der Fächer zu einem ‹fächerübergreifenden offenen Unterricht› geht, sondern vielmehr um das Nutzen der Fächer als inhaltliche und verfahrenstechnische Zubringer einer entfachlichten bzw. fachübergeordneten Vorstellung von Bildung. Natürlich gehen von den Fächern kulturgenetisch bedingt gewisse Strukturen aus, die unser Bild von Bildung prägen, aber sie dürfen dieses nicht vorgeben. Der Zugang über die Fächer darf nicht zu einem Alibi für bildungstheoretisch nicht zu begründende Inhalte und Verfahren führen, indem die jeweiligen Fachinteressen separiert und dem angestrebten Bildungsziel übergeordnet werden. Bildung ist mehr als die geschickte Kombination einzelfachlichen Wissens und kann nur durch eine ganzheitliche Sichtweise auf die Welt sinnvoll erworben werden.»

Zugefallenes aus dem Schulalltag

Jana, Milena und Sina[1]

Bei meinem Besuch im Ideenbüro in Schwarzenbach darf ich bei der Sitzung mit den Kindern aus den 3. bis 6. Klassen dabei sein, die im Ideenbüro mitmachen. Die Lehrerin, eine der beiden Betreuungspersonen, leitet die Sitzung. Nach verschiedenen Abklärungen und Informationen übergibt sie das Wort einer Beratungsgruppe.

Jana, Milena und Sina bringen ihre Idee ein: «Einige machen jetzt ja neu mit im Ideenbüro. Wir haben uns überlegt, was wir machen könnten, damit wir uns besser kennenlernen würden und Zeit hätten, um miteinander über unsere Arbeit im Ideenbüro zu reden. Wie wäre es, wenn wir am nächsten Montag nach dem Ideenbüro über den Mittag in der Schule bleiben würden? Wir drei würden für alle Spaghetti kochen. Frau Kamm und Frau Pedrazzi wären einverstanden. Was meint ihr dazu?»

Die Kinder sind sich sofort einig, die Idee von Jana, Milena und Sina findet ausschliesslich Zustimmung. Die drei Mädchen haben vorsorglich eine schriftliche Information an die Eltern vorbereitet und verteilen sie ihren Kolleginnen und Kollegen. Die Eltern müssen schliesslich wissen, dass ihr Kind am kommenden Montag über den Mittag in der Schule bleibt.

Der Ideenbüro-Mittagstisch ist innerhalb weniger Minuten organisiert. Die kurzfristig veränderte Tagesstruktur ermöglicht Beteiligung mit Verantwortungsübernahme.

---

1 Die Namen wurden mit dem Einverständnis der Kinder nicht anonymisiert.

Liebe Eltern

Wie Sie bereits wissen, ist Ihr Kind Mitglied unseres Ideenbüros. Damit Ihr Kind die anderen Kinder noch näher kennenlernen kann, essen wir am 26.3.2018 in der Schule. Wir kochen für die Kinder des Ideenbüros Spaghetti mit Tomatensauce.

Mitbringen: Teller, Becher und Besteck, im Plastiksack.

Liebe Grüsse Ideenbüro, Gruppe Jana, Milena und Sina

… eine Woche später

Beispiele aus der Praxis

Primarschule Heimat Buchwald, St. Gallen (SG), Hanspeter Krüsi: Übergänge

Von der Jahrgangsklasse zur Mehrklasse

➡ Impuls 7 Nach einem deutlichen Teamentscheid bereiteten wir uns während zweier Jahre auf die Umstellung von den Jahrgangsklassen in das Mehrklassensystem vor. Im Schuljahr 2009/10 führten wir zwei Unterrichtsaktivitäten zu den Themen Sterne (im November) und Reisen (im Februar) durch. Dazu teilten wir unsere Jahrgangsklassen in Mehrklassen (1 bis 3 und 4 bis 6) auf.

Die letzte Sommerferienwoche vor dem Start nutzten wir für die Vorbereitung des Einstiegs. Am Montag, 2. August 2010, eine Woche vor dem Start ins Mehrklassensystem, trafen wir uns zur Einstimmung und Vorbereitung. Weil unser Schulleiter eng mit dem FC St. Gallen verbunden ist, erhielten wir die Möglichkeit, die AFG-Arena für diesen speziellen Tag zu nutzen. Wir trafen uns um 8.00 Uhr vor der Arena. Nach einer kurzen Begrüssung durch den Schulleiter gab die Sekretärin des Schulleiters und Expertin für Rituale einen Einblick in die Bedeutsamkeit von Ritualen. In einer Einzelarbeit schrieben wir auf, was der Abschied von der Jahrgangsklasse für jeden von uns bedeutete. Ein Mittelstufenlehrer hielt eine witzige, auch ein bisschen wehmütige Abschiedsrede zu den Jahrgangsklassen. Wir schrieben das, was wir loslassen mussten oder wollten auf kleine Zettel, hängten sie an Ballone und liessen diese mit den besten Wünschen und Erinnerungen fliegen. Anschliessend setzten wir uns in der Gästekabine der AFG-Arena auf die Bänke. Nach einer kleinen Zwischenverpflegung stellten wir uns in der Reihenfolge auf, welche die Anzahl Jahre im Heimat Buchwald sichtbar machte. Einzeln machten wir uns durch die Katakomben der AFG-Arena auf den Weg zum Ausgang auf den Fussballplatz. Dort begrüsste uns der Schulleiter zum Mikado-Start und überreichte uns einen Mikado-Stab. Wir trafen uns alle im Anspielkreis auf dem Fussballplatz, sangen unser Mikado-Lied und stellten uns für ein Mannschaftsfoto auf. In einem Schulungsraum hoch oben in der AFG-Arena stiegen wir in diese besondere Team-Arbeitswoche ein. Es konnte losgehen!

Seit der gemeinsamen Woche für den Start in unser Schulprojekt reservieren wir diese letzte Woche in den Sommerferien jedes Jahr für gemeinsame Weiterbildungen und Arbeit in verschiedenen Teams.

Wir lassen das Jahrgangsklassensystem los.

Der Schulleiter begrüsst jede Lehrperson im «Mikado».

Der Schulleiter begrüsst die Neuen.

Die Neuen erhalten gute Wünsche aus dem Team.

Primarschule Ebersecken (LU), Adrian Vogel:
Vom Stundenplan mit Fächern zur Wochenstruktur mit Bausteinen

«Metenand-Stunden»

Wenn wir an unserer Schule miteinander arbeiten, gibt es immer wieder Situationen, welche es erfordern, dass Kinder verschiedener Klassen in unterschiedlichen Arbeits- und Projektgruppen zusammenarbeiten können. Wir haben uns deshalb entschieden, bei der Stundenplanung ein festes Zeitgefäss zu definieren, welches für alle Klassen gilt. Während dieser Zeit wird in den Klassen grundsätzlich schülerzentriert gearbeitet, was es ermöglicht, dass einzelne Kinder oder Gruppen die Klasse verlassen können. Dies kann längerfristig geplant sein oder kurzfristig organisiert werden. In diesem Schuljahr ist unsere gemeinsame Zeit jeweils am Dienstagnachmittag von 13.30 bis 15.00 Uhr. Wir nutzen dieses Zeitgefäss neben den Arbeitsgruppen auch für diverse Mottoaktivitäten, Partizipationsnachmittage, Kurse für Kinder (z. B. Friedensspick) usw. Arbeitsgruppen brauchen wir in diesem Jahr vor allem sehr intensiv vom Oktober bis März, für die Vorbereitung unseres Schneelagers.

➡ Impuls 4

Primarschule Heimat Buchwald, St. Gallen (SG), Alice Gimmi, Evelyn Fritsche:
Von Schnittstellen zu Übergängen

Mikadowoche im Juni

Jedes Jahr treffen sich im Juni alle Kinder während einer ganzen Schulwoche (Mikado-Woche) in der Mehrklasse, in der sie im neuen Schuljahr unterrichtet werden. Sie lernen so ihre neuen Klassenkameradinnen und -kameraden sowie ihre neuen Lehrpersonen kennen. Die Klassenlehrpersonen übernehmen ihre zukünftigen Klassen. Wo möglich unterrichten bereits die neu eingestellten Klassenlehrpersonen.

Die Spielgruppenkinder verbringen die Woche im Kindergarten, die «Grossen» aus den Kindergartenklassen in den Unterstufenklassen 1. bis 3. Klasse, die Kinder aus der 3. Klasse in den Mittelstufen-Tandemklassen 4. bis 6. Klasse. Die Neuen lernen andere Formen des Morgenkreises, des Klassenrates, der Arbeit mit Plänen usw. kennen. Die Kinder, die schon in der jeweiligen Mehrklasse sind, üben sich erstmals in den neuen sozialen Rollen. Mit dieser ritualisierten Sonderwoche erleichtern wir den Kindern den Schritt in die neue Stufe und unterstützen den Schulbeginn nach den Sommerferien in der neuen Klasse. Das Team legte für die Mikado-Woche Rahmenbedingungen fest.

Zur Unterstützung der Übergänge von der Spielgruppe bis zur Oberstufe haben wir das Handbuch «Übertritte» ausgearbeitet.

Präsentationen aus der Mikadowoche

Übertritt in eine neue Klasse

Primarschule Wyden, Winterthur (ZH), Felix Molteni:
Vom Einzelkämpfertum zur effizienten Zusammenarbeit der Lehrpersonen

Lehrpersonen-Rat

Eine besondere Form der Zusammenarbeit im Team ist unser Lehrpersonen-Rat. Nachdem wir in allen Klassen den Klassenrat eingeführt und etabliert hatten, beschlossen wir, einen Lehrpersonen-Rat einzuführen. Dieser findet im Teamzimmer einmal pro Quartal innerhalb der Konventzeit statt und dauert 1,5 Stunden. Pro Klassenteam nimmt immer mindestens eine Lehrperson teil. Ebenfalls dabei sind die Fachlehrpersonen, die an diesem Nachmittag unterrichten. Eine Lehrperson leitet den Lehrpersonen-Rat. Auf einer Traktandenliste werden die Themen eingetragen, zum Beispiel Fragen zum Zusammenleben und zu den Arbeiten für die Gemeinschaften im Team, Themen bezüglich Ordnung, Sicherheit und Ruhe im Schulhaus, Pädagogisches. Entsprechende Beschlüsse werden wenn nötig «nach aussen», den Kindern oder den Eltern kommuniziert. So entstand zum Beispiel die «Grüezi-Woche». Sie kann vom Kollegium, vom Hauswart oder von den Kindern eingefordert werden, falls das Begrüssen wieder einmal nicht mehr so klappt wie es sich alle wünschen. Aufgrund eines Entscheides im Lehrpersonen-Rat entstand auch das Wyden-ABC, eine Zusammenstellung von allem Wissenswerten und Wichtigen für Neueinsteigerinnen und Neueinsteiger. Dazu gehören organisatorische Abmachungen oder Pädagogisches, zum Beispiel Teamvereinbarungen zur Durchführung des täglichen Morgenkreises. Wie in den Klassenratsrunden mit den Kindern bietet das Traktandum «Diverses» die Möglichkeit, nicht Traktandiertes einzubringen.

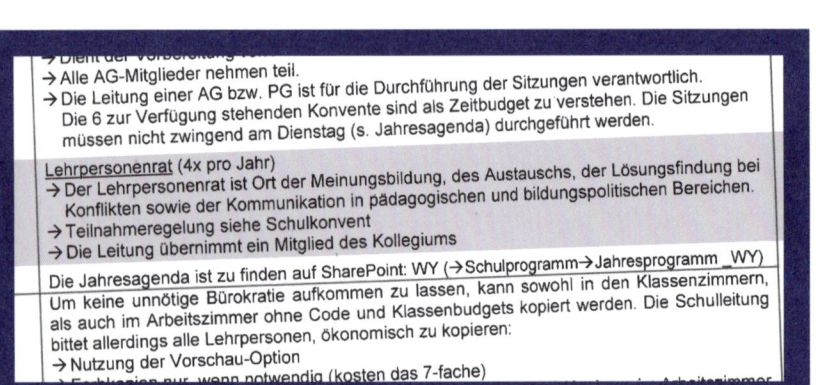

Ausschnitt aus dem Wyden-ABC

Primarschule Heimat Buchwald, St. Gallen (SG), Alice Gimmi, Evelyn Fritsche:
Vom Stundenplan mit Fächern zur Wochenstruktur mit Bausteinen

Schülerkonzerte an gemeinsamen Anlässen und in Zusammenarbeit mit der Tonhalle St. Gallen

Das gemeinsame Singen und Musizieren hat bei uns einen hohen Stellenwert. Die Kinder lernen, aufeinander zu hören, sich in einem gemeinsamen Rhythmus zu finden und einen Beitrag für ein gemeinsames Konzert zu leisten. Zudem erfahren die Kinder, wie wichtig es ist, zu üben, dranzubleiben und auf ein gemeinsames Ziel hinzuarbeiten. Wir sind alle davon überzeugt, dass damit das Zusammenleben und das Zusammenlernen gefördert werden. Mit Beginn des Projekts Mikado führten wir das Chorsingen ein. Heute ist dieser gemeinsame Anlass – mit oder ohne eigene instrumentale Begleitung – ein wichtiger Baustein der Schule. Im Verlauf der Jahre kam die Einführung und Etablierung des Musiktages dazu.

Die Musikalische Grundschule konnte im 2. Kindergartenjahr oder in der 1. Klasse besucht werden. Für eine Schule mit dem Mehrklassensystem 1. bis 3. Klasse war das stundenplantechnisch eine Herausforderung. Wir waren zudem der Ansicht, dass dieser Musikunterricht für alle Kinder wichtig ist. Im Jahr 2015 führte das Schulteam neben der musikalischen Frühförderung in der Grundstufe (1. bis 3. Klasse) auch in der Mittelstufe den Musiktag ein. Sowohl in der Grundstufe als auch in der Mittelstufe bringen die Kinder eigene Ideen ein und bestimmen bei Musikprojekten mit.

Zuerst wurden in der Grundstufe die wöchentlichen Lektionen der Musikalischen Grundschule und die Musiklektionen der 2. und 3. Klasse genutzt. Heute arbeiten wir alternierend mit Halbklassen. Jede zweite Woche treffen sich die Halbklassen unter Leitung der Lehrerin für Musikalische Grundschule zum Singen und Musizieren. Dabei werden auch Beiträge für gemeinsame Anlässe eingeübt und geprobt, z. B. die instrumentelle Begleitung für das Adventssingen in der Schulgemeinschaft. In der Mittelstufe arbeitet die Lehrerin für Musikalische Grundschule zusammen mit den Mittelstufenlehrpersonen und mit den Mittelstufenkindern an verschiedenen musikalischen Projekten. Diese werden wöchentlich oder im Halbjahresturnus angesetzt. Die Abschlussprojekte bilden jeweils den Höhepunkt, zum Beispiel Musicalaufführung, Strassenmusik im Quartier St. Fiden.

Meistens stehen die Projekte in einem Zusammenhang mit dem aktuellen schulischen Kontext. Das bedeutet für die nächsten drei Jahre die 100-Jahrfeier des Schulhauses Buchwald (2018), die 10-Jahr-Jubiläums-Feier des Schulentwicklungsprojekts Mikado (2019) und das städtische Kinderfest zum Thema «vielfädig» (2020).

Während der Arbeit mit dem Jahresthema «Aufeinander hören» besuchten wir mit den Grundstufenklassen eine Orchesterprobe des Symphonieorchesters der Tonhalle St. Gallen. Seither gehört ein solcher Besuch zum Jahresprogramm. Zuerst nahmen wir als Zuhörer und Zuhörerinnen an den Hauptproben teil, dann kam es schrittweise zu einer Zusammenarbeit. Heute machen wir gemeinsam Schülerkonzerte, die die Lehrerin der musikalischen Grundstufe mit den Grundstufenkindern vorbereitet. Wir richten uns dabei nach dem Programm der Tonhalle. In diesem Schuljahr steht «Peter und der Wolf» auf dem Programm.

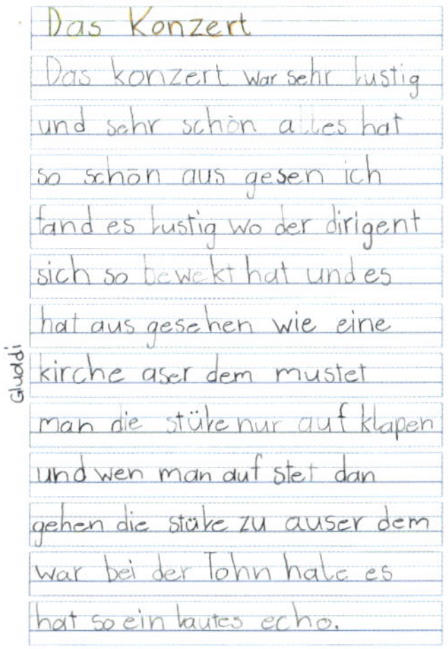

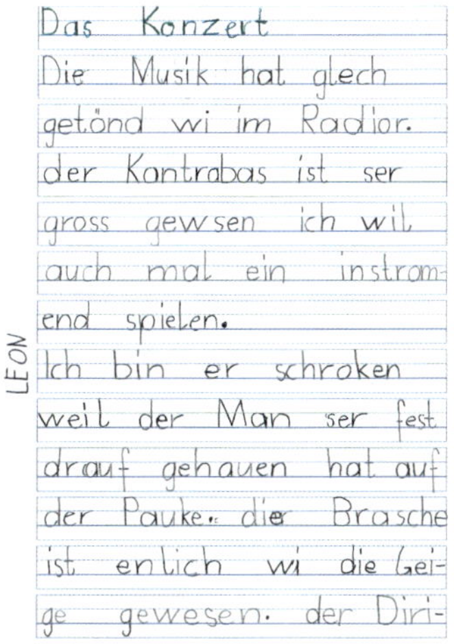

Impuls 10

Bausteine für Unterricht und Zusammenleben nutzen

Unterricht mit Fächern geht von den Lerninhalten aus, Unterricht mit Bausteinen stellt das Lernen und Lehren ins Zentrum. Die Bausteine können für das Angehen der fächerbezogenen Lerninhalte und -ziele genutzt werden. Die Gestaltung von Unterricht und Zusammenleben mit Bausteinen basiert auf Anerkennung und Beteiligung und setzt bei den Lehrpersonen die Bereitschaft voraus, die herkömmliche Unterrichtsplanung und -praxis kritisch zu reflektieren.

Die Individualisierende Gemeinschaftsschule
- geht von Formen des Lernens und Lehrens aus und arbeitet mit Bausteinen;
- geht von der aktuellen kantonalen Stundentafel aus, bringt sie mit den Ausrichtungen der Bausteine in Verbindung und setzt sich mit möglichen «Knacknüssen» auseinander, nutzt Gestaltungsspielräume für erste Umsetzungsschritte;
- setzt aufgrund einer Standortbestimmung zu den Bausteinen eine idealtypische Wochenstruktur um oder plant die schrittweise Umstellung von den Fächern zur Arbeit mit den Bausteinen, d.h. vom Fächerstundenplan zur Wochenstruktur mit Bausteinen;
- ermöglicht und unterstützt mit den Bausteinen das individuelle Lernen und das Lernen in Gruppen und Gemeinschaften;
- ermöglicht in allen Bausteinen «Anerkennung, Beteiligung und Demokratie leben und lernen».

Darum geht es

«Die Welt ist nicht in Fächer eingeteilt, und Kinder erleben die Welt nicht in Fächern. Im Unterrichtsbaustein ‹Thema› setzen sich die Kinder mit ihrer Lebenswelt und mit gesellschaftlichen Anforderungen und Problemstellungen auseinander. Das ist nur durch vernetztes Denken und Handeln möglich: zwei wichtige Bildungs- und Erziehungsziele!»
Schule Schenkon (schule-schenkon.ch)

«Laut Achermann & Gehrig lässt sich AdL besser umsetzen, wenn der Unterricht zuerst nach der Art des Lernens und erst in zweiter Linie nach den Lerninhalten strukturiert ist. Darum prägen die Wochenstruktur, die Lernsteuerung, individualisierter Unterricht und bewusstes Zusammenleben das Lernen. Das Autorenteam hat Bausteine zu Unterricht und Zusammenleben entwickelt und beschrieben.»
Marianne Wydler (Wydler, 2012, S. 29)

Acht Bausteine für Unterricht und Zusammenleben

Achermann & Gehrig (2011) haben für die Individualisierende Gemeinschaftsschule mit Altersdurchmischtem Lernen acht Bausteine für Unterricht und Zusammenleben entwickelt. Alle Bausteine können in Jahrgangsklassen, in Mehrklassen und in Mehrklassen mit AdL und in allen Stufen (Kindergarten, Primarstufe, Oberstufe) genutzt werden.

Thema Thematisches, fächerverbindendes Lernen an einem gemeinsamen Thema in der AdL-Klasse und in kleinen Gruppen.	**Freie Tätigkeit** Offenes, eigenständiges Spielen und Lernen an einer selber gewählten Tätigkeit in der AdL-Klasse.	**Arbeiten für die Gemeinschaft** Altruistisches Lernen durch die Übernahme einer Arbeit für die Gemeinschaft und der damit verbundenen Verantwortung.	**Anlässe in der Gemeinschaft** Rituelles und kulturelles Lernen durch Mitgestaltung und Miterleben von Anlässen in Gemeinschaften.
Plan Spezifisches Lernen an Basiszielen und persönlichen Zielen nach einem Arbeitsplan allein und in kleinen Gruppen.	**Kurs** Systematisches, fachbezogenes Lernen an Basiszielen in lernstandsähnlichen Gruppen, in der Klasse oder in der AdL-Klasse.	**Versammlung** Partizipatives Lernen durch Mitgestaltung und Mitbestimmung von Unterricht und Zusammenleben.	**Forum** Dialogisches Lernen durch Austausch und Gespräche zu schulischen und ausserschulischen Themen.

Kinder und Jugendliche sollen an gemeinsamen und unterschiedlichen Lerninhalten fächerübergreifend und fachbezogen, thematisch und systematisch, selbstständig und kooperativ lernen und das Zusammenleben üben und partizipativ mitgestalten können. Dafür eignet sich eine Wochenstruktur, die sich nach der Art des Lernens und Lehrens (statt nach Inhalten) gliedert. Bausteine ersetzen die Fächer, alle Fächer haben in den Bausteinen Platz. Diese Umstellung kann mit der Ausarbeitung einer idealtypischen Wochenstruktur erfolgen oder mit der schrittweisen Erarbeitung, Einführung und Integration einzelner Bausteine in die bestehende Stundentafel. Sie ist eingebettet in die Schulentwicklung.

➡ Impuls 12

Bausteine mit Blick auf Individuums- und Gemeinschaftsorientierung, auf Anerkennung und Beteiligung

«Individuum und Gemeinschaft respektieren und stärken», «Anerkennung und Beteiligung leben und lernen» kommen in den acht Bausteinen unterschiedlich zum Tragen. Sie unterstützen «Demokratie und Menschenrechte leben und lernen».
Da alle Bausteine fächerunabhängig sind, werden je nach Themen und Lernzielen sowohl fachliche als auch überfachliche Kompetenzen erworben, geübt und entwickelt.

Die folgende Zusammenstellung skizziert den Bezug der einzelnen Bausteine zu «Individuum und Gemeinschaft respektieren und stärken» sowie zu «Anerkennung und Beteiligung leben und lernen»:

→ Impulse 1, 3, 4	Individuum und Gemeinschaft respektieren und stärken (Beispiele)	Anerkennung und Beteiligung leben und lernen (Beispiele)
Baustein «Thema»	Individuelle Kompetenzen beim Lernen an Aufgaben mit verschiedenen Kompetenzprofilen erweitern. Eigene Projekte im Rahmen des gemeinsamen Themas ausarbeiten. Individuell und kooperativ am gleichen Thema lernen. Vernetztes Denken und Handeln entwickeln und üben. Gruppen und Gemeinschaften für Austausch und Reflexion von Lernprozessen und Lernergebnissen nutzen. Eigene Projekte in Gruppen oder in Gemeinschaften präsentieren.	Verschiedene Interessen, Kompetenzen, Entwicklungs- und Lernstände respektieren und durch Von- und Miteinander-Lernen nutzen. Expertentum anerkennen und entsprechende Lernangebote von anderen annehmen. Verschiedenen Interessen innerhalb eines gemeinsamen Themas Platz geben. Bei der Wahl der Themen, eigener Projekte und bei der Zusammenarbeit mit ausserschulischen Fachpersonen selbst-/mitbestimmen. Sich an der Gestaltung von ausserschulischen Lernorten beteiligen. Soziale Eingebundenheit, Autonomie und Selbstwirksamkeit erfahren.
Baustein «Freie Tätigkeit»	Gelerntes vertiefen und Neues entdecken. In Kursen erworbene «Zertifikate» nutzen. Individuelles, interessenorientiertes Lernen an schulischen und ausserschulischen Themen. Lernen durch Lehren mit eigenen Lernangeboten. Expertentum einbringen und anbieten. Spielen, Arbeiten und Lernen in verschiedenen selbstgewählten Kleingruppen.	Eigene Interessen und diejenigen anderer kennenlernen und anerkennen. Expertentum der Klassenkameradinnen und -kameraden und der ausserschulischen Fachpersonen erkennen und nutzen, Lernangebote von anderen schätzen und nutzen. Freiräume allein oder zusammen mit anderen erkennen und nutzen. Bei der Wahl des Arbeitsplatzes, der Lernpartnerinnen und -partner, der Arbeitsmethoden, der Lerninhalte, bei der Präsentation der Arbeitsprodukte selbst-/mitbestimmen. Ausserschulische Fachpersonen für die Arbeit an eigenen Projekten beiziehen. Ausserschulisches Lernen organisieren und umsetzen. Soziale Eingebundenheit, Autonomie und Selbstwirksamkeit erfahren.
Baustein «Kurs»	Kursangebote nutzen, welche die individuellen Lernbedürfnisse aufnehmen. Die Basis legen für individuelles Vertiefen und Üben im Plan. In verschiedenen lernstandsähnlichen oder -heterogenen Gruppen zusammen lernen. «Zertifikate» für Arbeiten für die Gemeinschaften, eigene Projekte in der freien Tätigkeit u. a. erwerben.	Verschiedene Interessen, Kompetenzen, Entwicklungs- und Lernstände anerkennen, respektieren und durch Von- und Miteinander-Lernen nutzen. Unterschiedliche Lernbedürfnisse/-interessen anerkennen. Kurse, die für das eigene Lernen entscheidend sind, allein oder zusammen mit anderen vorschlagen oder einfordern. Eigene Kurse anbieten, Autonomie und Selbstwirksamkeit erfahren.
Baustein «Plan»	Gelerntes durch individuelles Üben und Vertiefen absichern. Gelerntes mit herausfordernden Aufgaben anreichern. Im eigenen Lerntempo arbeiten. Expertentum in spontanen oder geplanten Lernberatungen (Lernen durch Lehren) auf der Erklärinsel anbieten. Austausch in der Gemeinschaft zu Gelungenem und zu Herausforderungen bei der Arbeit an Arbeitsplänen für das eigene Lernen mit Plänen nutzen.	Verschiedene Kompetenzen, Entwicklungs- und Lernstände respektieren und nutzen. Individuelle Arbeitspläne mit verschiedenen Lerninhalten und Lernzielen respektieren. Arbeitsorganisation, Lernmethoden und Lerninhalte aufgrund individueller Lernbedürfnisse in teiloffenen oder offenen Plänen mit- oder selbstbestimmen. Hausaufgaben (Üben, Vertiefen, Anreichern usw.) in einem eigenen Hausaufgabenplan selbst festlegen. Soziale Eingebundenheit, Autonomie und Selbstwirksamkeit erfahren.

Individuum und Gemeinschaft respektieren und stärken (Beispiele)	Anerkennung und Beteiligung leben und lernen (Beispiele)	
Sich als wichtiges Mitglied der Gemeinschaft erleben und Beiträge zum Gelingen des Zusammenlebens leisten. Zuverlässigkeit und Verantwortungsübernahme im Interesse der Gemeinschaft üben. Gemeinschaftsfähigkeit entwickeln. Individuelle Stärken und Begabungen einbringen. Andere bei der Ausübung der Arbeiten für die Gemeinschaft unterstützen. Arbeiten für die Gemeinschaft mit Blick auf Freiwilligentätigkeit im Erwachsenenleben als Übungsfeld nutzen.	Die Bedeutsamkeit der Arbeiten für die Gemeinschaft zum Wohl und im Interesse aller erkennen. In der Klassen- und Schulgemeinschaft die Arbeiten für die Gemeinschaft zusammen festlegen. Sowohl Arbeiten für Ordnung und Sauberkeit wie auch Arbeiten für demokratisches Zusammenleben anerkennen, wertschätzen und übernehmen. Mitverantwortung zum Wohl und im Interesse verschiedener Gemeinschaften übernehmen und sich an der Gestaltung des Zusammenlebens in Gemeinschaften beteiligen. Soziale Eingebundenheit, Autonomie und Selbstwirksamkeit erfahren.	Baustein «Arbeiten für die Gemeinschaft»
In verschiedenen schulischen Gemeinschaften und in Gemeinschaften im schulischen Umfeld zusammen mit anderen spielen, feiern usw. Gemeinschaftsfähigkeit ausserhalb des klasseninternen Lernens in verschiedenen Gemeinschaften entwickeln. Kooperations- und Kommunikationsfähigkeit erweitern. Gemeinschaftsfähigkeit erleben, erproben und stärken. Schule als Teil der Gesellschaft erleben.	Wir-Gefühl, Wohlbefinden und Sicherheitsgefühl pflegen und stärken. Verschiedene Kulturen und Traditionen kennenlernen, respektieren und wertschätzen. Schulische und ausserschulische Anlässe mitorganisieren und mitgestalten. Soziale Eingebundenheit, Autonomie und Selbstwirksamkeit erfahren.	Baustein «Anlässe in der Gemeinschaft»
Von sich erzählen, sich einbringen, über das eigene Lernen nachdenken. Eigene Lernprozesse und Lernergebnisse präsentieren und im Austausch mit anderen reflektieren. Sich über eigene Erfolge und über andere Erfolge freuen. Anderen zuhören, sich für andere öffnen. Durch Dialoge und Diskurse von anderen Selbst- und Sozialkompetenzen entwickeln. Fragen stellen, Rückmeldungen geben, Kommunikationskompetenzen entwickeln.	Eigene und andere Lebensformen, Erlebnisse, Erfahrungen, Lernwege, Lernergebnisse, Ansichten, Interessen usw. anerkennen und respektieren. Erfolge anderer anerkennen und sich mit anderen darüber freuen. Sich bei den verschiedenen Grundvarianten des Forums beteiligen. Durch Dialoge und Diskurse Kompetenzen wie Empathie, Solidarität, Perspektivenwechsel erwerben, üben und entwickeln. Soziale Eingebundenheit, Autonomie und Selbstwirksamkeit erfahren.	Baustein «Forum»
Eigene Ideen für das Zusammenleben in der Gemeinschaft entwickeln. Kommunikations- und Diskurskompetenzen entwickeln, sich eine eigene Meinung bilden und diese argumentativ vertreten, die Meinungen anderer anhören, durch Dialoge und Diskurse von anderen lernen. Eigene demokratische Kompetenzen und persönliche Bereitschaft zum Konsens entwickeln. Demokratisch gefällte Entscheide mittragen. Andere bei der Entwicklung ihrer demokratischen Kompetenzen unterstützen.	Andere Meinungen anhören, respektieren und ins eigene Denken einbeziehen. Kompetenzen wie Perspektivenübernahme, Empathie, Solidarität, Fairness usw. erwerben und entwickeln. Sich an demokratischen Entscheidungsprozessen beteiligen. Konsensfindung priorisieren. Schulische und ausserschulische demokratische Projekte anregen und sich bei deren Umsetzung engagieren. Soziale Eingebundenheit, Autonomie und Selbstwirksamkeit erfahren.	Baustein «Versammlung»

Arbeit mit den Bausteinen – Anregungen und Stolpersteine

Schulen, die mit einzelnen Bausteinen arbeiten, erleben Erfolge und etablieren die Arbeit, begegnen jedoch auch Stolpersteinen. Die Zusammenstellung zu Anregungen und Stolpersteinen schliesst jeden Baustein mit Beispielen zum Erwerb überfachlicher Kompetenzen ab.

Baustein «Thema»	Anregungen	Stolpersteine
	Beim Lernen an der gleichen Sache nutzt die Lehrperson die beiden didaktischen Konzepte von Feuser und Wocken. Sie achtet z. B. darauf, dass sowohl individuelle als auch gemeinsame Produkte entstehen oder plant den Unterricht mit den vier Lernsituationen von Wocken.	Ein «zu enges» Thema lässt wenig Spielraum zu (z. B. «Der Frosch» statt «Leben im und am Wasser», Impuls 1).
	Mit Individualisierung und Personalisierung (Impuls 1) bestehen Lernangebote mit verschiedenen Aufgabenprofilen, die allen Kindern und Jugendlichen zur Verfügung stehen.	Kopien und Arbeitsblätter «alle das Gleiche» lassen wenig Beteiligung der Kinder und Jugendlichen zu (z. B. «Didaktik des weissen Blattes», Impuls 8).
	In der Grundvariante findet eine sorgfältige Einführung, Erprobung und Reflexion in das projektorientierte Arbeiten statt. Die so erworbenen und gefestigten Kompetenzen (siehe Anregung im Baustein «Kurs») nehmen die Kinder und Jugendlichen in die freie Tätigkeit mit.	Entscheidet die Lehrperson, wer welche Lernangebote nutzen darf, unter- oder überschätzt sie eventuell die Kompetenzen der Kinder und Jugendlichen. In Mehrklassen sollte der Zugang zu den Lernangeboten nicht nach der Jahrgangsklassenzugehörigkeit erfolgen.
	Die Lehrperson setzt sich mit Lehrmitteln auseinander, welche vom Lernen an der gleichen Sache ausgehen.	Unterscheidet die Lehrperson zu wenig klar zwischen Sonderwochen und Projektwochen, werden Projektwochen von Lehrpersonen inhaltlich festgelegt, geplant und durchgeführt. Es bleibt wenig Platz für Ideen und Beteiligung der Kinder und Jugendlichen.
	Die Lehrperson berücksichtigt kooperative Lernformen bei der Unterrichtsplanung.	Vorhandenes Expertentum oder in einem Kurs erworbenes Expertentum (siehe Anregung im Baustein «Kurs») der Kinder und Jugendlichen wird zu wenig genutzt.

Die Arbeit im Baustein «Thema» unterstützt den Erwerb überfachlicher Kompetenzen, z.B.: Wer mit anderen an der gleichen Sache lernt, lernt, sich aktiv an der Zusammenarbeit mit anderen zu beteiligen, lernt, Informationen zu vergleichen und Zusammenhänge herzustellen (vernetztes Denken).

Baustein «Freie Tätigkeit»	Anregungen	Stolpersteine
	Die Lehrperson klärt mit den Kindern und Jugendlichen Ziel und Zweck des Bausteins «Freie Tätigkeit». Beim Einstieg klären sie gemeinsam die Grenzen der Partizipation und der Freiheit: Was kann ich machen? Was kann ich eventuell machen, was kann ich sicher nicht machen?	Fehlen den Kindern und Jugendlichen Kompetenzen für das Angehen anspruchsvoller Vorhaben oder eigener Projekte, können sie schnell überfordert sein. Übernimmt dann die Lehrperson «den Lead», verhindert sie Selbstwirksamkeitserfahrungen und eigenständiges Lernen der Kinder und Jugendlichen. Alle sind frustriert.
	Für erste Erfahrungen werden hilfreiche Strukturen wie die Gardner-Intelligenzen mit entsprechenden Spiel- und Lernideen angeboten, die den Kindern und Jugendlichen Anregungen für eigene Ideen geben.	Eine Reduktion auf produktorientierte Projekte lässt wenig oder keinen Platz für «Spielen und Vorhaben umsetzen» zu und gibt nur einem Teil der Interessen und Ideen der Kinder und Jugendlichen Raum.
	In einem Kurs oder im Baustein «Thema» werden Kompetenzen für projektartiges Arbeiten aufgebaut.	Eine zu enge – gut gemeinte, unterstützende oder kontrollierende – Führung durch die Lehrperson (z. B. Bereitstellen des Materials, Vorgaben für das Vorgehen, Hinweise auf mögliche Schwierigkeiten usw.) erschwert Schritte zur Selbstständigkeit.
	Wenn Kinder und Jugendliche Vorhaben umsetzen und an eigenen Projekten arbeiten, lernen sie, mit ausserschulischen Fachpersonen zusammenzuarbeiten.	Gibt die Lehrpersonen enge Vorgaben, z. B. bezüglich Zeit, spielen, lernen und arbeiten die Kinder und Jugendlichen nicht in ihrem Lern- und Arbeitstempo.
	Zur Arbeit in der freien Tätigkeit gehören immer ein gemeinsamer Ein- und Ausstieg, Planung, Dokumentation und Reflexion. (Das will ich heute machen! Das habe ich gemacht – mit Fotos, Zeichnungen usw.! – So schaue ich auf meine Arbeit zurück! Diese drei Schritte werden sorgfältig eingeübt und abgesichert.)	Ist das Zeitgefäss für die freie Tätigkeit zu kurz bemessen (z. B. 1–2 Lektionen/Woche), bleibt kaum Zeit für gemeinsame Ein- und Ausstiege und oft zu wenig Zeit für die Planung, Dokumentation und Reflexion.
	Präsentation der Arbeiten aus der freien Tätigkeit kann im Teamwork (Impuls 1) erfolgen.	Müssen Vorhaben und Projekte gelingen, bleibt kein Platz fürs Scheitern. Scheitern gehört jedoch auch zum eigenständigen Lernen.

Die Arbeit in Kursen unterstützt auch den Erwerb überfachlicher Kompetenzen, z. B.: Wer eine eigene Arbeit wählt, lernt Strategien einzusetzen, um eine Aufgabe auch bei Widerständen und Hindernissen zu Ende zu führen.

Anregungen	Stolpersteine	Baustein «Kurs»
Die Lehrperson klärt mit den Kindern und Jugendlichen Ziel und Zweck des Bausteins «Kurs»: Weshalb arbeiten wir mit Kursen? Welche Kursgruppen können dazu gebildet werden? Welche Arten von Kursen werden von der Lehrperson angeboten oder können von den Kindern und Jugendlichen eingefordert werden? usw.	Werden Kurse nur ein Mal statt mindestens zwei bis drei Mal oder zu wenig lang (z. B. 10 Minuten statt 20 Minuten) durchgeführt, kann es sein, dass das Lernen zu wenig abgesichert ist.	
Die Lehrperson informiert die Kinder und Jugendlichen frühzeitig über die Kurse und Kursangebote, oder sie entscheidet sich aufgrund von Beobachtungen während des Unterrichts spontan für einen bedürfnisorientierten Kurs (z. B. für Jugendliche, welche Probleme mit dem Subjonctif haben) und öffnet ihn für andere.	Ist die Kursgruppe zu gross, kann auf die einzelnen Fragen der Kinder und Jugendlichen nur bedingt eingegangen werden. Fehlt beim Abschluss eines Kurses eine Überprüfung der angestrebten Kompetenzen, kann es vorkommen, dass die Kinder und Jugendlichen bei der individuellen Arbeit an ihren Plänen oder bei ihrer Arbeit als Expertin/Experte erneut anstehen.	
Arbeiten die Kinder und Jugendlichen im Baustein «Plan» selbstständig (mit Unterstützung eines eingeführten Helfersystems), führt die Lehrperson parallel Kurse durch.	Besteht das Kursangebot fast ausschliesslich aus klassenorientierten Kursen, erkennen die Kinder und Jugendlichen weder die Möglichkeit noch den Sinn und Zweck anderer Kurse.	
Die Lehrperson bietet Platz für interessenorientierte und andere Kurse, die von Kindern und Jugendlichen vorgeschlagen werden.	Gehören Kursangebote nicht zum alltäglichen Unterricht, trauen sich Kinder und Jugendliche eher weniger, nach einem Kursangebot zu fragen oder einen Kurs einzufordern.	
Schulische Heilpädagogen/-pädagoginnen oder die Klassenhilfe bieten in Absprache mit der Klassenlehrperson lernstandsähnliche, lernstandsheterogene oder interessenorientierte Kurse an.	Finden in Kursen ausschliesslich Instruktionen der Lehrperson statt, bleibt das Potenzial des Von- und Miteinander-Lernens ungenutzt.	
Kinder und Jugendliche erwerben in Kursen «Zertifikate», die sie entweder für die Arbeit an eigenen Projekten in den Bausteinen «Thema» (z. B. projektartiges Arbeiten) und «Freie Tätigkeit» (z. B. Nähen an der Nähmaschine), für «Lernen durch Lehren» (z. B. 1x1-König/Königin) in allen Bausteinen nutzen können. Kinder und Jugendliche werden zu Expertinnen und Experten.		

Die Arbeit in Kursen unterstützt auch den Erwerb überfachlicher Kompetenzen, z. B.: Wer sich bei der Lehrperson für einen Kurs meldet, erkennt, wann Hilfe benötigt wird und kann sich diese holen.

Anregungen	Stolpersteine	Baustein «Plan»
Die Lehrperson klärt mit den Kindern und Jugendlichen Ziel und Zweck des Bausteins «Plan»: Weshalb arbeiten wir mit Plänen? Was bedeutet Arbeit mit individuellen Plänen? Was kann man mit Plänen alles lernen? Welche überfachlichen Kompetenzen üben wir dabei? usw.	Verordnete Pläne bergen die Gefahr des Abarbeitens. Ist die Arbeit mit Plänen mit vielen Arbeitspapieren verbunden, finden sich die Kinder und Jugendlichen in der Materialflut nicht mehr zurecht.	
Arbeitet die Lehrperson mit Fachplänen, achtet sie darauf, dass die Arbeitsplanzeit ¼ (höchstens ⅓) der zur Verfügung stehenden Zeit (Anzahl Lektionen in der Stundentafel) beträgt.	Vorgegebene Pläne lassen keinen Platz für «Das will ich auch noch üben» zu. Entscheidet die Lehrperson, was geübt werden muss, haben die Kinder und Jugendlichen keine Gelegenheit, ihre Lernstände selbst einzuschätzen.	
Die Aufgaben in Plänen sind selbsterklärend, Kinder und Jugendliche arbeiten selbstständig und brauchen keine Hilfe der Lehrperson. Ein sorgfältig eingeführtes und fest installiertes Helfersystem unterstützt die Kinder und Jugendlichen beim Üben und Vertiefen von Gelerntem.	Sind Pläne so zusammengestellt, dass es immer wieder «Einführungen» braucht, müssen die Kinder mit der Weiterarbeit warten, bis die Einführung stattgefunden hat.	
Arbeit mit teiloffenen und offenen Plänen: Kinder und Jugendliche stellen ihre Pläne selbst zusammen, z. B. aufgrund einer Lernstandserhebung.	«Packen» die Lehrpersonen fast den ganzen Lernstoff eines Fachbereichs in Pläne, bleibt wenig Raum und Zeit für gemeinsames entdeckendes, handelndes und forschendes Lernen.	

Die Arbeit mit dem Baustein «Plan» unterstützt auch den Erwerb überfachlicher Kompetenzen, z. B.: Wer mit einem passenden Plan arbeitet, lernt, sich auf eine Aufgabe zu konzentrieren und ausdauernd daran zu arbeiten. Wer die Hausaufgaben selbst wählen kann, lernt, eigenverantwortlich Hausaufgaben zu erledigen und sich z. B. auf Lernkontrollen vorzubereiten. Wer in Absprache mit der Lehrperson seinen eigenen Plan zusammenstellt, bewältigt die Lernprozesse zunehmend selbstständig und entwickelt Ausdauer.

Baustein «Arbeiten für die Gemeinschaft»	Anregungen	Stolpersteine
	Die Lehrperson klärt mit den Kindern und Jugendlichen Ziel, Zweck und die Bedeutsamkeit der Arbeiten für die Gemeinschaft und weist auf die Relevanz der Freiwilligentätigkeit im Erwachsenenleben hin und ermöglicht den Erfahrungsaustausch über Arbeiten für die Gemeinschaft im ausserschulischen Zusammenleben (Familie, Vereine usw.).	Müssen die Arbeiten für die Gemeinschaft zum grossen Teil ausserhalb der Unterrichtszeit erledigt werden, werden sie nicht als Teil des Lernens und Zusammenlebens empfunden.
	Mit «Arbeiten für die Gemeinschaft» sind nicht nur Ämtli für Ordnung und Sauberkeit wie z. B. Finkenämtli, Pulte putzen gemeint. Gemeinsam mit den Kindern und Jugendlichen bespricht die Lehrperson die Frage «Welche Arbeiten für die Gemeinschaft braucht es, damit wir uns alle wohl und sicher fühlen?» Erfahrungsgemäss schlagen die Kinder und Jugendlichen auch sozial ausgerichtete Arbeiten vor wie z. B. Trösten, Helfen, Konflikte klären usw. (weitere Anregungen für Arbeiten für die Gemeinschaft: siehe Achermann & Gehrig, 2013, S. 134ff.) und Ideenbüro (S. 153).	Werden die Arbeiten nicht sorgfältig eingeführt und die drei Schritte «Drandenken, Ausführen, Umgang mit anderen» den Kindern und Jugendlichen nicht bewusst gemacht, gehen sie oft vergessen oder werden schnell nebenbei erledigt.
		Wird davon ausgegangen, dass alle Kinder und Jugendlichen alle Arbeiten einmal übernehmen müssen, verpasst man die Möglichkeit, besondere Interessen und vorhandenes Expertentum der Kinder und Jugendlichen zu nutzen, z. B. Pflanzen pflegen, Computerchefin.
	Gemeinsam legen Lehrpersonen, Kinder und Jugendliche die Arbeiten fest, die den Erwerb und das Einüben von personalen und sozialen Kompetenzen ermöglichen. Arbeiten für die Gemeinschaft (z. B. für die Familie, für eine Nachbarin) werden Teil der Hausaufgaben.	Bringen die Kinder und Jugendlichen aus dem Zusammenleben in der Familie keine oder wenig Erfahrungen mit der Übernahme von Arbeiten für die Gesellschaft mit, sind sie zu Beginn auf Unterstützung angewiesen.

Arbeiten für die Gemeinschaft unterstützen auch den Erwerb überfachlicher Kompetenzen, z. B.: Wer tröstet, entwickelt Empathie. Wer Konflikte klärt, entwickelt die Fähigkeit zur Perspektivenübernahme, kann Konflikte benennen, Lösungsvorschläge suchen und Konflikte lösen. Wer Arbeiten übernimmt, lernt, übertragene Arbeiten zuverlässig und pünktlich zu erledigen.

Baustein «Anlässe in der Gemeinschaft»	Anregungen	Stolpersteine
	Die Lehrperson klärt mit den Kindern und Jugendlichen die Bedeutsamkeit der Anlässe und zeigt auf, welche Anlässe in der Schulgemeinschaft fixe Bestandteile im Schuljahresprogramm sind.	Nebst fixen Anlässen in der Gemeinschaft wie Schuljahreseröffnungsfeier oder die Teilnahme an traditionellen Anlässen je nach lokalem Brauchtum (z. B. Kinderfest Stadt St. Gallen) werden im Team immer wieder neue, interessante Vorschläge für Anlässe in der Gemeinschaft eingebracht: Lesenacht, Sternwanderung, Bach-/Waldputzen, Schulquartierfest, Sport- und Spieltag, gemeinsames Weihnachtssingen usw.
	Die Lehrperson ermöglicht den Erfahrungsaustausch über Anlässe in der Gemeinschaft, in der Familie, in der Verwandtschaft, im Quartier, in Vereinen usw.	
	Die Kinder und Jugendlichen erhalten Gelegenheit, zu den bestehenden Anlässen in der Gemeinschaft ein Feedback zu geben. Die Lehrpersonen sind bereit, gemeinsam mit ihnen diese Anlässe zu reflektieren und Anregungen/Änderungsvorschläge der Kinder und Jugendlichen Platz zu geben.	Das Jahr hat nur 40 Schulwochen, es reicht nie für alle guten Ideen. Kollegien tun gut daran, die bestehenden Anlässe bezüglich ihrer Häufigkeit zu überprüfen und bestimmte Anlässe im Dreijahresturnus anzusetzen.
	Die Kinder und Jugendlichen können bei der Gestaltung bestehender und neu einzuführender Anlässe mitbestimmen und mitgestalten.	Werden gemeinsame Anlässe fast ausschliesslich von den Lehrpersonen verordnet, sind Kinder und Jugendliche nicht immer motiviert, daran teilzunehmen und dabei die ihnen zugeteilten Aufgaben zu übernehmen.

Anlässe in der Gemeinschaft unterstützen auch den Erwerb überfachlicher Kompetenzen, z. B.: Wer Anlässe mitgestaltet, lernt, Verschiedenheit zu akzeptieren, erfährt die Vielfalt als Bereicherung und trägt Gleichberechtigung mit, lernt je nach Situation, eigene Interessen zugunsten der Zielerreichung in der Gruppe zurückzustellen oder durchzusetzen.

Baustein «Forum»

Anregungen

Die Lehrperson klärt mit den Kindern und Jugendlichen Ziel und Zweck des Bausteins «Forum» und die Grundvarianten, die in der Klasse umgesetzt werden, z. B. Morgenkreis und gemeinsame Lernreflexionen. Sie zeigt deren Gemeinsamkeiten (Dialog und Austausch) und Unterschiede (Häufigkeit) auf.

In der Mittel- und Oberstufe weisen die Lehrpersonen mit aktuellen Stellenausschreibungen auf die Bedeutsamkeit von Kommunikations- und Kooperationskompetenzen, Teamfähigkeit und Perspektivenwechsel hin. Kinder und Jugendliche erkundigen sich bei ihren Eltern über die gefragten Selbst- und Sozialkompetenzen an ihrem Arbeitsplatz.

Die Kinder und Jugendlichen können bei der Gestaltung bestehender und neu einzuführender Formen des Forums mitbestimmen und mitgestalten.

Stolpersteine

Werden die Grundvarianten aus zeitlichen oder stundenplantechnischen Gründen nur sporadisch durchgeführt, wird es schwierig, den einzelnen Austauschrunden Raum für «Tiefgang» und Nachhaltigkeit zu geben.

Weil für diese Grundvarianten keine Fächer zur Verfügung stehen, laufen sie Gefahr, vergessen oder bewusst nicht genutzt zu werden. Es lohnt sich, im Lehrplan nach den fachlichen wie auch überfachlichen Kompetenzen zu suchen, die mit diesen Grundvarianten erworben und entwickelt werden.

Nachhaltige Austauschrunden brauchen Zeit. Werden sie nur kurz abgehalten, haben die Kinder und Jugendlichen keine Möglichkeit, sich in die Gespräche zu vertiefen. Die Ergebnisse sind dann für alle ernüchternd, z. B. Lernreflexion: «Wie ist es gegangen? – Gut! – War es schwierig? – Nein! – Was hast du dabei gelernt? – Weiss ich nicht».

Der Baustein «Forum» unterstützt auch den Erwerb überfachlicher Kompetenzen, z. B.: Wer an Dialogen aktiv teilnimmt, lernt, sich in die Lage einer anderen Person zu versetzen und sich darüber klar zu werden, was diese Person denkt und fühlt, lernt, Kritik angemessen, klar und anständig mitzuteilen und mit konstruktiven Vorschlägen zu verbinden, lernt, Kritik anzunehmen und die eigene Position kritisch zu hinterfragen.

Baustein «Versammlung»

Anregungen

Die Lehrperson klärt mit den Kindern und Jugendlichen Ziel und Zweck des Bausteins «Versammlung» und dessen beiden Grundvarianten «Klassenrat» und «Schulversammlung». Gemeinsam werden die Grenzen der Partizipation geklärt: Was kann ich/können wir einbringen? Was ist eventuell möglich? Was ist sicher nicht möglich?

Kinder und Jugendliche werden für die Leitung des Klassenrats und der Schulversammlung vorbereitet, z. B. in einem Kurs «Leitung Klassenrat» und erhalten Unterstützung durch die anderen.

Lehrpersonen halten sich während der Versammlungen zurück und geben sich nur mit weiterführenden Fragen ein, z. B.: Was würden denn die Eltern dazu sagen? Diese regen zum Nachdenken an und unterstützen Perspektivenwechsel.

Zur Entscheidungsfindung wird anstelle von Abstimmungen vermehrt auf Konsensfindung geachtet.

Stolpersteine

Behalten sich Lehrpersonen das Vetorecht nach demokratisch gefällten Entscheidungen vor, verlieren die Kinder die Freude und die Lust, sich für das Lernen und Zusammenleben in der Schule einzubringen.

Werden die Kinder und Jugendlichen nicht immer wieder auf mögliche Themen für den Klassenrat und für die Schulversammlung aufmerksam gemacht (z. B.: Das kannst du im Klassenrat vorschlagen), kann es vorkommen, dass die Kinder keine eigenen Ideen einbringen oder dass Klassenratsrunden zur «Klassen-Klagemauer» werden. Mit fixen Traktanden wie «Wie gut gelang es mir, mich an unsere Regeln für das Zusammenleben zu halten?» oder «Wie gut habe ich in der vergangenen Woche die Arbeit für die Gemeinschaft übernommen?» können sie für weitere mögliche Themen sensibilisiert werden. Grundsätzlich ist zu bedenken: Wer nur in sporadisch angesetzten Klassenratsstunden zu Wort kommen und sich beteiligen darf, bringt weder die Bereitschaft noch das Interesse für diese Scheinpartizipation mit.

Kommen nach Abstimmungen die Verlierer und Verliererinnen nicht nochmals zu Wort (z. B.: Was brauchst du, damit du den Entscheid mittragen kannst?), kann es zu Frust oder Widerstand kommen.

Der Baustein «Versammlung» unterstützt auch den Erwerb überfachlicher Kompetenzen, z. B.: Wer sich im Klassenrat oder an Schulversammlungen eingibt, lernt, in der Gruppe und in der Klasse oder in der Schulgemeinschaft Abmachungen auszuhandeln und Regeln einzuhalten, auf Meinungen und Standpunkte anderer zu achten und darauf einzugehen, die Argumente zum eigenen Standpunkt verständlich und glaubwürdig vorzutragen, aufgrund neuer Einsichten einen bisherigen Standpunkt zu ändern, in Auseinandersetzungen nach Alternativen bzw. neuen Wegen zu suchen.

Die Karten aus «Altersdurchmischtes Lernen entwickeln – Knacknüsse und Lösungsansätze» (Achermann, 2013) und Leitsätze helfen Teams, ihre Arbeit mit den Bausteinen zu reflektieren.

⬇ Leitfragen für die individuelle und gemeinsame Reflexion

Mein Verständnis von «Bausteine für Unterricht und Zusammenleben nutzen»
- Was sagt mir besser zu: Fächer oder Bausteine? Wie begründe ich das?
- Wie gut ist mein aktueller Stundenplan, meine Wochenstruktur rhythmisiert (Wechsel Individuum/Gemeinschaft)?
- Haben Bausteine oder Grundvarianten einen festen Platz in meinem Stundenplan/ in meiner Wochenstruktur?
- Hat es in meinem Stundenplan/in meiner Wochenstruktur längere Lernsequenzen (Doppellektionen)? Wie nutze ich sie?
- Mit welchen Bausteinen oder Grundvarianten arbeite ich bereits? Was gelingt gut, und wo werde ich herausgefordert?
- Wie kommen in meinen Bausteinen und Grundvarianten Individuum, Gemeinschaft, Anerkennung und Beteiligung zum Tragen?
- Auf welche Stolpersteine muss ich bei der Arbeit mit den Bausteinen besonders achten? Wie könnte ich mit ihnen umgehen, und wie kann ich sie vermeiden?

Unser Verständnis von «Bausteine für Unterricht und Zusammenleben nutzen»
- Welche Rahmenbedingungen gelten für die Ausarbeitung von Stundenplänen und Wochenstrukturen? Welche Gestaltungsspielräume bieten sich an? (➡ Impuls 7)
- Welche Herausforderungen stellen sich uns bei der Arbeit mit unseren Stundenplänen? Könnte es sein, dass besonders anspruchsvolle Halbtage auf eine fehlende Rhythmisierung zurückzuführen sind? Wie könnten wir diese Herausforderungen auffangen?
- Wollen wir in Anlehnung an die geltende Stundentafel eine idealtypische Wochenstruktur mit Bausteinen ausarbeiten und erproben, oder bevorzugen wir eine schrittweise Umstellung auf die Wochenstruktur mit einzelnen Bausteinen? Wie gehen wir bei der Optimierung unserer Stundenpläne/Wochenstrukturen vor?
- Wie und wann können wir Anregungen für die Arbeit mit Bausteinen und mögliche Stolpersteine auf Teamebene diskutieren, Erfahrungen und Optimierungen austauschen?
- Wie organisieren wir die Arbeit in klassen- und stufenübergreifenden Gruppen? Wie könnte es gelingen, dazu in allen Stundenplänen spezielle Zeitgefässe festzulegen?
- Wie gut haben wir unsere Arbeit mit den Bausteinen mit den Nachbarstufen geklärt? Bestehen Abmachungen, welche die Stufenübergänge erleichtern und den Kindern und Jugendlichen einen Wiedererkennungseffekt ermöglichen?

MEHR DAZU

Schule Feld, Wetzikon: Grundstufe Goldbühl (DVD)
Das Team der Grundstufe Goldbühl beschloss nach dem negativen Entscheid des Zürcher Stimmvolkes (prima-Initiative) 2012, der zur Schliessung der Grundstufe führte, ihre Arbeit auf einer DVD festzuhalten. Dabei gibt das Team Auskunft über und Einblicke in:
- Morgenkreis
- Reflexionskreis
- Klassenrat
- Arbeitsplan
- Kompetenzpass
- Standortgespräch
- Ende des Versuchsmodells

Aufgrund der Grundstufe hat das Team die Anstellung an der Primarschule Feld in Wetzikon gekündigt, die Lehrpersonen arbeiten heute in verschiedenen Schulen oder haben andere Aufgaben übernommen.

Zugefallenes aus dem Schulalltag

Jens und sein Kuchenschneidroboter

Die Mittelstufenklasse Nashorn der Schule Oberhausen in Opfikon begann im Herbst 2016, mit den Gardner-Intelligenzen zu arbeiten. Die Kinder setzten sich intensiv mit jeder Intelligenz auseinander und suchten nach Ideen und Möglichkeiten von Arbeiten im Rahmen der freien Tätigkeit. Nach den Frühlingsferien stiegen sie mit dem Baustein «Freie Tätigkeit» ein. Für die erste Arbeit gab die Lehrerin klare Strukturen und Vorgaben. Dabei wurden auch die im Baustein «Thema» in eigenen Projekten erworbenen Kompetenzen genutzt. Die Eltern wurden via Elterninfo informiert. Nach der Präsentation verschiedener freier Tätigkeiten erklärte sich Jens spontan bereit, mir über seine Arbeit zu berichten:

→ Impuls 1

«Ich habe zu Hause mit Legoroboterteilen schon mehrere Legoroboter gebaut. Dazu gab es immer Bauanleitungen. Ich wollte in der freien Tätigkeit etwas Cooles machen und habe mich für den Kuchenschneidroboter entschieden. Ich musste mir jetzt selber überlegen, wie ich das machen könnte. Vor den Sommerferien habe ich damit begonnen, in den Ferien arbeitete ich nicht daran, und im November war der Kuchenschneidroboter fertig. Es gab immer wieder Probleme. Ich wollte zuerst eine Messerscheibe, aber das ging nicht. Dann musste ich zusätzlich eine Holzunterlage machen, damit ich den Roboter darauf festschrauben konnte, sodass er nicht kippte. Der Farbsensor erkannte nicht alle Farben und konnte deshalb nicht alle Kuchen erkennen. Der Kuchen rutschte auf dem Holzbrettchen hin und her, deshalb befestigte ich auf dem Holzbrett ein Nagelbrett mit Reissnägeln. Jetzt kann ich den Kuchen auf die Reissnägel legen. Meine Mutter musste mehrere Kuchen kaufen! Ich musste immer wieder nach neuen Lösungen suchen. Mein Vater half mir dabei. Jetzt könnte ich zu meinem Kuchenschneidroboter eine Bauanleitung schreiben, das wäre ein neues Projekt. Vielleicht mache ich aber etwas ganz Neues.»

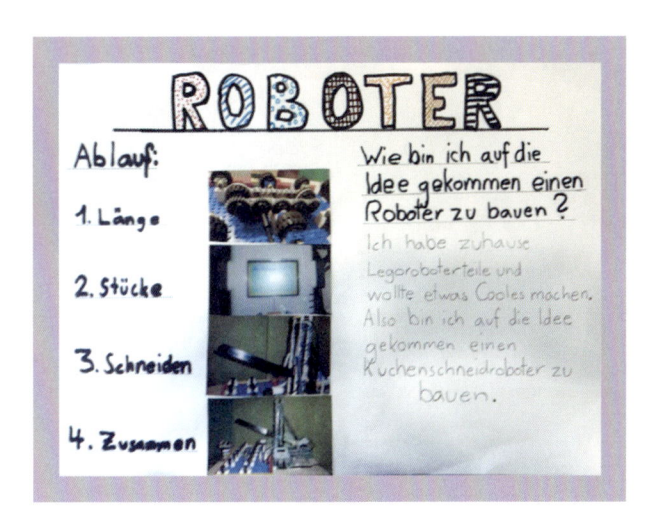

Präsentation der Gruppe mit Jens (→ Seite 27)

Beispiele aus der Praxis

Primarschule Schaanwald (FL), Catherine Lussi: Baustein «Versammlung»

Schülerparlament und Wahl des Jahresmottos

Vor vier Jahren haben wir an unserer Schule das Schülerparlament eingeführt. Wir treffen uns einmal im Monat und besprechen diverse Themen. So bestimmen die Kinder z. B. das jeweilige Jahresmotto (z. B. Kunst, Natur/Wald, Experimentieren/Technik).

Zu Beginn arbeiteten wir ausschliesslich im Plenum. Weil immer mehr Kinder an unsere Schule kamen, beschlossen wir, in Kleingruppen zu arbeiten. Die Kinder diskutieren heute die Themen in kleinen, stufengemischten Gruppen. Die Ergebnisse aus den Gruppenarbeiten werden im Plenum vorgestellt, diskutiert, ausgewertet, und dann werden weitere Schritte besprochen. Beim Schulhauseingang hängt eine Tafel mit den Beschlüssen. Es ist auch Raum für neue Traktanden.

Die Kinder der Basisstufe sind bei ihrem Einstieg in die Arbeit im Schülerparlament sehr gefordert. Es war und ist uns jedoch ein besonderes Anliegen, auch diese Kinder miteinzubinden. Wir überlegten uns, wie wir für die Kleinen die Beschlüsse und Diskussionen visualisieren könnten, damit diese verständlicher sind und die Kinder nicht nur zuhören müssen. Die Visualisierung hilft nicht nur den Kleinen, sondern auch den vielen fremdsprachigen Kindern.

2014 haben wir ein Konzept ausgearbeitet, das 2017 überarbeitet wurde. Ein grosser Schritt der Weiterentwicklung gelang im Schuljahr 2015/16 mit der Arbeit im Q-Zyklus. Eine Schülerbefragung zum Schülerparlament half uns dabei sehr.

Wahl des Jahresthemas «Experimentieren: Wasserkraft»

Primarschule Wyden, Winterthur (ZH), Felix Molteni:
Bausteine «Forum» und «Versammlung»

Vom Morgenkreis über den Klassenrat zur Vollversammlung

Im August 2011 bezog unser neu zusammengesetztes Team mit den neu gebildeten Mehrjahrgangsklassen das neu gebaute Schulhaus Wyden. Wir entschieden uns, für den Einstieg ins Mehrjahrgangsklassensystem zuerst die Gemeinschaftsbildung und das Zusammenleben in den verschiedenen Gemeinschaften anzugehen. Zuhören und gehört werden ist die Grundlage für Dialog- und Diskursfähigkeit. Wir hatten hohe Ziele und wollten sofort mit der Vollversammlung (Just Community) einsteigen, beschlossen dann aber, mit den Kindern zuerst an den Basiskompetenzen für Partizipation in der Schulgemeinschaft zu arbeiten.

Im ersten Schuljahr führten wir den Morgenkreis ein, um die soziale Eingebundenheit der Kinder in ihrer Mehrjahrgangsklasse zu unterstützen. Dabei spielt die Anerkennung jedes Kindes eine wichtige Rolle. Der Morgenkreis findet in allen Klassen täglich statt. Ablauf und Gestaltung ist Sache der einzelnen Klassenlehrperson. Auch Fachlehrpersonen führen einen Morgenkreis durch. → Impuls 4

Im zweiten Schuljahr tauschten wir die Erfahrungen mit dem Klassenrat aus. Die meisten von uns hatten schon mit dem Klassenrat gearbeitet. Heute wird der Klassenrat in allen Klassen wöchentlich einmal durchgeführt. Die Tandemklassen treffen sich regelmässig zum Tandem-Klassenrat. Wir Lehrpersonen treffen uns einmal pro Quartal zum Lehrpersonen-Rat. → Impuls 12

Im dritten und vierten Jahr befassten wir uns mit der Einführung und Etablierung der Vollversammlung. Zwei Lehrpersonen sind zusammen mit den Vertretern und Vertreterinnen aus allen Klassen für die Durchführung, Vor- und Nachbereitung verantwortlich. Während der Morgenkreis und der Klassenrat in der Verantwortung der Klassenlehrpersonen liegen, muss die Arbeit mit der Vollversammlung von allen Teammitgliedern mitgetragen werden. Das ist für uns immer wieder eine grosse Herausforderung und wird deshalb teamintern immer wieder thematisiert und diskutiert.

Das schrittweise Heranführen «erzählen und zuhören», «in der Klasse mitreden und mitentscheiden», «in der Schulgemeinschaft mitreden und mitentscheiden» hat sich bewährt. In den Gesprächsrunden an den Vollversammlungen nutzen die Kinder ihre im Morgenkreis und Klassenrat erworbenen sprachlichen, personalen und sozialen Kompetenzen.

Für den Morgenkreis, für den Klassenrat und für die Vollversammlung arbeiteten wir mit dem Q-Zyklus. Nach den jeweiligen Evaluationen legten wir gemeinsam Teamvereinbarungen fest. Diese sind Teil des Wyden ABC, welches in einem Lehrpersonen-Rat von Lehrpersonen initiiert und vom Schulleiter ausgearbeitet wurde. → Impuls 9

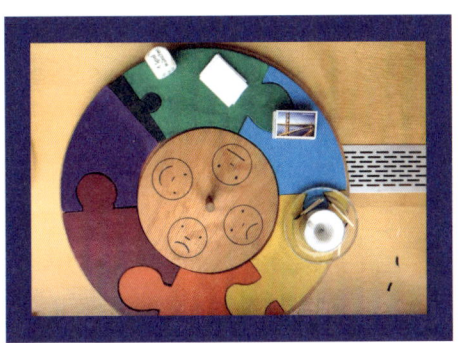

Unterlagen für den Morgenkreis

Vollversammlung: Beginn im Plenum

Jedes Kind bringt einen farbigen Holzwürfel mit: Ich bin dabei!

Schule Erlen (TG), Markus Wiedmer: Alle Bausteine
Jahresmotto «Roter Faden» – Vom Kindergarten bis zur Oberstufe

Im Kindergarten befassten sich unsere Kindergärtnerinnen intensiv mit den Bausteinen für Altersdurchmischtes Lernen. In kleinen Schritten erprobten sie Bausteine oder Grundvarianten der Bausteine, etablierten die Arbeit und legten Teamvereinbarungen fest.

Im Rahmen einer schulinternen Weiterbildung 2015 lernten alle Lehrpersonen die acht Bausteine kennen. Wir schrieben die Bausteine in den entsprechenden Farben auf Jenga-Hölzchen, suchten aus unserem Unterricht passende Umsetzungen und schrieben diese ebenfalls auf Jengahölzchen. Zuerst arbeiteten wir stufenintern (z. B. Jenga-Spiel), dann tauschten wir die Kisten mit den Jenga-Hölzchen mit den anderen Stufen aus und erfuhren so, was in den anderen Schulstufen zu den Bausteinen gemacht wurde.

Für das Schuljahr 2016/17 wählte die ganze Schule das Jahresmotto «Roter Faden». In allen Stufen wurde der Baustein «Freie Tätigkeit» eingeführt und entwickelt. In allen Stufen wurden die acht Bausteine thematisiert. Wir ordneten die bereits erfolgten Arbeiten den einzelnen Bausteinen zu und ergänzten diese.

Am Sommerfest im Juli 2017 erhielten die Eltern Gelegenheit, sich einen Einblick in die Arbeit mit den Bausteinen zu verschaffen. Jugendliche aus der Sekundarstufe gestalteten dazu zusammen mit ihrer Werklehrerin eine Ausstellung. Jeder Baustein wurde kurz beschrieben. Auf drehbaren Quadern konnte man zu jedem Baustein erfahren, wie er in den jeweiligen Stufen (Kindergarten, Unterstufe, Mittelstufe, Oberstufe) umgesetzt wurde. Zudem konnten die Eltern Unterrichtssequenzen in den jeweiligen Bausteinen besuchen.

Vier Bausteine für den Unterricht

Vier Bausteine für das Zusammenleben

Einblicke in den Baustein Freie Tätigkeit (Unterlagen aus dem drehbaren Quader)

Primarschule Jonschwil-Schwarzenbach (SG), Franziska Kamm:
Baustein «Arbeiten für die Gemeinschaft»

Ideenbüro[1]

In der Schule Jonschwil-Schwarzenbach arbeiten die Kinder zusammen mit uns Lehrpersonen schon seit zwei Jahren mit dem Ideenbüro. Kinder beraten Kinder, denn aufgrund ihrer eigenen Erfahrungen sind sie Experten und Expertinnen für Anliegen, Ideen und Probleme anderer Kinder. Sie finden oft passendere Lösungen als Erwachsene.

Nach zwei Jahren haben wir am Konzept einige Anpassungen vorgenommen. Aktuell arbeiten 14 Kinder in einer fixen Stunde im Stundenplan. Wir arbeiten mit zwei Betreuungspersonen, eine Person begleitet die Beratungen, eine andere bereitet die Sitzungen vor und erarbeitet mit den Kindern Ideen. Die Kinder werden dazu speziell ausgebildet und arbeiten in kleinen Beratungsteams. Für die Arbeit im Ideenbüro haben wir verschiedene Unterlagen ausgearbeitet. Jedes Beratungsteam besitzt einen Ordner mit allen Unterlagen.

Die Arbeit des Ideenbüros umfasst primär zwei Bereiche: neue Ideen und Projekte umsetzen, Beratung bei Problemen und Streit oder speziellen Anliegen der Schulkinder. Für eine Beratung «Streit» gilt folgendes Vorgehen:

1. **Anmeldung**: Jedes Kind hat die Möglichkeit, einen entsprechenden Anmeldezettel (Idee, Anliegen, Problem) auszufüllen und ihn in den Briefkasten beim Ideenbüro einzuwerfen.
2. **Posteingang**: Die Kinder aus dem Ideenbüro leeren zu Beginn der Ideenbürostunde den Briefkasten. Sie lesen die eingetroffenen Anmeldungen, schreiben das Vorprotokoll und eine Einladung an die betroffenen Kinder. Auf der Planungstafel tragen sie die anstehende Beratung ein (Termin, Zeit, Raum, Beratungskinder). Sie informieren eine der beiden Betreuungspersonen.
3. **Einladung bringen**: Die Kinder bringen die Einladung den betroffenen Kindern persönlich vorbei und informieren die Klassenlehrperson.
4. **Beratung**: Vor dem Beratungstermin «Streit» holen die Berater/Beraterinnen die beteiligten Kinder im Schulzimmer ab. Die Beratung findet gemäss einem gemeinsam ausgearbeiteten Ablauf und den geltenden Gesprächsregeln statt. Ein Kind berät, ein anderes Kind schreibt das Protokoll. Am Schluss der Beratung wird das Protokoll vorgelesen, genehmigt und von allen unterschrieben.
5. **Überprüfung**: Eine Woche später trifft sich die Gruppe in der gleichen Zusammensetzung. Die Kinder holen Rückmeldungen ein, überprüfen miteinander, ob sich alle an die gemeinsam getroffenen Abmachungen gehalten haben und ob sich die Konfliktsituation geklärt hat. Falls nötig, wird ein weiterer Termin festgelegt.
6. **Rückblick**: Die Kinder aus dem Ideenbüro reflektieren ihre Arbeit: Was ist uns gut gelungen? Was war kompliziert? Was könnten wir besser machen? usw.

Wir haben unsere Arbeit auf einer DVD dokumentiert.

---

1 ideenbuero.ch

Beratungsteam: Protokollführer, Berater, Beobachter

Ein Knabe aus dem Ideenbüro brachte die Idee ein, mit Friedensstifterinnen und -stiftern zu arbeiten. Deshalb haben wir alle Kinder aus den 5./6. Klassen zum Friedensstifter, zur Friedensstifterin ausgebildet. Die Kinder konnten beim Projekt mitreden und bei zentralen Fragen mitbestimmen. Sie machen Kurzinterventionen auf dem Pausenplatz und treten dabei anonym auf (dies war zu unserem Erstaunen von der Mehrheit der Kinder gewünscht worden).

Es ist beeindruckend, wie gut die Schülerinnen und Schüler schon nach kurzer Zeit die Interventionen bei Konflikten übernehmen konnten. Die Friedensstifter und -stifterinnen sind der verlängerte Arm des Ideenbüros und fangen Konflikte auf, bevor diese eskalieren.

Für die Arbeit im Ideenbüro haben wir verschiedene Unterlagen ausgearbeitet.

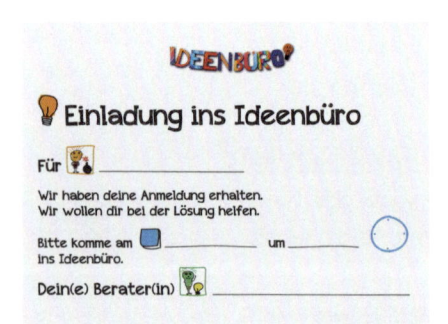

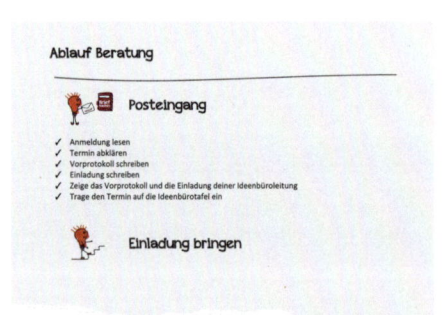

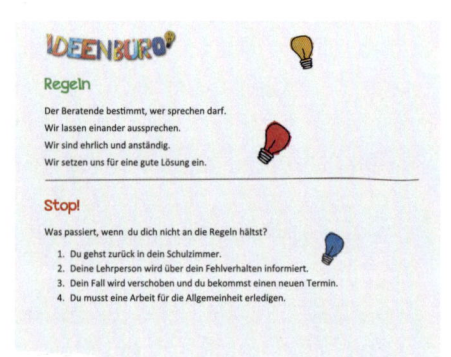

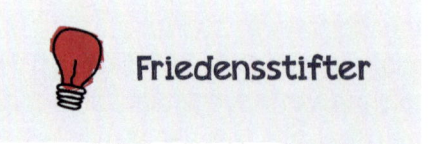

Es kommt vor, dass sich eine andere Schule für unser Ideenbüro interessiert. So wurden wir im Frühjahr 2017 von der Vorbereitungsgruppe der Prisma-Vollversammlung aus dem Alleeschulhaus in Wil angefragt, ob wir an einer Vollversammlung über das Ideenbüro berichten würden. Am 7. Juni 2017 stellten Kinder aus unserem Ideenbüro den ca. 170 Allee-Kindern und ihren Lehrpersonen unsere Arbeit vor. Sie zeigten an konkreten Beispielen auf, wie das Ideenbüro bei uns funktioniert. Christiane Daepp, die Erfinderin der Idee «Ideenbüro», war auch anwesend und stellte sich den Fragen der Kinder.

In den 20 Vollversammlungsgruppen diskutierten die Allee-Kinder, ob und wie sie das Ideenbüro einführen wollten. An ihren Vollversammlungen werden Themen besprochen, die alle betreffen, die aktuell und für viele interessant sind. Im Ideenbüro kann jedes Kind mit seinen individuellen Anliegen vorbeigehen. Dies wäre also eine gute Ergänzung zur Vollversammlung. Die Prisma-Vollversammlung beschloss, im Schuljahr 2017/18 in einem Probebetrieb (1x pro Woche) das Ideenbüro zu führen.

Wir sind stolz darauf, dass wir anderen Schulen Einblick in unsere Arbeit geben können. Und es freut uns natürlich, wenn sie sich auch entscheiden, mit dem Ideenbüro zu arbeiten.

PVV-Infowand: 7. Juni 2017

Zeitungsartikel vom 8. Juni 2017 Besuch aus Schwarzenbach

Impuls 11

Individuell und kooperativ lernen

Kinder und Jugendliche lernen oft mit- und voneinander, und sie lernen dabei sehr viel. Miteinander lernen, zum Beispiel lernen an der gleichen Sache mit binnendifferenzierten Lernangeboten, voneinander lernen, zum Beispiel mit kooperativen Lernformen und nebeneinander lernen, zum Beispiel mit kompetenz- und entwicklungsorientiertem Lernen, decken die Lernbedürfnisse der Kinder und Jugendlichen nach verschiedenen Lernformen ab. Sie werden bei der Planung und Gestaltung des Unterrichts und des Zusammenlebens gezielt miteinbezogen.

Individuell und kooperativ lernen berücksichtigt die Anliegen der Individuums- und Gemeinschaftsorientierung und fördert Anerkennung und Beteiligung mit Veranwortungsübernahme.

Die Individualisierende Gemeinschaftsschule
- ermöglicht und unterstützt das individuelle Lernen und das Lernen in Gruppen und Gemeinschaften;
- unterstützt eine lernfördernde Rhythmisierung des Unterrichts und des Zusammenlebens und berücksichtigt die unterschiedlichen Formen des individuellen und kooperativen Lernens bereits bei der Unterrichtsplanung;
- ermöglicht in allen Formen des Lernens und Lehrens Anerkennung, Beteiligung und «Demokratie leben und lernen»;
- unterstützt und fördert Lernen durch Lehren und ermöglicht dadurch allen Kindern und Jugendlichen die Übernahme verschiedener Rollen (soziale Rollen, Expertenrollen);
- ermöglicht durch vor- und rückgreifendes Lernen, Gelerntes zu überprüfen und abzusichern, noch nicht Gefestigtes zu vertiefen sowie sich mit Neuem und Unbekanntem auseinanderzusetzen.

Darum geht es

«Demokratische Strukturen können nicht nur als Ziele von Bildung deklariert werden, sondern müssen bereits in den Formen des Lernens erfahren und weiterentwickelt werden können. Dazu gehört eine stärkere Gewichtung im Bildungsprozess von Gespräch, Diskussion, Dialog, Erzählen, Vergleich alternativer Untersuchungsmethoden und Theorien, Austausch von Erfahrungen und Wahrnehmungen sowie von Deutungen und Gedankengängen.»
Astrid Kaiser & Iris Lüschen (Kaiser & Lüschen, 2014, S. 31)

«Als integrativ bezeichne ich eine allgemeine (kindzentrierte und basale) Pädagogik, in der alle Kinder und Schüler in Kooperation miteinander auf ihrem jeweiligen Entwicklungsniveau nach Massgabe ihrer momentanen Wahrnehmungs-, Denk- und Handlungskompetenzen in Orientierung auf die ‹nächste Zone der Entwicklung› an und mit einem ‹gemeinsamen Gegenstand› spielen, lernen und arbeiten.»
Georg Feuser (Feuser, 1995, S. 168)

Helfen und Lehren von klein auf

Bereits kleine Kinder helfen Erwachsenen oder anderen Kindern. Vor und nach dem Eintritt in die Schule lernen Kinder von Kindern, im Spiel, durch Interaktion, Kooperation und Kommunikation mit anderen Kindern, durch Zuschauen, Nachmachen und Mitmachen. Sie erfahren so erste Formen von Helfen und Hilfe bekommen:
- Vorzeigen, zum Beispiel: Schau mir zu, ich zeige dir, wie es geht!
- Vorsagen, zum Beispiel: Hör und schau mir zu, ich zeige und sage dir, wie ich es mache!
- Anregen, zum Beispiel: Hör und schau mir zu, ich mache es so!
- Erklären, zum Beispiel: Ich erkläre dir, wie es geht und weshalb ich das so mache.
- Nachfragen, zum Beispiel: Habe ich es so erklärt, dass du weisst, wie es geht?
- Absichern und bestätigen, zum Beispiel: Ja, das stimmt so – gut gemacht!

Unter Helfen wird meistens ein prosoziales Verhalten verstanden, welches freiwillig erfolgt, mit der Absicht, anderen etwas Gutes zu tun, indem z.B. der Helfer oder die Helferin auf eine nach Hilfe suchende Person reagiert. Hilfe kann angeboten, aufgedrängt, eingefordert, angenommen oder abgelehnt werden. Dabei spielt die Beziehung zwischen den Beteiligten eine zentrale Rolle. Eine Hilfestellung kann sowohl als ehrliches Interesse am Gegenüber (Soll ich dir helfen?) als auch als Abwertung (Was, das kannst du nicht allein? Das ist doch einfach – ich mache es für dich!) empfunden werden. Wenn sich Helfende und Hilfesuchende auf Augenhöhe begegnen, Beschämungen, Abwertungen, Überheblichkeit usw. keinen Platz haben, das Helfen in gegenseitigem Einverständnis erfolgt, kann es in all seinen Formen als Teil der Kultur des Lernens und des Zusammenlebens entwickelt werden.

Die Ausrichtungen von Helfen und Lehren sind nicht immer trennscharf. In der Schule deckt der Begriff «Helfen» oft ein breites Spektrum ab, vom Helfen beim Aufräumen bis zur Lernberatung, von der Unterstützung bis zum Erklären und Lehren. Im Unterricht und im schulischen Zusammenleben ist das Helfen nicht immer freiwillig, es gehört zum Lernen, Lehren und Zusammenleben. Lehrpersonen sind selbst zum Helfen bereit und ermutigen Kinder und Jugendliche dazu oder fordern sie dazu auf. Sie sorgen für Unterrichtssituationen mit Aufgabestellungen, in denen gegenseitiges Helfen in all seinen Ausprägungen erwünscht ist.
In der Individualisierenden Gemeinschaftsschule ist es beim Lernen und Zusammenleben in tragfähigen Gemeinschaften und während kooperativer Gruppenarbeiten selbstverständlich, Hilfe zu holen und Hilfe anzubieten. Ältere Kinder und Jugendliche helfen jüngeren und umgekehrt. Alle trauen sich, um Hilfe zu bitten, und alle sind je nach Situation und Kompetenzen bereit, anderen zu helfen, unabhängig davon, ob es sich bei Hilfesuchenden um einen guten Freund/um eine gute Freundin, um einen Mitschüler/um eine Mitschülerin, um andere Kinder

und Jugendliche aus der Schulgemeinschaft handelt. Gemeinsam wird eine Kultur der Hilfe mit institutionalisierten Hilfesystemen entwickelt und gepflegt. Dabei spielen sowohl soziales Helfen wie auch das Helfen als kognitive Herausforderung beim Lehren eine Rolle.

Zu einfachen Formen des Helfens, zum Beispiel Heruntergefallenes zusammenräumen und aufheben oder aufräumen nach dem Malen, Basteln, Werken usw., sind alle Kinder und Jugendlichen fähig. Formen von Lernberatungen und gegenseitiges Helfen werden allerdings von der Lehrperson sorgfältig eingeführt und mit gemeinsam ausgearbeiteten Regeln für das Vorgehen in Lernberatungen und bei Aufgaben, die gegenseitiges Helfen erfordern, abgesichert. In der Klasse werden die möglichen Hilfeleistungen besprochen, geübt, reflektiert und gegebenenfalls auch verdankt. Kinder und Jugendliche sind auf Unterstützung angewiesen, damit sie lernförderlich helfen können. «Insgesamt ist festzuhalten, dass lernförderliche Hilfe hohe Anforderungen an ein helfendes, aber auch Hilfe suchendes Kind stellt. Dazu gehören auch Fähigkeiten wie die Perspektiven-, beziehungsweise Rollenübernahme und Empathie.» (Wagener, 2014, S.107)

Bereits mit jungen Kindern kann das Vorgehen beim Helfen geklärt und etabliert werden.

Während eines Unterrichtsbesuchs in einer Einschulungsklasse trafen sich die Kinder anfangs des Unterrichts im Kreis. In dieser Klasse wird mit drei «Helferhunden» (kleine Stofftiere) gearbeitet. Hunde helfen Menschen ja auch im täglichen Leben. Diese werden jeweils auf dem Arbeitsplatz der jeweiligen Helferinnen und Helfer für alle sichtbar platziert. Die Lehrerin teilte mit, wer heute die Aufgabe des «Helferhundes» übernehmen darf und fragte: «Was heisst bei uns helfen?» Ein Mädchen meldete sich und erklärte: «Nicht selbst machen, sondern fragen oder vormachen.»

Drei Grundformen von individuell und kooperativ lernen und ihre Varianten

Achermann & Gehrig haben für das Altersdurchmischte Lernen die drei Grundformen Mit-, Von- und Nebeneinander-Lernen mit verschiedenen Varianten festgelegt. Sie decken Individuums- und Gemeinschaftsorientierung ab. Kinder in einer Mehrklasse profitieren davon, dass in der gleichen Klasse Kinder lernen und arbeiten, die ein bis drei Jahre mehr Schulerfahrung haben und daher meistens über mehr Kompetenzen verfügen. Die drei Grundformen können in allen Klassenstrukturen genutzt werden.

Beim Lernen sind, je nach Ausrichtung der Aufgabe, entweder die Inhaltsebene, zum Beispiel Fachkompetenzen, die Beziehungsebene, zum Beispiel überfachliche Kompetenzen, oder beide gleichzeitig gefragt. Die drei Grundformen berücksichtigen diese beiden Ebenen unterschiedlich. Die Grundformen lassen sich nicht immer klar voneinander abgrenzen und überschneiden oder ergänzen sich:

- Miteinander lernen: Beim Lernen an der gleichen Sache lernen die Kinder und Jugendlichen auch voneinander.
- Voneinander lernen: Beim kooperativen Lernen lernen die Kinder und Jugendlichen auch miteinander.
- Nebeneinander lernen: Beim Lernen durch Dabeisein lernen die Kinder und Jugendlichen auch voneinander.

Bei allen drei Grundformen kommen die verschiedenen Ausrichtungen von Helfen und Lernen durch Lehren unterschiedlich zum Tragen.

Die drei Grundformen und ihre Varianten decken verschiedene Bereiche der Individuums- und Gemeinschaftsorientierung, der Anerkennung und Beteiligung ab. Dabei tragen alle zu der Entwicklung und Pflege einer Hilfe- und Lernkultur bei.

Lehrpersonen berücksichtigen die Grundformen bei der Planung des Unterrichts und des Zusammenlebens und überlegen sich, mit Blick auf die Ausrichtung der Bausteine für Unterricht und Zusammenleben, wann welche Form gefragt ist.

Leitsätze helfen Teams, ihre Arbeiten mit den Grundformen zu reflektieren.

Miteinander lernen	Voneinander lernen	Nebeneinander lernen
An der gleichen Sache lernen - gleiche Sache - basal, allgemein und kindzentriert - Kooperation an der gleichen Sache - innere Differenzierung - entwicklungslogische Didaktik - individuelle und gemeinsame Ergebnisse **Durch Austausch und gemeinsame Reflexion lernen** (siehe auch Baustein «Forum»: Grundvariante «Gemeinsame Lernreflexionen»)	**Kooperatives Lernen** - think (Denken/Einzelarbeit) - pair (Austausch) - share (Präsentation) **Lernen durch Lehren** Wechselseitiges Lernen durch Lehren: - Aneignung (Expertin/Experte) - Vermittlung (Expertenwissen/-können) - Wiederholung/Vermittlung **Bring mir etwas bei** - Vereinbarung - Vorbereitung - Lehr-/Lernprozess - Lernkontrolle und Rückmeldung **Lernen durch Nachahmen** - vorzeigen/zuschauen - nachahmen/zuschauen	**Lernen durch Dabeisein** - allein lernen in einem vertrauten Sozialverband **Lernen durch Helfen** - kurze Hilfen - komplexe Hilfestellungen (siehe Lernen durch Lehren) - installiertes Hilfesystem **Beiläufiges Lernen** - Bekanntes vertiefen - Neues mitbekommen **Vor- und rückgreifendes Lernen** (beim Lernen an der gleichen Sache) - breites Lernangebot - Stufenziele Zyklus 1 und 2 - zugänglich für alle - entwicklungsorientiertes Lernen (altersunabhängig, klassenunabhängig mit verschiedenen Zielen)

Miteinander lernen

Wenn Kinder und Jugendliche miteinander lernen, stehen der Kompetenzzuwachs der einzelnen Kinder und Jugendlichen sowie die Stärkung der Gemeinschaft dank gemeinsamer Auseinandersetzung im Vordergrund. Die Lehrpersonen schaffen Lernsituationen, die u. a. charakterisiert sind durch einen gemeinsamen Lerninhalt, gemeinsames Spielen, Lernen und Arbeiten in der Klasse und Differenzierung in Gruppen. Grundformen des Miteinanderlernens sind «Lernen an der gleichen Sache» und «Lernen durch Austausch und Reflexion».

An der gleichen Sache lernen

➡ Impuls 1

Alle Kinder und Jugendlichen setzen sich mit der gleichen Sache auseinander. Sie haben die Gelegenheit, gemeinsam und individuell gemäss ihrem Entwicklungsstand relevante Erkenntnisse und Handlungskompetenzen zu erarbeiten.

Die gleiche Sache knüpft an die Lebenswelten und Interessen der Kinder und Jugendlichen an. Alle dürfen alles lernen, d. h. der ganze Lerngegenstand steht allen offen, unabhängig von Entwicklungs- und Lernstand. Jedes Kind, alle Jugendlichen bekommen die Hilfe und Unterstützung für das individuelle Lernen.

Kinder und Jugendliche mit verschiedenen Entwicklungs- und Lernständen lernen miteinander durch Kooperation an der gleichen Sache. Im gemeinsamen Tun und Dialog über die gleiche Sache erwerben sie soziale Kompetenzen und bekommen Anstösse für ihre kognitive Entwicklung, d. h. für ihre individuellen Konstruktionen.

Eine entwicklungs- und lernstandsbezogene innere Differenzierung respektiert und nutzt die Verschiedenheit der Kinder und Jugendlichen. Die Individualisierung ist so angelegt, dass niemand aus dem sozialen und gemeinsamen Lernfeld ausgegrenzt wird. Sie erfolgt nicht ausschliesslich fremdbestimmt durch die Lehrperson, sondern lässt innerhalb des Themas Raum für Selbst- und Mitbestimmung.

Die Auseinandersetzung mit der gleichen Sache ermöglicht den Kindern und Jugendlichen Tätigkeiten auf unterschiedlichen Niveaus, zum Beispiel anfassen, bewegen, formal-logisch denken, verschriftlichen, anwenden, Transfer machen. Alle erweitern und vertiefen die eigenen Wahrnehmungen, das Denken und Handeln in der nächsten Entwicklungsstufe.

Dank innerer Differenzierung und Möglichkeiten zur Selbst- und Mitbestimmung einerseits und Kooperation an der gleichen Sache andererseits führt die Auseinandersetzung mit der gleichen Sache zu individuellem Lerngewinn und zu einem «Ergebnis», das die Beiträge der einzelnen Kinder/Jugendlichen oder Gruppen zu einem gemeinsamen Ganzen, einem gemeinsamen Ergebnis verbinden kann.

Durch Austausch und gemeinsame Reflexion lernen

In regelmässigen gemeinsamen Lernreflexionen diskutieren die Kinder und Jugendlichen ihre Lernprozesse und ihre Lernergebnisse, bringen ihre Fragen und Erfolgserlebnisse ein, erhalten von den anderen Anregungen für ihr eigenes Lernen und nutzen dabei ihre unterschiedlichen Ressourcen. Wie hast du das gemacht? Wer kann unserer Gruppe dazu einen Tipp geben? Wie könnte ich das besser machen? Warum ist euch das so gut gelungen?
Je heterogener die Lerngruppe zusammengesetzt ist, desto breiter ist das Angebot der Erfahrungen und Kompetenzen.

Voneinander lernen

Wenn Kinder und Jugendliche voneinander lernen, steht der Kompetenzzuwachs der Einzelnen dank Eigenleistung, Auseinandersetzung mit und Anregungen von anderen Kindern sowie die Stärkung des Wir-Gefühls in Kleingruppen im Vordergrund. Die Lehrpersonen schaffen Lernsituationen, die u. a. charakterisiert sind durch eine positive Abhängigkeit unter den Gruppenmitgliedern (die Gruppe kann das Ziel nur gemeinsam erreichen), individuelle Verantwortlichkeit für den Lernerfolg (jedes Kind ist für seine Lernerfolge selbst verantwortlich), gemeinsame Verantwortung für das Vorwärtskommen aller (alle sind verantwortlich, dass die Gruppe und jedes einzelne Kind die Ziele erreichen) und gute Arbeitsbeziehungen (alle arbeiten und kommunizieren lernfördernd). Grundformen des Voneinander-Lernens sind «Kooperatives Lernen», «Lernen durch Lehren» und «Lernen durch Nachahmen».

Kooperatives Lernen

Es gibt verschiedene kooperative Lernformen. Hier werden unter kooperativem Lernen nur Formen verstanden, die Variationen der dreischrittigen Grundform DAV sind: «**d**enken/think», «**a**ustauschen/pair» und «**v**orstellen/share». In kooperativen Lernformen kümmern sich Kinder und Jugendliche um die eigene Leistung und um die Leistung aller Gruppenmitglieder. Individuelle Verantwortung sowie die Verantwortung für das Vorwärtskommen aller fordert Kooperation. «Kooperatives Lernen berücksichtigt die individuelle Erarbeitung/Konstruktion von Wissen und gleichzeitig das Bedürfnis nach sozialem Anschluss und Austausch. Die damit erzeugte kognitive Aktivierung bewirkt eine vertiefte Auseinandersetzung mit dem Lerninhalt, grössere Zufriedenheit und die Erfahrung von Selbstwirksamkeit der Lernenden.» (Rüegsegger, 2009, S. 36)

Es empfiehlt sich, nach den drei Schritten einen vierten Schritt anzufügen, die individuelle Vertiefung: Kinder und Jugendliche befassen sich mit den Unterlagen, die sie in den Präsentationen kennengelernt haben.

Lernen durch Lehren

Unter «Wechselseitigem Lehren und Lernen» (WELL) werden die Lehrformen zusammengefasst, mit denen Kinder und Jugendliche unabhängig ihres Alters für einen Teil des Lerninhalts zum Experten oder zur Expertin werden. Sie bringen anderen etwas bei, überprüfen so ihr Wissen und Können und sichern es ab. Dieses Wissen vermitteln sie dann wechselseitig. Der Dreischritt bei den WELL-Formen ist «Aneignung des Expertenstatus», «Vermittlung des Expertenwissens», «Wiederholung und Vertiefung». WELL gibt es ebenfalls in verschiedenen Formen. Alle Kinder und Jugendlichen sind dabei Lehrende und Lernende.

«Bring mir etwas bei!» (➡ S. 163) ist eine kurze, spontane oder eine kurzfristig geplante Hilfestellung der Kinder und Jugendlichen. Sie ergibt sich aus dem Unterrichtskontext. Kinder und Jugendliche wenden sich im Sinne von «Frag doch mich!» zum Beispiel bei Fragen zum Lernen an ihre Mitschülerinnen und Mitschüler, zum Beispiel: Kannst du mir erklären, wie man Brüche dividiert? Kinder und Jugendliche nutzen dazu ihr in der Schule bereits erworbenes Wissen und ihre erworbenen Kompetenzen. Es empfiehlt sich, dazu im Schulzimmer einen fixen Platz einzurichten (Erklärinsel). Oder die Kinder und Jugendlichen bieten in der freien Tätigkeit ein Lernangebot an (z. B. Von mir kannst du Schach spielen lernen). Kinder und Jugendliche bringen dazu auch ihr ausserhalb der Schule erworbenes Expertentum in den Unterricht mit und bereichern so die bestehenden Lernangebote.

Lernen durch Nachahmen

Lernen durch Nachahmen geschieht meistens situativ spontan. Die Kinder und Jugendlichen sehen, wie Mitschüler und Mitschülerinnen etwas lernen oder machen und sind dadurch motiviert, es ihnen gleich zu tun. Lernen durch Nachahmen kann jedoch auch für Lernen durch Lehren genutzt werden. Vorzeigen und Nachahmen kann in allen Fächern und auf unterschiedliche Art erfolgen:
- beiläufiges Zuschauen und sofortiges oder späteres Nachahmen;
- kommentiertes Vorzeigen, kommentiertes Nachahmen: Jetzt mache ich …;
- stummes Vorzeigen mit gleichzeitigem Kommentar durch die Zuschauenden (sie faltet das Papier …);
- stummes Vorzeigen mit stummem Nachahmen (genaues Beobachten).

Nebeneinander lernen

Wenn Kinder und Jugendliche nebeneinander lernen, steht der Kompetenzzuwachs des einzelnen Kindes dank Eigenleistung, dem Gefühl des Dabeiseins und der spontanen Hilfestellungen im Vordergrund. Die Lehrpersonen schaffen Lernsituationen, die u. a. charakterisiert sind durch persönliche Lernaufträge und durch die Wahl des Arbeitsplatzes. Die Lernatmosphäre ermöglicht konzentriertes, individuelles Lernen und Arbeiten. Grundformen des Nebeneinanderlernens sind Lernen durch Dabeisein, Lernen durch Helfen, beiläufiges Lernen, vor- und rückgreifendes Lernen.

Lernen durch Dabeisein

Es gibt immer wieder Lernsituationen, in denen Kinder und Jugendliche allein lernen, zum Beispiel, wenn sie an ihren individuellen selbst- oder mitbestimmten Arbeitsplänen arbeiten. Aber auch dann brauchen sie einen minimalen sozialen Bezug und haben das Bedürfnis, dabei zu sein, das sind die sogenannten Soziallerner und -lernerinnen. Diese Motivation können die Lehrpersonen nutzen, wenn sie die Möglichkeit schaffen, dass Kinder und Jugendliche bei Einzelarbeiten wählen können zwischen Einzelarbeitsplätzen und Arbeitsplätzen, an denen mehrere Kinder und Jugendliche an ihren Aufgaben arbeiten. Wenn sie für das Lernen einen minimalen Bezug brauchen, das Bedürfnis haben dabei zu sein, wählen sie einen entsprechenden Arbeitsplatz, der ihnen die Möglichkeit gibt, ungestört neben anderen zu arbeiten. Natürlich gelten an diesen Arbeitsplätzen Regeln für alle.

Lernen durch Helfen
Helfen als prosoziales Verhalten und Helfen sowie spontanes, kurzes Lernen durch Lehren sind wichtige Teile einer tragfähigen Helfer- und Lernkultur. Hilfesituationen zeigen sich in verschiedenen Situationen, in denen nicht von Lernunterstützung gesprochen wird. Trotzdem sind sie sehr wichtig. Hilfeleistung beim Aufräumen, Hilfestellungen im Werkunterricht, in der Unterstützung bei der Ausübung der Arbeiten für die Gemeinschaft stärken das gemeinschaftliche Zusammenleben.

Beiläufiges Lernen
Die Situationen des Nebeneinander-Lernens sind geplant, zum Beispiel bei der Arbeit an Plänen und in der freien Tätigkeit, oder sie erfolgen spontan. Wenn nicht alle Kinder und Jugendlichen zur gleichen Zeit die die gleiche Aufgabe lösen, nehmen die Kinder und Jugendlichen beiläufig Neues auf oder vertiefen, was sie schon früher gelernt haben. Sie erleben in einer Mehrklasse Vorbilder, weil diese bereits über Kompetenzen verfügen, die sie selbst erst noch erarbeiten müssen.

Vor- und rückgreifendes Lernen
Wenn alle Kinder und Jugendlichen an der gleichen Sache lernen, öffnen die Lehrpersonen ein breites Lernangebot. Jedem Kind stehen alle Angebote offen, in Mehrjahrgangsklasse sind das alle Angebote einer Mehrklasse oder eines Lernzyklus. Die Kinder arbeiten klassen- und altersunabhängig vor- und rückgreifend an Aufgaben mit verschieden anspruchsvollen Aufgabenprofilen. Eine Schülerin der fünften Klasse arbeitet rückgreifend nochmals an den vor einem Jahr kennengelernten Basiszielen der Wortarten, und eine andere Fünftklässlerin arbeitet vorgreifend an den Basiszielen im Bruchrechnen der nächsthöheren Stufe. Das Vertiefen und Absichern wie das Schnuppern an anspruchsvollen Basiszielen und Grundfertigkeiten stehen in einer Mehrklasse mit Altersdurchmischtem Lernen jedes Jahr auf dem Programm. Die Arbeiten an den verschiedenen Kompetenzen eines Lernzyklus stehen dabei allen Kindern und Jugendlichen mindestens dreimal zur Verfügung.

Lernberatungen durch Kinder und Jugendliche
Lehrpersonen tragen mit ihren Lernberatungen zur Qualität des Lernens und Zusammenlebens bei, indem sie mit den Kindern und Jugendlichen Sachen und Lernstrategien klären, sie für das Lernen durch Lehren stärken und Lern-/Arbeitsprozesse mitsteuern. Sie sind dabei Vorbilder für das Lernen durch Lehren. Wenn Kinder und Jugendliche Kollegen und Kolleginnen beraten, müssen sie dazu das Angehen einer Aufgabe strukturieren und gedanklich konstruieren. Im Austausch mit den ratsuchenden Kindern erkennen sie Ungeklärtes und versuchen neue Herangehensweisen. Es lohnt sich, qualitativ gutes Lehren mit den Kindern sorgfältig einzuführen und zu üben. Gute Beraterinnen und Berater stellen Fragen und geben keine Antworten: Was hast du jetzt gerade gesagt? Wie meinst du das? Was hast du nicht verstanden? Bist du sicher, dass das stimmt?

Institutionalisierte Gruppenlernberatung
Eine fixe, möglichst leistungsheterogene Gruppe (3 bis 4 Kinder, Jugendliche) trifft sich regelmässig (alle 14 Tage) zu einer Sitzung in der Lerngruppe für einen längeren Austausch (30 bis 40 Minuten). Die Gruppe thematisiert Lernprozesse und Lernergebnisse, Fragen zum Lernen und unterstützt dabei die einzelnen Kinder beim Lernen.

Bring mir etwas bei

An einem fixen Platz (Erklärinsel/Beratungsinsel) im Schulzimmer treffen sich während der Planarbeitszeit zwei Kinder oder Jugendliche für eine Beratung. Das beratende Kind hört zu, stellt Fragen, unterstützt und ermutigt und fasst zusammen. Das Kind, welches Rat braucht, spricht, denkt laut und probiert. Es bestimmt, wann es das Problem gelöst hat. Eine Lernberatung kann auch in den Arbeitsplan von Kindern und Jugendlichen aufgenommen werden.

Spontane Lernberatung

Die spontane Lernberatung erfolgt aus einer Unterrichtssituation heraus und dauert 2 bis 5 Minuten, Schwierigkeiten werden schnell behoben, und der Lernprozess kann weitergehen. Sie kann in offenen Lernphasen, während der Planarbeit, bei der Arbeit am Thema oder in einer Kurssequenz erfolgen.

Kinder und Jugendliche sind Experten und Expertinnen

Helfen und Lernen durch Lehren bringen veränderte Lehrpersonen- und veränderte Schülerrollen mit sich. Die Lehrpersonen sind nicht mehr die einzigen Ansprechpersonen. Alle Kinder können anderen helfen und sind in einzelnen Bereichen so kompetent, dass andere von ihnen etwas lernen können. Sie bringen dazu Hilfsbereitschaft und/oder spezielle fachliche Kompetenzen mit. Lehrpersonen sorgen dafür, dass Kinder und Jugendliche ihr erworbenes Expertentum einbringen können oder mit entsprechenden Lernformen zu Experten und Expertinnen werden. Mit kooperativen Lernformen oder mit Angeboten im Baustein «Kurs» können Kinder und Jugendliche zu Experten und Expertinnen werden.

Diplome und Zertifikate

Schulen können zu bestimmten Kompetenzen den Erwerb von Diplomen oder Zertifikaten anbieten, zum Beispiel 1x1-Diplom, Wortarten-Diplom, Rechtschreibe-Diplom, Nähmaschinen-Diplom, Mundharmonika-Diplom, Laubsäge-Diplom usw. Die Diplome befähigen die Kinder zur Schülerhilfe oder ermöglichen ihnen in der freien Tätigkeit, eigene Projekte anzugehen.

Kinder und Jugendliche können ihr erworbenes Expertentum auch in der Elternschule anbieten. Sie lehren die Eltern etwas, das sie in der Schule gelernt haben.

⬇ Leitfragen für die individuelle und gemeinsame Reflexion

Mein Verständnis von «Individuell und kooperativ lernen»
- Wie unterscheide ich zwischen Helfen und Lehren?
- Wie gross sind jeweils die Anteile der Unterrichtszeit für individuelles und gemeinsames, kooperatives Lernen?
- Welche Grundformen des Lernens sind feste Bestandteile meiner Unterrichtsplanung und -gestaltung?
- Welche Formen und Methoden von individuellem und kooperativem Lernen setze ich regelmässig um? Was gelingt gut und löst Lernzuwachs aus? Wie begründe ich die Wahl einer Lern-Methode?
- Entstehen beim Lernen an der gleichen Sache nebst individuellen Produkten auch gemeinsame Produkte, z. B. ein gemeinsames Produkt der ganzen Klasse?
- Welche Formen von gemeinsamen Lernreflexionen haben sich bewährt? Wie oft führen wir gemeinsame Lernreflexionen durch?
- Welche Chancen und Herausforderungen stellen sich mir beim Lernen durch Lehren? Wie erleben es die Kinder/die Jugendlichen in meiner Klasse?
- Übernehmen alle Kinder/Jugendlichen Expertenrollen? Wie gut gelingt es mir, mich jeweils zurückzunehmen?

Unser Verständnis von «Individuell und kooperativ lernen»
- Welche Gemeinsamkeiten und Unterschiede zeigen sich bei unseren Definitionen von individuellem und kooperativem Lernen?
- Welche didaktischen Modelle sind Grundlagen für unsere Unterrichtstätigkeit?
- Lernen unsere Kinder und Jugendlichen auch in klassen- und stufenübergreifenden Lerngruppen von- und miteinander?
- Wie nutzen wir die Zusammenarbeit mit Schulischen Heilpädagogen und Heilpädagoginnen für das individuelle Lernen?
- Wie zeigt sich individuelles und kooperatives Lernen auf Ebene Team? Welche teaminternen Ressourcen nutzen wir dabei?

MEHR DAZU

Hagstedt (2013, S. 36): Lernen durch Lehren – zur Veränderung der Schülerrolle
«In einer ganzen Reihe von Studien zu Schülertutorenprogrammen ist untersucht worden, wie sich die Helferbeziehungen auswirken auf Lerndefizite, Lernmotivation, Arbeitsverhalten, Selbstvertrauen, Schulunlust usw. Fast alle Untersuchungen bestätigen positive Wirkungen sowohl auf der Ebene Sachauseinandersetzung wie auf der Beziehungsebene (vgl. Foot/Morgan/Shute, 1990). Der Zuwachs an Lernfreude auf der Helferseite ist weit stärker als auf Seiten der Kinder, denen geholfen wurde. Besondere Aufmerksamkeit verdient der Befund, dass vor allem leistungsschwache und schwer motivierbare Tutoren vom Aufbau der Helfersysteme profitieren. Die notwendige Wiederholung von Lernaufgaben, die Rekonstruktion von Wissensbeständen zu Vermittlungszwecken hat einen enormen Übungseffekt für die Tutoren selbst. Sie werden erst jetzt wirklich sicher in der Sache, gewinnen zusätzliches Selbstvertrauen und bilden neue Lerninteressen aus.» [...]

Rasfeld & Spiegel (2012, S. 133ff.): Peer Learning - Die Mitschüler als erste Lehrer
[...] «Peer Learning – also das gemeinsame Lernen von (fast) Gleichaltrigen – ist ein wesentlicher Bestandteil des Schulkonzepts der esbz. Es ist gemeinschaftsbildend, es ist inklusiv, und die Kinder lernen von klein auf, in stets neu zusammengesetzten Teams zu arbeiten. Beide Seiten profitieren von diesem Lernprozess: Die Jüngsten bekommen Unterstützung von den Älteren, die wiederum erwerben soziale und fachliche Kompetenzen. [...] Herzstück des Peer Learning ist das Lernbüro, in dem die Schüler jahrgangsübergreifend von Stufe 7 bis 9 miteinander lernen. Seit diesem Schuljahr sind auch die Zehntklässler mit im Lernbüro, jeder Schüler für jeweils eine Stunde pro Woche, wir nennen es ‹Projekt Verantwortung› der Zehnten. ‹Da sind zum einen die Coachs, die einen bestimmten Schüler begleiten, auch in mehreren Lernbüros›, sagt Julius. ‹Dann gibt es die Lernbüro-Lehrer-Assistenten. Die sind in einem Fach richtig gut und im Lernbüro für alle da, die kann jeder ansprechen. Und ein paar von uns sind Koordinatoren, die organisieren das Ganze, und falls es Probleme mit den Coachs und Coachees gibt, dann regeln die das.› [...] Peer Learning findet auch in Werkstätten statt, die von Schülern angeboten werden dürfen: Ein sechzehnjähriger Karateexperte hat beispielsweise eine Karate-Werkstatt angeboten, zwei Mädchen einen Tanz-Workshop und ein anderes Mädchen Hula-Hoop. [...]»

Zugefallenes aus dem Schulalltag

Sechstklässlerinnen und Sechstklässler/Zweitklässlerinnen und Zweitklässler

Erfahrungsgemäss lohnt es sich, mit den Sechstklässlerinnen und Sechstklässlern im 2. Semester, nach dem Entscheid zum Übertritt in die Oberstufe, anspruchsvolle Projekte oder spezielle Aufgaben zu besprechen.

Als Schulleiterin suchte ich mit einem Tandemteam verschiedene Ideen. Wir entschieden uns für die Variante «Lesetrainer/Lesetrainerin» und stellten das Projekt den zukünftigen Sechstklässlerinnen und Sechstklässlern vor. Gleichzeitig machten wir sie darauf aufmerksam, dass wir das noch nie gemacht haben und dass sie, sollte die Aufgabe zu schwierig sein, sich jederzeit bei uns melden könnten. Sie waren sofort bereit, diese Aufgabe zu übernehmen. Als Vorbereitung und Einstieg besprach die Mittelstufenlehrperson mit den Lesetrainern und Lesetrainerinnen mögliches Vorgehen, Formen der Unterstützung, Umgang mit Schwierigkeiten, Formen der Dokumentation usw. Jede Sechstklässlerin und jeder Sechstklässler bekam ein Kind aus der Tandemklasse (Kinder aus der 2./3. Klasse) zugeteilt. Am Mittwochvormittag trafen sie sich nach dem Morgenkreis mit ihrem Lese-Patenkind an einem selbstgewählten Platz im Schulhaus zum Lesetraining. Die Unterstufenkinder führten ein Lesetrainingsheft. Sie dokumentierten die Trainingseinheiten, die Planung der Trainingssequenz, Ergebnisse von Leseproben, und die Grossen gaben ein schriftliches Feedback: «Du hast heute gut gelesen. Ich freue mich, wenn ich wieder mit dir lesen kann, dann kannst du noch viel lernen. – Du hattest die Umlaute heute gut im Griff! – Nächste Woche müssen wir besser auf die Punkte schauen. Du musst beim Punkt mit der Stimme runtergehen und dann eine Pause machen.»

Die Mittelstufenkinder lösten ihre Aufgabe mit viel Einsatz und Kreativität. Jedes stellte für sein Lese-Patenkind individuell angepasste Trainingssequenzen zusammen und holte sich dazu Ideen und Anregungen bei der Unterstufenlehrperson. Die zusätzliche Aufgabe forderte sie, aber sie waren auch stolz auf die Fortschritte ihrer Patenkinder.

Vorbereitung auf das Lesetraining

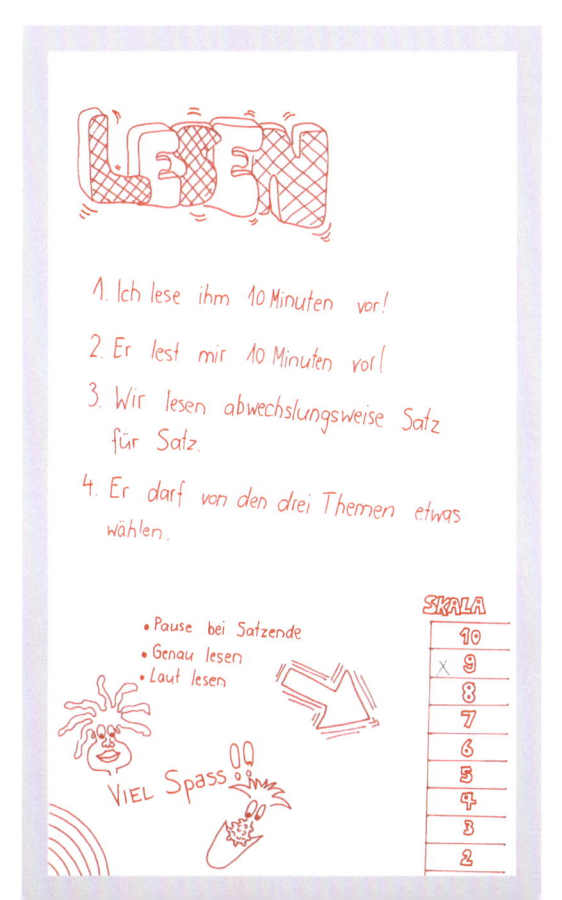

Lesen macht schlau!

Beispiele aus der Praxis

Primarschule Allee, Wil (SG), Heidi Gehrig: Mit-, Von- und Nebeneinander-Lernen

100 Jahre Alleeschulhaus: Schule? – Schule!

Im Jahr 2005 feierte das Alleeschulhaus den 100. Geburtstag. Damit stand das Jahresthema für das Schuljahr 2004/05 fest. Der Leiter des Stadtarchivs brachte Unterlagen zum Alleeschulhaus in die Schule und erzählte interessante Geschichten zum Schulhaus. In stufen- und klassenübergreifenden Ateliers trafen sich die Kinder je nach Interesse zu einem speziellen Thema: Lieder und Tänze vor hundert Jahren, ehemalige Alleeschüler und -schülerinnen berichten, Geschichte des Schulhauses usw. Eltern halfen bei der Arbeit in den Ateliers mit. Klassenintern legten wir in unserer Mittelstufenklasse das Thema «Schule? – Schule!» fest, studierten das Schulsystem des Kantons St. Gallen und stiegen mit dem Buch von Hentig «Warum muss ich in die Schule gehen?» ein. Die Kinder schrieben einen Text dazu. Sie befassten sich mit ihrer eigenen Schulbiografie und machten sich zu «Schule gestern – Schule morgen» Gedanken (Eintritt in den Kindergarten, Erfahrungen im Kindergarten/in der Unterstufe, Ausblick auf die Oberstufe und auf ihre mögliche zukünftige Schul-/Berufslaufbahn). Wir befassten uns mit Texten zum Thema «Schule von Kindern und Jugendlichen aus anderen Ländern», auch mit Texten von Kindern, die nicht in die Schule gehen konnten, weil sie zu Hause helfen mussten.

Nach den Herbstferien starteten wir mit Briefpartnerschaften. Jedes Kind erhielt einen Briefpartner oder eine Briefpartnerin aus dem Umfeld Schule und pflegte bis Ende Schuljahr einen Briefkontakt.

Für die Briefpartnerschaften suchte ich passende Briefpartner und Briefpartnerinnen aus dem Umfeld Schule, zum Beispiel Gymnasiast und ehemaliger Alleeschüler, Studierende der PHR (Pädagogische Hochschule Rorschach), Oberstufenlehrpersonen, Schulleitungen, Dozierende der PHR, Rektor der PHR, Prorektoren der PHR, Mitglied des Erziehungsrats, Seminarleiter Lehrerseminar Sargans. Via Briefkontakte tauschten sich die Kinder und die Briefpartner/Briefpartnerinnen ab September aus. Im ersten Brief stellten sie sich vor (Mindmap) und legten ihre

Brief von Claudio an Herrn Guldimann (Prorektor PHSG)   Ergebnis einer Umfrage

Texte «Warum muss ich in die Schule gehen?» und «Schule gestern – Schule morgen» bei. Sie baten ihren Briefpartner/ihre Briefpartnerin, sich ebenfalls vorzustellen und einen Einblick in ihren Alltag zu geben. Diese berichteten aus ihrer Arbeit in oder für die Schule: Hausaufgaben, Sitzungen, Korrekturen, Vorbereitungen, Texte lesen und Rückmeldungen geben, Weiterbildungen, Gespräche mit Schülern, Schülerinnen, Eltern, Studenten und Studentinnen führen usw. Die Antworten der Briefpartner und Briefpartnerinnen bestimmten nachher zum grossen Teil die Weiterarbeit. So stellte zum Beispiel ein Briefpartner seinem Mittelstufenschüler Fragen wie «Was ist eine gute Lehrperson? – Was ist guter Unterricht?» Dieser machte dazu in der Klasse eine Umfrage und stellte die Ergebnisse für seinen Briefpartner zusammen. Alle Kinder stellten den Briefpartnern die Frage, warum sie es als wichtig erachten, dass sie in die Schule gehen. In einem anderen Brief beschrieben sie ihre Traumschule und fragten die Briefpartner, wie sie sich die Schule wünschen. Jeden Tag warteten die Kinder gespannt auf den Postboten. Traf ein neuer Brief ein, durfte ihn das betreffende Kind zuerst allein lesen und nachher in der Klasse darüber berichten. Oft legten die Briefpartner ihren Schreiben noch Fotos oder andere Unterlagen bei. Die Briefpartnerschaften waren an der Wandtafel visualisiert. Bald kannten alle Kinder die verschiedenen Briefpartnerinnen und Briefpartner. Die Briefkontakte gingen weit über die Arbeit während der Unterrichtszeit hinaus. Karten und Briefe wurden auch aus den Ferien geschrieben. Im letzten Brief bedankten sich die Kinder für die erhaltene Post und luden ihre Briefpartner und Briefpartnerinnen an unser Schulhausfest «100 Jahre Allee» ein. Die Mäppchen mit den Briefen lagen auf.

Fast ein Jahr später meldete sich das Mitglied des Erziehungsrates telefonisch bei mir: «Wie lange dauert dieser Briefkontakt noch? Natürlich freue ich mich immer, wenn ich Post aus Wil erhalte. Aber meine Briefpartnerin ist seit letztem Sommer in der Oberstufe und schreibt mir immer noch Briefe …»

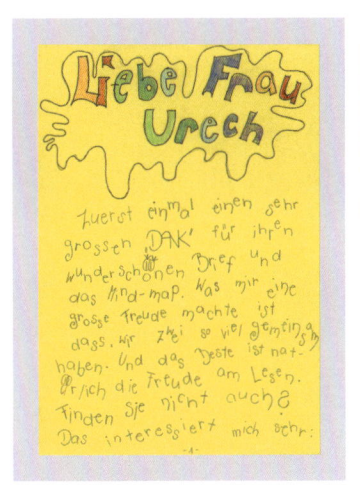

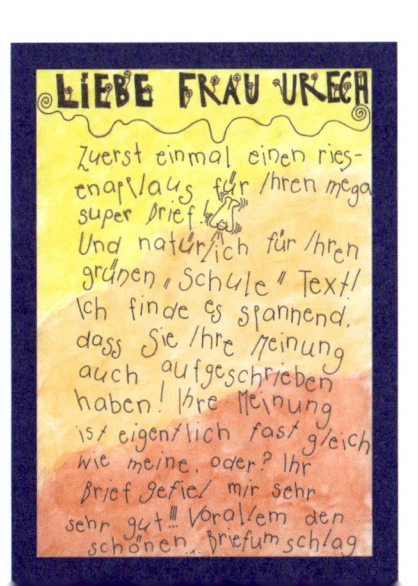

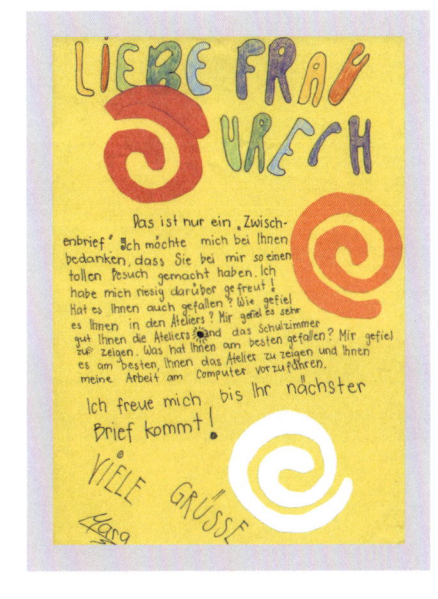

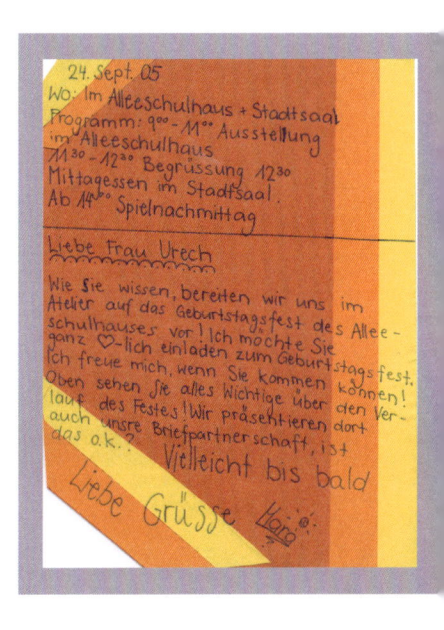

Primarschule Wies, Heiden (AR), Franziska Bannwart:
Von-, Mit- und Nebeneinander-Lernen

Ateliernachmittage im Haus Bissau

Im Haus Bissau arbeiten wir, zwei Basisstufenklassen und fünf Lehrpersonen, am Montagnachmittag zwei Lektionen in unseren Ateliers. Die Jüngsten aus der Lerngruppe A haben an diesem Nachmittag unterrichtsfrei. Jede Lehrerin bietet ein Atelier an: Künstler (Werken, Basteln), Musikus (Instrumente, Musik, Lieder), Forscher (Sachthemen), Wortakrobaten (Sprache) und Tüftler (Zahlen, Mathethemen). Die Kinder bestimmen selbst, womit sie sich im jeweilgen Atelier beschäftigen, was sie ausprobieren, lernen, üben oder herstellen möchten. Sie wählen dabei aus dem vorhandenen Angebot und/oder bringen eigene Ideen ein.

Wir stellen fest, dass die Kinder mit viel Freude, Motivation und Ausdauer an ihren Projekten arbeiten und dass sie stolz auf das Erreichte sind.

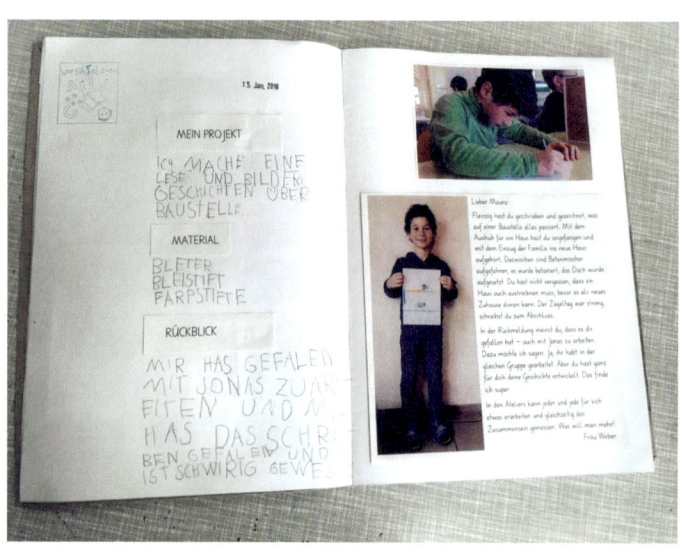

Ateliertafel

Atelierheft

Forscherinnen

Forscher

Künstler

Künstlerin

Musikus

Tüftler

Wortakrobaten

Präsentation und Ehrung

Primarschule Heimat Buchwald, St. Gallen (SG), Alice Gimmi, Evelyn Fritsche: Mit-, Von- und Nebeneinander-Lernen

Lesemonat 2017 «Sternstunden» und Geschichtenvernissage

Im Heimat Buchwald besuchen sehr viele Kinder mit Migrationshintergrund den Unterricht. Der Sprachförderung wird deshalb im Unterricht und im Zusammenleben neben den fixen Unterrichtsbestandteilen wie Morgenkreis, gemeinsame Lernreflexionen und kooperative Lernformen besondere Aufmerksamkeit geschenkt, zum Beispiel:
- Im Lernstudio/in der Denkwerkstatt nutzen die Kinder innerhalb und ausserhalb des Unterrichts ihre Begabungen und Interessen (Geschichten erfinden und vortragen, Zaubertricks präsentieren usw.).
- Dank der Unterstützung von Senioren/Seniorinnen trainieren sprachschwache Kinder ihre Lesekompetenz mit ihrer Leseoma oder mit ihrem Leseopa (einmal pro Woche).

Fester Teil des Jahresprogramms sind der Lesemonat und die Geschichtenvernissage im März. Im Lesemonat arbeiten alle Kinder vom Kindergarten bis zur 6. Klasse an einem gemeinsamen Thema, zum Beispiel «Sternstunden» (2017). Zum jeweiligen Thema werden verschiedene klasseninterne, stufeninterne und stufenübergreifende Unterrichtsaktivitäten durchgeführt. Leseomas und Leseopas sowie Vorleserinnen und Vorleser aus der Mittelstufe wecken und fördern in den Kindergartenklassen die Freude am Lesen.

Der Lesemonat ist auch Geschichtenzeit. Mütter oder Väter lesen den sechs- bis zehnjährigen Kindern Geschichten vor. Der Lesemonat kann mit anderen Fächern verbunden werden. Mit dem Thema «Klangvoll» (2015) wurde das Lesen in Verbindung mit Musik angegangen.

Ebenfalls für den Lesemonat erfinden Kinder Geschichten und tragen diese an der Geschichtenvernissage vor. Sie reichen ihre Geschichte bis Ende März ein und füllen ein Formular aus, auf dem sie die Gäste (Eltern, Verwandte, Bekannte usw.) eintragen, die zur Geschichtenvernissage kommen werden. Die Geschichtenvernissage findet jeweils Mitte Mai in der eigenen Schulbibliothek statt. Zur Vernissage gehört natürlich auch ein Apéro.

Primarschule Ebersecken (LU), Team: Nebeneinander lernen
«Fit@Parcours»

Der Tag beginnt bei uns mit der sogenannten «Eintrudelzeit», ab 7.45 Uhr ist das Zimmer offen, und eine Lehrperson anwesend, sodass die Kinder bereits mit der Arbeit beginnen können, Hausaufgaben werden abgegeben, Fragen können geklärt und schriftliche Notizen der Eltern beantwortet werden, viele administrative und organisatorische Aufgaben werden in dieser Phase erledigt und mit den einzelnen besprochen. Ab 8.00 Uhr beginnt die selbstgesteuerte und selbstständige Unterrichtseinheit, die Fit@parcours-Zeit. Die Idee dahinter ist ganz einfach: Die erste «Unterrichtslektion» dient zur Vertiefung, Repetition und zum täglichen Training von bereits bekanntem oder neuem Lernstoff.

Die Fit@Zeit und der Fit@Parcours wurden vom Team im Laufe der letzten Jahre entwickelt, um den Einstieg in den Tag zu vereinfachen und zu ermöglichen, dass alle Kinder motiviert, individuell und selbstgesteuert in den Schulalltag starten können. Der Name «Fit@» erinnert an Fitness, Training, Selbsttraining, Power, Muskeltraining fürs Gehirn. Wie im Fitnessstudio agiere ich als «Personalcoach», als Lernbegleiterin. Es gibt für alle Kinder einen Plan mit Aufgabenstellungen über die Zeit von drei Wochen. Die Aufgabenstellungen und der Inhalt der «Übungen» sind vergleichbar mit den Geräten in einem Fitnessclub. Ähnlich diesen können die Kinder gemeinsam mit der Lehrperson oder auch selbstständig die Intensität und Anzahl der Übungen bestimmen. Es besteht immer die Möglichkeit, eine Aufgabe so anzupassen, dass sie zum momentanen Leistungsstand passt, mehr «Gewichte draufzupacken» oder die Wiederholungen der Aufgabe zu erhöhen, das Tempo zu steigern oder zu drosseln. Es ist jederzeit möglich, Aufgaben durch andere zu ersetzen oder wegzulassen.

Die Lernangebote decken unterschiedliche Niveaustufen ab. Die Fit@Zeit beinhaltet auch Ressourcen für freie Arbeitszeiten und Einzelprojekte. Die Kinder arbeiten individuell an ihrer persönlichen Planung, sie entscheiden, was sie noch machen müssen oder «wollen», was sie noch brauchen.

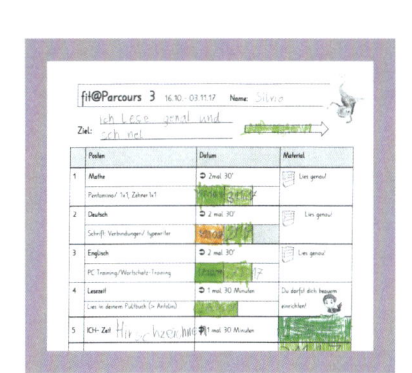

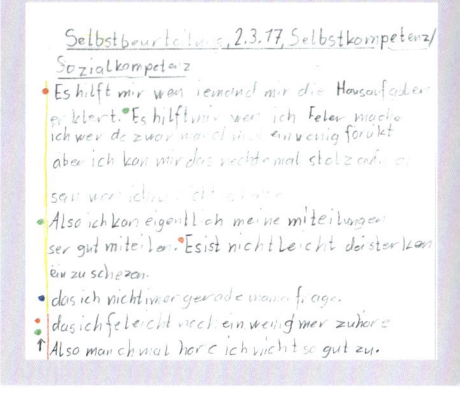

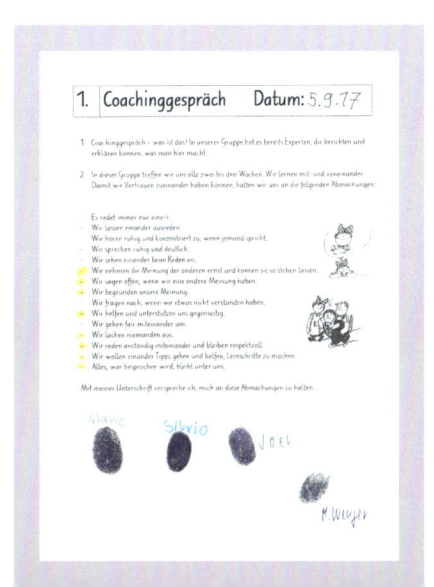

Impuls 12

Schulen demokratiepädagogisch und menschenrechtsorientiert entwickeln

Schulentwicklung ist nicht ausschliesslich Sache der Schulleitung und der Lehrpersonen. Alle an der Schule Beteiligten sind daran interessiert, ihre Schule zu entwickeln, sie zu einem angenehmeren Lebens-, Arbeits- und Lernort zu machen, der allen Kindern und Jugendlichen erfolgreiches Lernen und einen respektvollen Umgang miteinander ermöglicht. Damit sich die Schule als partizipativ ausgerichtete Institution versteht, in der alle Demokratie und Menschenrechte leben und lernen, demokratische und menschenrechtsorientierte Handlungskompetenzen erwerben und üben, beteiligen sich möglichst alle Anspruchsgruppen (Gruppen, die Einfluss haben auf die Zielerreichung und von den Auswirkungen eines Entwicklungsprozesses betroffen sind) an Prozessen der Schulentwicklung.

Die Individualisierende Gemeinschaftsschule
- gestaltet Schulentwicklung partizipativ, nutzt dazu die Ziele und Umsetzungsanregungen (Impulse 1 bis 11) der Individualisierenden Gemeinschaftsschule oder wissenschaftlich abgesicherte Merkmale demokratischer, menschenrechtsorientierter Schulen;
- arbeitet, wenn immer möglich und sinnvoll, nach dem Konsensprinzip und entscheidet sich in begründeten Fällen für das Mehrheitsprinzip mit Abstimmungen;
- sorgt für passende Gremien wie Klassenrat, Vollversammlung, Elternforen, Steuergruppen und andere Arbeitsgruppen für die Mitsprache der Kinder, Jugendlichen und Eltern;
- klärt die Bereiche der Partizipation der Kinder, der Jugendlichen, der Lehrpersonen, anderer Mitarbeitenden der Schule und der Eltern, im Sinne eines 360°-Feedbacks ab und legt weitere Schritte fest;
- sorgt dafür, dass Schulentwicklung sowohl partizipativ als auch effizient ist;
- sorgt dafür, dass sich möglichst alle mit den demokratischen Zielen und Prozessen der Schulentwicklung identifizieren können.

Darum geht es

«Die Schule muss auch darin Vorbild sein, dass sie selbst mit dem gleichen Ernst lernt und an sich arbeitet, wie sie es den Kindern und Jugendlichen vermitteln will. Sie muss eine sich entwickelnde Institution sein und sich zugleich treu bleiben. Ihre Arbeit ist nie ‹fertig›, weil sie auf sich wandelnde Bedingungen und Anforderungen jeweils neu antworten muss.»
Blick über den Zaun (2007, blickueberdenzaun.de, S. 25)

«Die Reggio-Pädagogik ist ein Gebäude. Aber keines, das als Modell für eine Siedlung dienen könnte. Es gibt nicht einmal einen fixierten Plan, der endgültig den Zustand des Einzelhauses beschreibt. Reggio-Pädagogik ist, um im Bild zu bleiben, eine ewige Baustelle. Einige stabile Eckpfeiler und tragende Wände sind vorhanden, das Haus ist stabil und kann ohne Sorge bewohnt werden. Aber: Wie weitergebaut wird, ist das Ergebnis eines offenen Dialogs. Die Reggianer sprechen von der ‹esperienza reggiana›, von einem Experiment.»
Wolfgang Ullrich, Franz-J. Brockschnieder (Ullrich & Brockschnieder, 2009, S. 15)

Gemeinsam Schule entwickeln

Als Ende der 90er-Jahre in der Schweiz geleitete (teilautonome) Schulen eingerichtet wurden, kam es zu einem Perspektivenwechsel, der die bisherige Sichtweise der Lehrpersonen um einen wesentlichen Blickwinkel ergänzte: Zu «Ich und meine Klasse» trat «Ich und meine Schule». Zur individuellen Weiterbildung kam die gemeinsame Schulqualitätsentwicklung, verbunden mit schulinternen Weiterbildungen.

Heute bilden kantonale und kommunale Vorgaben, zum Beispiel Qualitätskonzepte, Strategieziele der kommunalen Schulbehörde und schulinterne Teamvereinbarungen die Basis für Schulqualitätsentwicklung und gewähren Schulen einen eigenen Gestaltungsspielraum. Schul- und Schulqualitätsentwicklung sind in entsprechenden Verfahren festgelegt. Die Schulen definieren, was sie gemeinsam erreichen wollen und setzen sich mit pädagogischen Visionen auseinander. Ausgangslage für die Schulentwicklungsarbeit ist das Leitbild. Arbeitet eine Schule konsequent in Anlehnung an ihr partizipativ ausgerichtetes Leitbild, entwickelt sie über die Jahre hinweg ein eigenes Schulprofil als «Schule in einer Demokratie».

Schulentwicklung ist ein Prozess, der nie abgeschlossen ist und personelle, zeitliche und finanzielle Ressourcen braucht. Es ist die Aufgabe der Schulleitung, in Zusammenarbeit mit den Schulbehörden für diese Ressourcen zu sorgen. Allen an Schulentwicklungsprozessen Beteiligten wird von Anfang an aufgezeigt, dass die Mitarbeit immer auch Zeit aufwenden, an Sitzungen teilnehmen, zuhören und andere Sichtweisen verstehen, sich Wissen aneignen, Verantwortung übernehmen, Geduld haben für langdauernde Prozesse, auf Neues eingehen usw. bedeutet. Das gilt zwar für alle Formen der Beteiligung, kommt aber bei der partizipativen Schulentwicklung besonders zum Tragen. Genauso wichtig ist es, den Gestaltungsspielraum einer Schule für demokratische Prozesse transparent aufzuzeigen.

Schulen im Sinne der Individualisierenden Gemeinschaftsschule demokratiepädagogisch zu entwickeln, bedeutet nicht, ein neues Schulqualitätskonzept zu definieren, anstelle bestehender und bewährter Qualitätskonzepte oder zusätzlich zu diesen. Der demokratiepädagogische Fokus kann Schulleitungen und Teams dazu anregen, die aktuelle Schulentwicklungsarbeit mit Elementen einer demokratiepädagogischen Schulentwicklung zu vergleichen, mögliche Anreicherung der eigenen Arbeit zu erkennen und diese bei Bedarf anzugehen. Es kann aber auch das Ziel «Demokratie und Menschenrechte leben und lernen» neu ins Zentrum der Schulentwicklung gestellt werden.

Demokratiepädagogische und menschenrechtsorientierte Schulentwicklung

Auf der Basis der Schule als demokratisch ausgerichtete Institution werden Schulentwicklungsprozesse möglichst demokratisch gestaltet. Demokratische und menschenrechtsorientierte Ziele und Ergebnisse werden definiert und angestrebt. Alle an der Schule Beteiligten erleben Demokratie und erwerben demokratische und menschenrechtsorientierte Handlungskompetenzen.

➡ Impuls 2

Damit partizipative Kulturen entwickelt werden können, sind partizipative Strukturen erforderlich, zum Beispiel offene Türen, transparente Informations- und Kommunikationswege, Steuergruppen, Konferenzen, demokratische Verfahren, pädagogische Tage, Klassenratsstunden, Vollversammlungen, Elternforen und Elternratssitzungen.

Partizipative Schulentwicklung kann sich, je nach Situation, auf die Beteiligung der Kinder und Jugendlichen, zum Beispiel im Bereich Unterrichtsentwicklung mit der Wahl der Themen für die Vollversammlung, beschränken oder das gesamte schulische Umfeld einbeziehen, zum Beispiel im Bereich der Schulentwicklung für die gemeinsame Ausarbeitung des Schulleitbildes.

Zur Klärung möglicher demokratiepädagogischer und menschenrechtsorientierter Schulentwicklung helfen Fragen wie:
- Arbeiten wir in demokratischen Entscheidungsprozessen nach dem Mehrheitsprinzip mit Abstimmungen oder nach dem Konsensprinzip?
- Können sich weitere Mitarbeitende der Schule (Vertretung des Betreuungspersonals, die Schulsozialarbeit), Kinder und Jugendliche, Eltern, Vertretungen der Schulverwaltung und der Schulbehörde bei der Klärung und Evaluation von Schulentwicklungsschritten beteiligen?
- Werden Lehrpersonen aus der Oberstufe in die schulinterne Qualitätsarbeit der Primarschule und umgekehrt einbezogen?
- Werden Vertretungen aus der Berufs- und Arbeitswelt in die schulinterne Qualitätsarbeit der Oberstufe einbezogen?
- Holen Primar- und Oberstufen bei ehemaligen Schülerinnen und Schülern und deren Eltern Feedbacks ein?
- Sind Partizipationsforen wie Klassenrat, Vollversammlungen (alle Kinder und Jugendlichen reden mit und haben eine Stimme), Elternrat fest installiert und mit Teamvereinbarungen abgesichert?
- Sind in der Steuergruppe neben der Schulleitung und der Vertretung der Lehrpersonen weitere Mitarbeitende der Schule, Schulbehörden, Eltern, Kinder und Jugendliche sowie Lehrpersonen aus den abnehmenden Stufen vertreten?
- Wer redet bei der Ausarbeitung oder bei der Evaluation und Überarbeitung des Schulleitbildes mit?
- Wer redet bei der Ausarbeitung eines Stärken-/Schwächen-Profils der Schule (z. B. als Vorarbeit für eine externe Evaluation) mit?
- Können Kinder, Jugendliche und Eltern bei der Gestaltung des Schuljahresprogramms (z. B. bei der Festlegung gemeinsamer Anlässe oder bei der Mitsprache bezüglich der Wahl des Jahresmottos/der Jahresthemen) mitreden und diese mitgestalten? In welchen anderen Bereichen der Schulqualitätsentwicklung reden Kinder und Jugendliche mit?
- Werden alle an der externen Schulevaluation Beteiligten vorgängig über die Evaluationsbereiche informiert? Können sie zu diesen Bereichen frühzeitig eigene Erwartungen einbringen? (Was gilt bei allen anderen Evaluationen?)
- Werden Eltern vor dem Schuleintritt ihrer Kinder über die Schulqualitätsbereiche und über ihre Möglichkeiten der Elternpartizipation informiert?

Demokratische Entscheidungsfindung

Entscheidungen können nach dem Mehrheitsprinzip mit Abstimmungen oder nach dem Konsensprinzip erfolgen. Es braucht nicht in allen Fragen einen Konsens. An Teamsitzungen ist Konsensfindung nicht immer erforderlich und auch aus zeitlichen Gründen oft nicht möglich. Da genügt meistens ein Mehrheitsentscheid. Entscheidet die Mehrheit, kann es vorkommen, dass wesentliche Aspekte nicht zur Sprache kommen oder nicht genügend ausdiskutiert wurden. Mehrheitsentscheide lassen zudem immer Verliererinnen und Verlierer zurück. Bei der Umsetzung eines nach dem Mehrheitsprinzip gefällten Entscheids lohnt es sich, deren Perspektiven zu berücksichtigen.

Um Entscheidungen zu treffen und Beschlüsse zu fassen, werden häufig reflexartig Abstimmungen durchgeführt. In Schulentwicklungsprozessen eignen sich diese jedoch nur in Ausnahmefällen und nur dann, wenn
- «ein Konsens offensichtlich nicht möglich ist;
- eine faire Meinungsbildung möglich war;
- eine Fortsetzung der Konsenssuche als zu ‹kostspielig› erscheint;
- das Verlierer-Risiko tragbar erscheint;
- aus Verbindlichkeitsgründen eine formelle Abstimmung (z. B. zu Anträgen) erforderlich ist.» (Ender et al., 2013, S. 56)

Konsensfindung – die «Königsdisziplin»

Ein Prozess, in dem alle Interessen, Anliegen, Sichtweisen, Ideen, Bedenken und Einwände Platz haben, ist ein zentrales Qualitätskriterium demokratischer Schulentwicklung. Um eine möglichst hohe Akzeptanz der Entscheide zu erreichen, arbeiten Schulen vor allem bei Schulentwicklungsfragen nach dem Konsensprinzip. Bei Werte- und Kulturfragen, bei einzelnen Fragen der Schulentwicklung ist ein Konsens wichtig.

Die Erarbeitung eines Konsenses braucht Zeit und eine Dialog-/Diskurs-Kultur. Bei einem Konsens geht es um das Finden eines gemeinsamen Sinnes (con–sens). Ein echter Konsens ist nicht einfach ein Kompromiss. Es geht nicht lediglich darum, dass alle ihre Meinung äussern können. Vielmehr ist es das Ziel, aus den unterschiedlichen Meinungen, Einstellungen und Haltungen, durch Dialog und Diskurs, eine gemeinsame Lösung zu finden, die von allen Beteiligten als sinnvoll erachtet und deshalb auch von allen mitgetragen wird. Wenn dieser dialogische Entscheidungsprozess gelingt, ist er qualitativ abgesichert und nachhaltig. Diese Methode ist unter den Entscheidungsmethoden die «Königsdisziplin». Ender et al. (2013, S. 76) zeigen Stärken und Schwächen dieser Entscheidungsmethode auf:

➡ Impuls 5

Stärken	Schwächen
- Nachhaltigkeit - Teilnehmeraktivierung - maximale Lösungsfokussierung - Integration von verschiedenen Meinungsbildern - Anliegen und Entscheidung werden ausgiebig diskutiert - tatsächliche Meinungsbildung für den einzelnen möglich	- grosser Zeitaufwand - gegebenenfalls externe Moderation nötig - bei grossen Gruppen entsteht grosser Raumbedarf über einen längeren Zeitraum

Je nach Frage und Situation entscheiden sich Schulleitungen und/oder Lehrpersonen für eine begründete Abstimmung oder für die Erarbeitung eines Konsens.

Methoden zur Konsensfindung

Es gibt einfache Formen zur Konsensfindung, zum Beispiel von Paulus et al. (2013) «Systemisch konsensieren» oder anspruchsvollere (Aushandlungen, vgl. S.177). Letztere können auch in grösseren Gruppen genutzt werden, sie sind mit einem grösseren Zeitaufwand verbunden. Systemisch konsensieren kann in kleinen Gruppen (z. B. Klassen, kleine Teams) genutzt werden. Diese Methode nutzt «den kleinsten Widerstand». Sie braucht nicht viel Zeit. Es darf jedoch nicht bei dieser Methode bleiben, Ziel ist, einen echten Konsens durch Dialoge zu erarbeiten.

Demokratisch und effizient

Grundsätzlich bezieht demokratiepädagogische und menschenrechtsorientierte Schulqualitätsentwicklung, wenn immer möglich und sinnvoll, alle an der Schule Beteiligten ein, im Sinne eines 360°-Feedbacks. Aber nicht alle Fragen können oder müssen basisdemokratisch angegangen werden. Es gilt sorgfältig abzuwägen, in welchen Situationen das Verhältnis von Zeitaufwand und Ertrag stimmt.

Für eine effiziente Partizipationsarbeit legen Schulen fest, wann und auf welche Art die Betroffenen in die einzelnen Schritte einbezogen werden. Sie definieren mit Aufgabenbeschrieben die Arbeit in den verschiedenen Teams und die einzelnen Schulentwicklungsbereiche, zum Beispiel Leitbild, Schuljahresprogramm. Dazu klären sie unterschiedliche Möglichkeiten der Partizipation aller an der Schule Beteiligten, begründen diese und halten sie in einem Partizipationsdiagramm fest, zum Beispiel:

Verschiedene Teams und Arbeitsgruppen / Entwicklungsthemen	Kinder und Jugendliche	Lehrpersonen	Lehrpersonen Teilpensen	Weitere Mitarbeitende (z.B. Hort, Schulsozialarbeit, Hausdienst)	Schulleitung	Schulverwaltung	Schulbehörde	Eltern	Externe Fachpersonen
Steuergruppe	(MS)	MS, E, MG	MS, E, MG	MS, E, MG	MS, E, MG	I	MS, E, MG	MS, (E, MG)	I
Vision Schule/ Vorarbeit Leitbild	T, MS	T, MS	T, MS	T, MS	T, MS	VT	VT	VT, MS	(VT)
Ausarbeitung Leitbild	MS, I	MS, E, MG	(T, MS), I, MG	MS, E, MG	MS, E, MG	(MS)	MS	MS, E, MG	(MS)
Einweihung Leitbild	T, MS, MG	MG	(T), I, MG	MG	MG	T	T, (MG)	MS, MG	(T)
usw.									

Legende

- **I** Information
- **T** Teilnahme
- **MS** Mitsprache
- **E** Entscheid (Abstimmung oder Konsens)
- **MG** Mitgestaltung
- **VT** Vertretung (nach Interesse)
- **(..)** Beizug bei Bedarf

Ein Konzept zur demokratischen Schulentwicklung

Schütze & Hildebrandt (2006) haben ein Konzept zur demokratischen Schulentwicklung ausgearbeitet. Unter demokratiepädagogischer Ausrichtung der Schulentwicklung wird der Veränderungsprozess einer Schule verstanden, der sowohl Verbesserungen der Strukturen und Abläufe (Organisationsentwicklung) bewirkt, als auch Haltungen, Kompetenzen und Handlungen aller Schulbeteiligten im Sinne eines demokratischen Miteinanders nachhaltig beeinflusst. Dazu begeben sich alle relevanten Anspruchsgruppen gemeinsam auf den Weg, ihre Schule gemeinsam zu gestalten. Konsenssuchende Aushandlungen bilden dabei den Kern demokratischer Alltagskultur.

Dieses Konzept eignet sich für verschiedene Vorgehensweisen bei der Schulentwicklung. Schulen überlegen sich, ob und wie dieses Konzept zu ihrem eigenen Schul- und Qualitätsentwicklungskonzept passt und ob sie mit diesem Konzept ein eigenes Schul- und Qualitätsentwicklungskonzept entwickeln wollen oder ihr bereits bestehendes Konzept ergänzen oder optimieren möchten.

Audits und Aushandlungen

Für den Einstieg in einen Schulentwicklungsschritt können die Schulen ein Audit (lat. Auditus: das (An)hören) oder eine Aushandlungsrunde durchführen.

Das Audit ist eine Methode zur Selbstbewertung der geleisteten Arbeit mit einem Kriterienkatalog, der sich auf die gemeinsam festgelegten Ziele stützt. Diese beziehen sich auf die Ergebnisse einer Selbstevaluation am Ende eines Schuljahres oder auf die Ergebnisse einer externen, kantonalen Evaluation.

Werden bei externen, kantonalen Evaluationen die Kinder, Jugendlichen und Eltern mit qualitativen (Interviews) und quantitativen (Fragebogen) Erhebungen in ein Audit einbezogen, macht es Sinn, dass sie zumindest anschliessend an die Rückmeldungen zur externen Evaluation in Aushandlungsrunden Gelegenheit erhalten, ihre Interessen und Sichtweisen für nächste Entwicklungsschritte einzubringen. Das ermöglicht ihnen, bei der nächsten externen Evaluation die von ihnen mitbestimmten Zielen zu überprüfen und gezielter Stellung zu beziehen.

An Aushandlungsrunden nehmen alle Anspruchsgruppen teil, machen eine Stärken-Wünsche-Analyse und arbeiten in diesem konsensorientierten Verfahren gemeinsam Schulentwicklungsschritte aus.

	Aushandlungsmodell: Zwölf Schritte der Umsetzung – das konkrete Vorgehensmodell (nach Schütze et al., 2007)
	1. Start
Teilnehmende	Lehrerkollegium
Form	Sitzung oder Weiterbildungshalbtag
Absicht	Die Arbeit mit konsensorientierten Aushandlungsrunden kennenlernen, das Vorgehensmodell diskutieren und sich für oder gegen diese Vorgehensweise entscheiden.
	2. Information und Reflexion
Teilnehmende	alle Anspruchsgruppen
Form	Schulversammlungen, Klassenratsstunden, Elternforum oder Infoveranstaltung für Eltern, Gespräche mit Schulsozialarbeit, Hausdienst, Schulsekretariat usw.
Absicht	Vorstellen und erläutern des Vorgehens (konsensorientierte Aushandlungsrunden), Klärung der Vorstellung von «Demokratie in der Schule» in den einzelnen Gruppen, Klärung der Fragen wie: Passt dieses Vorgehen zu unserer Schule?

Fortsetzung auf der Folgeseite

		3. Stärken-Wünsche-Workshop
Teilnehmende		alle Anspruchsgruppen
Form		Schulversammlungen, Klassenratsstunden, Elternforum oder Infoveranstaltung für Eltern, Gespräche mit Schulsozialarbeit, Hausdienst, Schulsekretariat usw.
Absicht		Stärken und Wünsche zusammentragen und abschliessend gemeinsame Bewertung in jeder Anspruchsgruppe: anerkannteste Stärken/wichtigste Wünsche, Information über das weitere Vorgehen (Bildung der Aushandlungsgruppe, Aushandlungsrunden usw.)

		4. Bildung der Aushandlungsgruppe
Teilnehmende		alle Anspruchsgruppen
Form		Schulversammlungen, Klassenratsstunden, Elternforum oder Infoveranstaltung für Eltern, Gespräche mit Schulsozialarbeit, Hausdienst, Schulsekretariat usw.
Absicht		Wahl der Vertreter und Vertreterinnen aus den einzelnen Anspruchsgruppen (ca. 30 Personen)

		5. Analyse der Befragungsergebnisse und Auswahl einer zentralen Stärke
Teilnehmende		Aushandlungsgruppe
Form		Erstes Treffen ausserhalb der Unterrichtszeit und ausserhalb der Schule (halber bis ganzer Tag)
Absicht		Sich kennenlernen, Stärken-Wünsche-Analyse aus den einzelnen Anspruchsgruppen sichten, Gemeinsamkeiten und Unterschiede klären, miteinander ins Gespräch kommen, Auswahl des Themenfeldes mit der möglichst von vielen getragenen Stärke, wesentliche Merkmale dieser Stärke ausarbeiten

		6. Vorbereitung auf den Aushandlungsprozess
Teilnehmende		Aushandlungsgruppe
Form		Ganze Gruppen und Kleingruppen (Bezavta-Übungen)
Absicht		Vorbereiten und sensibilisieren auf den demokratischen, konsensorientierten Aushandlungsprozess, Reflexion der Erfahrungen und Erkenntnisse aus den Bezavta-Übungen

		7. Massnahmenvorschläge und Aushandlungsprozesse
Teilnehmende		Aushandlungsgruppe
Form		Zuerst in den Anspruchsgruppen, nachher in der ganzen Gruppe (evtl. mehrere Treffen)
Absicht		Alle Wünsche, deren Erfüllung einen Beitrag zur weiteren Stärkung der ausgewählten Stärke leisten können, aus den Anspruchsgruppen präsentieren, offene Fragen klären, Arbeit wertschätzen, zusätzliche Anregungen, Alternativvorschläge, mögliche Bedenken einbringen, nach einer oder mehreren Überarbeitungsphasen gemeinsam einen Massnahmenvorschlag ausarbeiten und verabschieden

		8. Weitere Stärken und Wünsche
Teilnehmende		Aushandlungsgruppe
Form		wie 7.
Absicht		Weitere Stärken aufgreifen und mit den offenen Wünschen in Verbindung bringen

		9. Rückkoppelung mit betroffenen Anspruchsgruppen
Teilnehmende		alle Anspruchsgruppen
Form		Schulversammlungen, Klassenratsstunden, Elternforum oder Infoveranstaltung für Eltern, Gespräche mit Schulsozialarbeit, Hausdienst, Schulsekretariat usw.
Absicht		Präsentation der Ergebnisse aus den Aushandlungsrunden (Entscheidungsgrundlagen), Diskussion und Absicherung der Massnahmenvorschläge

		10. Zwischenzeitliche Aktivitäten
Teilnehmende		alle Anspruchsgruppen
Form		Schulversammlungen, Klassenratsstunden, Elternforum oder Infoveranstaltung für Eltern, Gespräche mit Schulsozialarbeit, Hausdienst, Schulsekretariat usw.
Absicht		Parallel zu der Arbeit in der Aushandlungsgruppe passende Aktivitäten durchführen (z. B. demokratische Kompetenzen fördern, Weiterbildungen im Kollegium/in der Elternschaft, aufkommende Fragen aus der Aushandlungsgruppe thematisieren und Unterstützung anbieten)

		11. Verankerung im Schulprogramm
Teilnehmende		zuständige Personen für die Ausarbeitung des Schulprogramms (z. B. Steuergruppe)
Form		Sitzung(en)
Absicht		Sichtung und Diskussion der Ergebnisse aus der Aushandlungsgruppe, entsprechende Ziele und Umsetzungsschritte ins Schulprogramm aufnehmen

		12. Langfristige Perspektiven der Aushandlungsrunde
Teilnehmende		Lehrpersonen, Vertretung aller Anspruchsgruppen
Form		Sitzung
Absicht		Klärung der Weiterarbeit mit Aushandlungsgruppen (Häufigkeit, Gruppengrösse, Zusammensetzung der Gruppe usw.)

Umsetzungsvarianten: Drei mögliche Wege

Entscheiden sich Schulen für die Entwicklung einer «Schule in der Demokratie», gibt es dazu mit Aushandlungsrunden verschiedene Wege, zum Beispiel:
a) Vom Ende her denken: Schulvision/Leitbild
b) Von aktuellen Entwicklungsthemen ausgehen: Ist-Situation
c) Situationsabhängig und bedürfnisorientiert vorgehen: Unvorhergesehenes

a) Vom Ende her denken: Schulvision/Leitbild

Die Schulen setzen sich zuerst mit den Zielen, Merkmalen, Leitbildern und Standards demokratischer Schulen auseinander, nutzen dazu zum Beispiel:
- die elf Impulse der Individualisierenden Gemeinschaftsschule;
- die sechs Qualitätskriterien des Schweizer Schulpreises;
- die Merkmale demokratiepädagogischer Schulen des Landesinstituts für Lehrerbildung und Schulentwicklung Hamburg (Beutel et al., 2013);
- das Leitbild und die Standards des Schulverbundes «Blick über den Zaun» (blickueberdenzaun.de);
- den Index für Inklusion (Booth & Ainscow, 2017).

Sie entscheiden sich für eine Ausrichtung, informieren an Treffen alle Anspruchsgruppen, zum Beispiel:
- die Lehrpersonen und das Betreuungsteam an einem Weiterbildungstag;
- die Schülerinnen und Schüler in Klassenratsrunden, Vollversammlungen;
- die Eltern im Elternforum/im Elternrat oder an einer Infoveranstaltung;
- Vertreterinnen und Vertreter anderer Anspruchsgruppen (Schulsozialarbeit, Hausdienst, Sekretariat usw.) an Treffen oder in Einzelgesprächen.

Sie überlegen an diesen Treffen, in welchen Bereichen (Ziele, Merkmale, Standards) die Beteiligten Stärken ihrer Schule erkennen. Sie einigen sich auf die von den meisten Schulbeteiligten anerkannteste Stärke und bringen diese mit den grössten Wünschen der Anspruchsgruppen in Verbindung. Haben sie das geklärt, machen sie sich mit Aushandlungen auf den Weg der gemeinsamen Schulentwicklung.

Schulvision: Individualisierende Gemeinschaftsschule

Entscheidet sich eine Schule, mit den elf Impulsen dieser Publikation zu arbeiten, helfen die vorliegenden Arbeitspapiere.

Die Arbeitspapiere können als Standortbestimmung, als Planungshilfe oder als Dokumentation genutzt werden.

Beispiel: Auszug aus dem Arbeitspapier zum Impuls 1 «Individuum und Gemeinschaft respektieren und stärken»

Standortbestimmung Erreichung der Ziele (1: noch nicht erreicht, 2 teilweise erreicht, 3 erreicht, 4 sehr gut erreicht)

Ziele (Impulse 1-6)	1	2	3	4	Umsetzung (Impulse 7-11)		wenig genutzt	teilweise genutzt	gut genutzt
Impuls 1 Individuum und Gemeinschaft respektieren und stärken									
Wir stellen uns dem Spannungsfeld Individuum und Gemeinschaft und sorgen für eine Balance zwischen Individuums- und Gemeinschaftsorientierung;					7	Rahmenbedingungen kennen und Freiräume nutzen			
					8	Lehr- / Lern- und Rollenverständnis der Lehrperson klären			
					9	Strukturen überprüfen und neu gestalten			
					10	Bausteine nutzen			
					11	Individuell und kooperative lernen			
Wir fördern und unterstützen die Persönlichkeitsentwicklung und die Gemeinschaftsfähigkeit aller an der Schule Beteiligten gleichwertig aber nicht gleichartig;					7	Rahmenbedingungen kennen und Freiräume nutzen			
					8	Lehr- / Lern- und Rollenverständnis der Lehrperson klären			
					9	Strukturen überprüfen und neu gestalten			
					10	Bausteine nutzen			
					11	Individuell und kooperative lernen			
Wir bieten vielfältige Erfahrungs- und Lernfelder sowohl für individuelles, entwicklungs-, lernstandsorientiertes als					7	Rahmenbedingungen kennen und Freiräume nutzen			
					8	Lehr- / Lern- und Rollenverständnis der Lehrperson klären			

Als Standortbestimmung

Welche Ziele haben wir erreicht? Wie gut (1 bis 4) haben wir sie erreicht? Wie kommen sie im Leitbild zum Ausdruck? Welche Bereiche könnten wir noch optimieren? Welche Umsetzungen haben wir dabei genutzt? Haben sie sich bewährt?

Als Planungshilfe

Welche Ziele wollen wir ins nächste Jahresprogramm aufnehmen? Wie begründen wir das? Mit welchen Umsetzungen arbeiten wir? Worauf bauen wir auf? Die Ziele können in einem Audit evaluiert und nachher für die Schulentwicklungsschritte genutzt werden. In Schulprogramme und Jahresprogramme wird eine angemessene Anzahl Ziele (zwei bis vier) der Impulse 1 bis 6 aufgenommen. Für die Auswahl der Umsetzung empfiehlt es sich, die Ausführungen in den Impulsen 7 bis 11 beizuziehen.

Beispiele aus den Impulsen 1, 4 und 5 mit Umsetzungen aus den Impulsen 9, 10, 11 und 12

Impuls	Ziel/Leitsatz	Impuls	Umsetzung
1	Wir stellen uns dem Spannungsfeld Individuum und Gemeinschaft und sorgen für eine Balance zwischen Individuums- und Gemeinschaftsorientierung.	9 10 11	Wir achten auf eine ausgewogene Rhythmisierung bei der Gestaltung der Stundenpläne und Wochenstruktur. Wir legen in allen Stundenplänen ein fixes Zeitgefäss für einen Treff in der Schulgemeinschaft fest. Wir nutzen den Baustein «Thema» für das Lernen an der gleichen Sache und sorgen dabei für individuelle und gemeinsame Produkte.
4	Wir ermöglichen und unterstützen Autonomie- und Selbstwirksamkeitserfahrungen, entwickeln und pflegen eine Kultur der Beteiligung.	10 11	Wir reflektieren Grundvarianten des Bausteins «Forum» (Morgenkreis) und «Versammlung» (Klassenrat) bezüglich Ziel, Zweck und Wirksamkeit, führen eine Grundvariante ein, etablieren sie und arbeiten Teamvereinbarungen aus.
5	Wir geben keine Menschenbilder vor, sorgen aber für regelmässige Reflexion und Überprüfung der Menschenbilder und Haltungen aller an der Schule beteiligten Erwachsenen und für konsensstiftende Diskurse.	9 12	Wir klären an einer Gesamtteamsitzung, wie wir den Impuls 5 angehen möchten. Wir legen ein Zeitgefäss fest, welches wir für konsensstiftende Diskurse nutzen. Wir setzen uns an einer Weiterbildung mit dem Thema «Menschenbilder», mit unserer professionellen pädagogischen Haltung und mit unserem professionellen pädagogischen Verhalten auseinander. Wir thematisieren zusammen mit den Kindern, Jugendlichen und Eltern die Kinderrechte und entwickeln ein Instrument (z. B. Kinderrechtslabel), welches wir für unsere Schulentwicklung nutzen.

Als Dokumentation

Diese Ziele haben wir erreicht. Diese Umsetzungen haben wir dazu genutzt.
Welche Erfahrungen haben wir gemacht? Was gelang gut? Welche Herausforderungen stellten sich uns? Wie sind wir sie angegangen?
Eine spezielle zusätzliche Form der Dokumentation kann mit Jahresbüchern erfolgen. Eine bis zwei Lehrpersonen übernehmen diese Arbeit für die Gemeinschaft und sammeln übers Jahr Unterlagen, Fotos usw. Die Jahrbücher geben einen Einblick in die geleistete Arbeit in einem Schuljahr und dokumentieren auch Begrüssungen, Verabschiedungen, Feste, Feiern usw. Sie liegen an Elternanlässen auf.

b) Von aktuellen Entwicklungsthemen ausgehen

Losgelöst vom aktuellen Schulleitbild und von bestehenden Schulkonzepten nehmen sich Schulen Zeit für die Stärken-Wünsche-Analyse eines aktuellen Entwicklungsthemas, zum Beispiel nach einer externen Evaluation:
- die Klärung der Partizipationsmöglichkeiten der Kinder, Jugendlichen und Eltern;
- den Rückblick auf das erste Jahr der Arbeit mit Tagesstrukturen;
- die Klärung der Zusammenarbeit mit dem schulischen Umfeld;
- den Einstieg in die Arbeit mit ausserschulischen Lernorten;
- die aktuelle Regelung der Hausaufgaben;
- den Rückblick auf das erste Jahr nach der Umstellung auf das Mehrklassensystem.

Die Schulen organisieren in den einzelnen Anspruchsgruppen Treffen zu Stärken-Wünschen-Analysen, zum Beispiel:
- mit den Lehrpersonen und mit dem Betreuungsteam an einem Weiterbildungstag;
- mit Schülerinnen und Schülern in Klassenratsrunden, Vollversammlungen;
- mit Eltern im Elternforum/im Elternrat oder an einer Infoveranstaltung;
- mit Vertreterinnen und Vertretern anderer Anspruchsgruppen (Schulsozialarbeit, Hausdienst, Sekretariat usw.).

Zur Entscheidungsfindung für ein mögliches gemeinsames Schulentwicklungsthema aufgrund des aktuellen Entwicklungsthemas steigen die Schulen direkt in die Arbeit mit ersten einfachen Formen des 360°-Feedbacks.
Ausgangslage ist das aktuelle Entwicklungsthema in der Schule. Die Teilnehmenden tragen an diesen Treffen Stärken ihrer Schule zusammen, einigen sich in der Anspruchsgruppe auf die von den meisten Teilnehmenden anerkannteste Stärke und bringen diese mit den grössten Wünschen ihrer Anspruchsgruppe in Verbindung. Haben sie das geklärt, machen sie sich mit Aushandlungen auf den Weg der gemeinsamen Schulentwicklung.

c) Situationsabhängig und bedürfnisorientiert vorgehen

Schulentwicklung kann nicht immer genau geplant werden. Ein aktuelles Thema, das alle betrifft und möglichst bald angegangen werden soll, kann von einzelnen Kindern und Jugendlichen in Klassenratsrunden für eine Schulversammlung vorgeschlagen oder von Eltern aus Elternforen, von Lehrpersonen aus Teamsitzungen und von anderen Schulbeteiligten (z. B. der Schulbehörde) aufgegriffen werden, zum Beispiel:
- Die Kinder und Jugendlichen nehmen Handys mit: Umgang mit Handys (Handhabung in der Schule) gemeinsam klären;
- Die Nachfrage nach Plätzen in der Betreuung steigt rasant an: personelle, finanzielle und räumliche Herausforderungen angehen; Sofortmassnahmen und längerfristige Massnahmen klären;
- Die Schulbehörde beauftragt im November die Schule, auf Ende Schuljahr einen Bericht bezüglich Formen der installierten Schüler- und Elternpartizipation einzureichen: bestehende Beteiligungsmöglichkeiten klären, reflektieren und dokumentieren, mögliche Optimierungsschritte andenken, Bericht verfassen;
- Die Eltern haben Fragen zu unterschiedlichen Beurteilungen: eine gemeinsame Beurteilungskultur angehen.

Die Schulen organisieren Treffen in allen Anspruchsgruppen (z. B. Klassenratsrunden, Vollversammlungen, Weiterbildungen der Lehrpersonen, Elternforen/Elternrat oder Infoveranstaltung), klären ab, welche der Themen gemeinsam angegangen werden sollen. Sind die Anspruchsgruppen der Ansicht, dass das Thema für die Schule zentral und dringlich ist, arbeiten sie Massnahmenvorschläge aus und machen sich mit Aushandlungen auf den Weg. Solche ungeplanten Situationen fordern Schulen heraus. Deshalb sollte die Steuergruppe darauf achten, dass in Schuljahresprogrammen die Rubrik «Unvorhergesehenes» einen fixen Platz hat.

«Demokratie und Menschenrechte leben und lernen» kann gelingen!

Die Laborschule Bielefeld hat eine lange Tradition mit einer demokratischen Schulkultur und entwickelt diese konzeptionell weiter.

Die Broschüre «Demokratie leben und lernen – Erfahrungen der Laborschule Bielefeld» (Asdonk et al., 2017) bietet Beiträge und konkrete Beispiele aus verschiedenen Altersstufen und unterschiedlichen Lernbereichen. Immer wieder kommen auch Kinder und Jugendliche zu Wort:

«Meine Paten haben auf mich aufgepasst und mit mir gespielt. Ein bisschen beim Lernen haben sie mir auch geholfen.» (Alissa, 6 Jahre)

«Ich finde es schön, dass Jara bei uns ist. Sie hat schon ganz viel Deutsch gelernt. Sie kann schon bis zwanzig zählen.» (Alissa, 6 Jahre)

«Als ich Patin war, habe ich ihnen gezeigt, wo das Klo ist und die Grenzen draussen.» (Aileen, 7 Jahre)

«Ich finde es besonders toll, dass sich die ganze Gruppe um Jara kümmert. Das meiste, was Jara auf Deutsch kann, kann sie von den Kindern.» (Jana, Lehrerin)

«Es gibt einen Wochenplan. Dort schreibe ich rein, was ich lernen will.» (Tobi, 6 Jahre)

«Ich esse heute zuerst den Nachtisch.» (Luca, 5 Jahre)

«Danke, dass ihr mir in Jahrgang 7 gesagt habt, dass Ethik auch was für mich ist! Jetzt, nach dem Kurs, werde ich in der Sek II Philosophie wählen.» (Arne, 10. Sj.)

«Ich war schon in Jahrgang 3 gerne in der Werkstatt. Später habe ich so viele Stunden wie es ging da gearbeitet, und jetzt mache ich eine Ausbildung als Tischler.» (Mirko, 10. Sj.)

«Sprachen sind für mich der Zugang zur ganzen Welt. Deshalb lerne ich jetzt schon drei, und nach dem Abschluss gehe ich erstmal ins Ausland.» (Julia, 10. Sj.)

«Bei den Wahlkursen war mir wichtig, dass ich meine Persönlichkeit ausbauen kann. Deshalb habe ich den Jungenkurs gewählt. Und Kochen, damit ich mich später selbst versorgen kann.» (Malte, 10. Sj.)

«In der Gruppe meinen sie, dass ich eine gute Vertrauensperson bin. Beim Praktikum im Altenheim haben sie das auch gesagt: Meine Ausbildung im sozialen Bereich schaffe ich.» (Nadine, 10. Sj.)

«Also, wenn da nur die abstimmen gehen, die das unbedingt wollen, und viele gar nicht – ist das wirklich demokratisch?» (Kira, 9. Sj.)

«Ich kann für mich sagen, dass die Reflexionsrunden ein sehr wichtiger Teil und ein guter Abschluss für gewisse Themeneinheiten und Studienfahrten waren. Denn ich denke, dass es wichtig ist, seine Freude, Zufriedenheit und Unzufriedenheit sowie seine Kritik äussern zu können und auch die der anderen Mitschüler und Mitschülerinnen mitzubekommen – und dies nicht ausserhalb der Unterrichtszeit. Meiner Meinung nach ist es wichtig, sich für so etwas im Unterricht Zeit zu nehmen, denn da fühlen wir uns ernst genommen.» (Luna, 10. Sj.)

«Mitbestimmung im Unterricht bedeutet für mich, eine Meinung zu haben, die zählt, das machen zu können, was mich interessiert und somit meine Persönlichkeit zu bilden.
Die Schule sollte meiner Meinung nach ein Ort sein, an dem man sich selber kennenlernt und seine Interessen finden bzw. ihnen nachgehen kann. Da dies natürlich nur ganz individuell passieren kann, weil jeder Mensch ganz unterschiedlich ist, sollte persönlich auf Einzelne eingegangen werden, soweit das möglich ist ...
Nach dem Basiswissen sollten Themen frei gewählt werden können. Ich bekam oft dazu die Möglichkeit.» (Theresa, 10. Sj.)

«Jeder Unterricht beginnt mit der Versammlung. Die dauert aber oft nicht sehr lange und dient der Organisation der Arbeit. Danach arbeiten wir allein oder in Gruppen an unseren Vorhaben. Am Ende der Stunde treffen wir uns, um unsere Arbeitsergebnisse auszutauschen. Die grosse Versammlung oder der Gruppenrat sind dagegen etwas ganz anderes.» (Lena, 8. Sj.)

«Im Gruppenrat besprechen und entscheiden wir Sachen, die die ganze Gruppe betreffen.» (Emine, 9. Sj.)

«Die Versammlung ist der Ort, an dem wir alles besprechen, was für uns wichtig ist.» (Samira, 8. Sj.)

(Asdonk et al., 2017, S. 11, 30–32, 37, 38, 49, 50, 56)

(Asdonk et al., 2017, S. 17)

(Asdonk et al., 2017, S. 21)

⬇ Leitfragen für die individuelle und gemeinsame Reflexion

Mein Verständnis von «Schulen demokratiepädagogisch und menschenrechtsorientiert entwickeln»

- Welche Überlegungen und Anliegen der demokratiepädagogischen und menschenrechtsorientierten Schulentwicklung sind für mich neu? Was lösen sie in mir aus?
- Welche demokratischen Entscheidungsprozesse nutze ich in meiner Klasse, Abstimmungen oder Konsensfindungen? Welche Erfahrungen mache ich dabei?
- Welcher Schulentwicklungs-Weg sagt mir am meisten zu? Wie begründe ich das?
- Worin bestehen zwischen meinem Unterricht, meiner Schul-/Lernkultur und den Zielen einer Individualisierenden Gemeinschaftsschule Gemeinsamkeiten und Unterschiede?
- In welchen Bereichen kann ich mir die Mitsprache der Kinder, Jugendlichen und Eltern vorstellen? Wo und weshalb setze ich Grenzen?
- Was könnte ich tun, um Kinder aus meiner Klasse und deren Eltern für das Mitdenken auf Schulentwicklungsebene zu gewinnen?

Unser Verständnis von «Schulen demokratiepädagogisch und menschenrechtsorientiert entwickeln»

- Mit welchem Schul- und Schulqualitätskonzept arbeiten wir? Wie entstand es?
- Wie demokratisch gestalten wir die Prozesse bei der Schulentwicklung, und welche demokratischen und menschenrechtsorientierten Ziele haben wir schon erreicht/streben wir an?
- Welche Erfahrungen haben wir mit demokratischen Prozessen und demokratischen Zielen gemacht? Wie gingen wir dabei vor?
- Wie demokratisch ist unsere Institution? Wie werden Entscheide gefällt? (➡ Impuls 4)
- Was würden wir brauchen, um uns mit dem Konsensprinzip der Aushandlungsrunden auseinanderzusetzen und unsere Schulentwicklungsarbeit entsprechend anzupassen? Welchen Gewinn hätten wir? Welche Herausforderungen und Stolpersteine erkennen wir? Wie könnten wir ihnen begegnen?
- Wo ziehen wir Grenzen zwischen der Basisdemokratie (alle haben eine Stimme) und der repräsentativen Demokratie (Arbeit mit Vertreterinnen und Vertretern)? Wie begründen wir sie?

MEHR DAZU

Ullrich & Brockschnieder (2009, S. 11ff.): Reggio-Pädagogik

«[…] Italien im April 1945. Der Krieg ist zu Ende. Ort der Handlung: Villa Cella, ein kleines Dorf in der Nähe von Reggio Emilia, heute ein Vorort der Stadt. Bei der Beseitigung der Kriegstrümmer finden Männer und Frauen des Dorfes einen Panzer, den sie mehr oder weniger fachgerecht zerlegen, um die Einzelteile auf dem Schwarzmarkt zu verkaufen. Über die Verwendung des erlösten Geldes entscheidet ein Komitee, in dem sich in einer Abstimmung die Frauen durchsetzen. Ihre Idee: der Bau eines Kindergartens. Erziehung zu Humanität und Gewaltfreiheit ist ihrer Meinung nach die beste Antwort auf den gerade überstandenen Krieg. Der erste Volkskindergarten («asilo del popolo»), von Anfang an ein Zentrum für Kinder und Erwachsene, entsteht, kollektiv geleitet von den Männern und Frauen des Dorfes. Zwei Erzieherinnen arbeiten zunächst unentgeltlich. Alle Dorfbewohner tragen durch die Abgabe von Naturalien zur Ernährung der Kinder bei. Intensiv wird die Frage diskutiert, wie eine Erziehung aussehen könnte, die zu einer friedlichen Zukunft beiträgt. Ein Konzept, an dem man sich hätte orientieren können, gibt es nicht, nur die Bereitschaft der Eltern, in der Erziehung neue Wege zu gehen. Ausgebildete Fachkräfte fehlen ebenfalls. Aus der Not entsteht eines der Prinzipien, die bis heute leitend für die Pädagogik der kommunalen Kindertagesstätten in Reggio sind: Einbeziehung aller für die Erziehung der Kinder relevanten Personen in die konzeptionelle Diskussion, Planung und Realisierung der alltäglichen Arbeit und Projekte. […] Reggio-Pädagogik ist eine ‹Pädagogik des Werdens›, die sich in permanenter Interaktion zwischen Erwachsenen, Kindern und deren sozialer und gegenständlicher Um- und Mitwelt entwickelt. Reggio ist keine Erziehungstheorie, sondern eine Erziehungsphilosophie mit einer eigenen, inzwischen mehr als 60-jährigen Geschichte. Viele grosse und kleine Menschen, Erzieherinnen, Köchinnen, Eltern, Kinder, Reinigungskräfte, Wissenschaftler, Mitarbeiter der Stadtverwaltung von Reggio, Bauern, Bürger, Handwerker, kurz: Menschen in Reggio und um Reggio herum gestalten diese Geschichte aktiv.»
(Anm.: Was 1945 in einem kleinen italienischen Dorf begann, ist heute weltweit unter dem Namen «Reggio-Pädagogik» bekannt. 1991 wurden die Kindertagesstätten in Reggio von der amerikanischen Zeitschrift «Newsweek» als weltbeste Einrichtung ausgezeichnet. 1995 wurde der Verein «reggio children» und 2006 das «Loris Malaguzzi International Centre» gegründet. Im Jahr 2015 wurde in 121 Ländern auf allen Kontinenten nach der Reggio-Pädagogik unterrichtet.)

Zugefallenes aus dem Schulalltag

360°-Feedback

Die Schule Oberhausen in Opfikon begleite ich seit der Vorbereitung auf die Umstellung auf das Mehrklassensystem mit Altersdurchmischtem Lernen. An einem Weiterbildungstag informierte mich die Schulleiterin über eine bevorstehende Evaluation. Alle Schulen der Stadt Opfikon wurden verpflichtet, eine Evaluation mit einem 360°-Feedback durchzuführen. Ich beriet die Schulleiterin bei der Vorbereitung der Evaluation.

In Anlehnung an das Schulleitbild legte das Team zusammen mit der Schulleitung verschiedene Bereiche fest, die gemeinsam reflektiert wurden: Individuelle Lernbegleitung, Partizipation bei Entscheidungen, Schulentwicklung, Schulführung/Organisation des Schulbetriebs, Kompetenzen, Zusammenleben/respektvoller Umgang, Zielorientierung und Kommunikation. Zu den einzelnen Bereichen arbeiteten sie Zielformulierungen/Absichtserklärungen zu «So sollte es sein!» aus und stellten entsprechende Fragen. Sie formulierten zu jedem Bereich auch Fragen unter dem Aspekt AdL. Die Evaluation sollte zudem Hinweise auf Gelungenes, «Baustellen» und mögliche Optimierungsschritte aufzeigen.

Am Evaluationsabend begrüsste die Schulleiterin die Lehrpersonen, die Vertreterinnen und Vertreter der Schülerinnen und Schüler, der Eltern und der Schulverwaltung. In einer kooperativen Lernform (Mischform Worldcafé und Placemat) konnten die Vertreter und Vertreterinnen aus den verschiedenen Anspruchsgruppen in fixen Vierergruppen (Schüler oder Schülerin, Lehrperson, Vater oder Mutter, Mitarbeitende der Schulverwaltung) zu je vier der acht Qualitätsbereichen Stellung nehmen. Die unterschiedlichen Wahrnehmungen und Perspektiven der vier Gruppenmitglieder lösten interessante Gesprächsrunden aus: «Das habe ich gar nicht gewusst! Das erlebe ich anders! Das müsste man eigentlich allen sagen!» Der Austausch und das anschliessende Formulieren von Optimierungswünschen standen im Zentrum der Gespräche.

Ich war von der konstruktiven und äusserst kooperativen Atmosphäre sehr beeindruckt. Alle Beteiligten kamen zu Wort und wurden angehört. So kann Schule gemeinsam reflektiert und können Entwicklungsschritte gemeinsam angedacht werden.

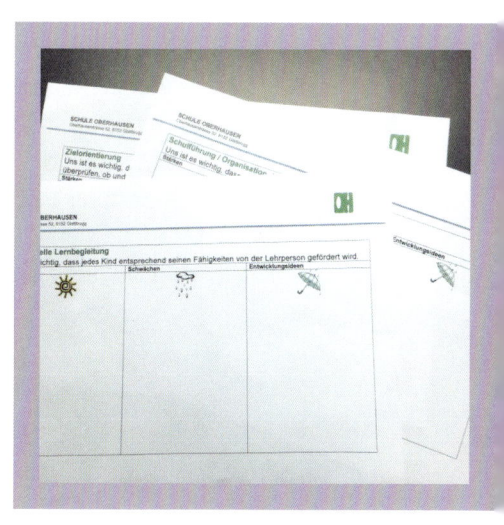

Mutter, Kind, Mitarbeitende der Schulverwaltung, Lehrperson

Beispiele aus der Praxis

Primarschule Allee, Wil (SG), Heidi Gehrig: Schulleitbild

Ausarbeitung und «Einweihung» des Schulleitbildes in Zusammenarbeit mit den Eltern

Für den Einstieg in die Ausarbeitung des Schulleitbildes im Schuljahr 2001/02 luden wir alle interessierten Eltern zu einem ersten Treffen ein. Alle eingebrachten Ideen, Wünsche und Anliegen wurden aufgenommen und festgehalten. Als Schulleiterin informierte ich die Eltern über das weitere Vorgehen. Ein externer Projektbegleiter beriet uns bei dieser Arbeit.

Die Arbeitsgruppe «Leitbild» (Schulleitung, Lehrpersonen, Eltern, externer Schulbegleiter) sichtete die Ergebnisse des ersten Treffens und formulierte einen Entwurf. Im Team und im Elternforum gaben Lehrpersonen und Eltern Rückmeldungen. Wir entschieden uns für vier Leitsätze:

In den Lerngruppen und Klassen, im Team, im Schulleitungsteam, in der Schulgemeinschaft und im Kontakt mit dem schulischen Umfeld achten wir darauf, dass wir …
… uns wohl und sicher fühlen, fürsorglich und gerecht miteinander leben.
… unsere Verschiedenartigkeit nutzen, respektvoll und erfolgreich von- und miteinander lernen.
… uns Ziele setzen, leistungsorientiert und erfolgreich arbeiten.
… unsere Stärken einbringen und uns eigenständig weiterentwickeln.

Jeden Leitsatz konkretisierten wir mit mehreren Beispielen «… das zeigt sich in den Lerngruppen und in den Klassen, im Team, in der Schulleitung, in der Schulgemeinschaft, im Kontakt mit dem schulischen Umfeld, indem wir … ».

Die Arbeitsgruppe «Einweihung Schulleitbild» plante und organisierte den Einweihungs-Tag (6. September 2002). In den vier Stockwerken des Schulhauses wurde je eine Leitidee vorgestellt und konkretisiert. Aus jedem Stockwerk nahmen die Kinder und Eltern ein Puzzleteil mit. Auf den Stockwerken gab es Verpflegungsstationen mit Spezialitäten aus den Herkunftsländern der Kinder. In den Gängen wehte ein buntes Fahnenmeer. Jede Familie hatte eine kleine Familienfahne individuell gestaltet. Für den gemeinsamen abschliessenden Festakt trafen sich die über 300 Kinder, Eltern und Lehrpersonen auf der Schulhaus-Wiese. Die vier gesammelten Puzzleteilchen ergaben zusammen einen Baum. Auf der Alleewiese pflanzten wir einen Kastanienbaum. Die Kastanie gilt als Baum der Offenheit und als Lebensbaum.

Der Vater, der die Arbeitsgruppe «Einweihung Schulleitbild» geleitet hatte, schrieb in seinem Beitrag «Das Leitbild im Alleeschulhaus lebt» im Infoblatt der Schulen Wil: «Schon im Vorfeld zeigte sich das Anliegen der Schulleitung, Eltern in den Prozess rund um das Leitbild einzubeziehen. Das schlug sich auch in der Zusammensetzung des Vorbereitungsteams für den Einweihungstag nieder, in dem sich mehrheitlich Eltern befanden.»

Jahre später beschlossen die Kinder an einer Vollversammlung, rund um die inzwischen schon recht gewachsene Kastanie eine Sitzbank zu bauen.

Primarschule Wyden, Winterthur (ZH), Felix Molteni: Qualitätsarbeit
Q-Zyklus Klassenrat
Nachdem wir die Arbeit mit dem Morgenkreis eingeführt und etabliert hatten, setzten wir uns im darauffolgenden Schuljahr mit unseren Klassenratsstunden auseinander. Wir reflektierten und optimierten unsere Arbeit mit dem Klassenrat und arbeiteten wieder mit dem Q-Zyklus. An einer Weiterbildung legten wir Sinn und Zweck des Klassenrates fest, definierten Ziele und Indikatoren, überlegten uns, wie wir überprüfen konnten, ob und wie wir die gesetzten Ziele erreicht hatten, entschieden uns für Evaluationsinstrumente, zum Beispiel für eine Schülerbefragung in Anlehnung an die Ziele. Wir planten die Arbeit mit dem Klassenrat und einigten uns auf wesentliche Merkmale wie Ablauf, fixe Traktanden usw. Wir sorgten auch dafür, dass wir Klassenratsstunden in den Tandemklassen durchführen konnten. Nach einem Jahr schlossen wir die Arbeit mit Teamvereinbarungen ab. Morgenkreis und Klassenrat bildeten die Basis für den Einstieg in die Arbeit mit der Vollversammlung.

Primarschule Ebersecken (LU): Schulprofil
Mit unserem Partizipationshaus haben wir die Basis für ein demokratisch und menschenrechtsorientiertes Schulprofil gelegt. Wir legten fest, was wir unter Mitbestimmung der Kinder verstehen und wie wir den Mitbestimmungsrahmen definieren und begründen. Dazu setzten wir uns mit unserem externen Berater intensiv mit den Kinderrechten, mit «Demokratie leben und lernen» auseinander.

→ Impuls 2

Unser Partizipationshaus haben wir gemeinsam gebaut. Das Partizipationshaus und die Mitbestimmung der Kinder kann stets weiterentwickelt werden. Auf dem Fundament errichteten wir das Haus mit verschiedenen Räumen und einem Dachstock. Unsere vier Grundsätze für das Zusammenleben **(Kinderrechtsbildung, Wertschätzung, Verantwortung und Herausforderung)** haben wir beim Bau des Hauses ins Fundament «einbetoniert». Sie sind im Dachstock symbolisiert und prägen unser Schullogo:

INDIVIDUALISIERENDE GEMEINSCHAFT
schule ebersecken
WERTSCHÄTZUNG VERANTWORTUNG HERAUSFORDERUNG KINDERRECHTE

Aufgrund unseres Lehr-/Lernverständnisses sind wir dabei, die Unterrichtswochen nicht primär nach Fächern, sondern entlang der vier Unterrichtsbausteine und der vier Bausteine für das Zusammenleben (siehe Achermann & Gehrig, 2011) zu setzen. Ausgehend von diesen Bausteinen kreierten wir die einzelnen Räume unseres Partizipationshauses. Die Einrichtung der Räume wurde von den Bausteinen inspiriert, aber es entstand etwas Eigenes, z.T. auch mit eigenen Begriffen. Die Räume können immer wieder umgebaut, ausgebaut oder neu eingerichtet werden. Unser Partizipationsweg ist ein laufender Prozess. Wir bleiben unterwegs.

Sekundarschule Erlen (TG): Schulprofil

Unsere Sekundarschule baut auf den Kompetenzen auf, welche die Kinder im Kindergarten, in der Unterstufe (1. bis 3. Klasse) und in der Mittelstufe (4. bis 6. Klasse) im Altersdurchmischten Lernen erworben haben. In der ganzen Schule legen wir Wert auf die Persönlichkeitsbildung und Gemeinschaftsentwicklung. Spiel- und Sporttage, Projektwochen, Anlässe in der Gemeinschaft gehören ins Jahresprogramm. In Anlehnung an unser Leitbild, welches für alle Schulstufen gilt, führten wir in allen Stufen die acht Bausteine für Unterricht und Zusammenleben ein. Sie werden jedoch in den einzelnen Stufen unterschiedlich gestaltet.

Unsere Schule hat ein Schulkonzept und ein Qualitätskonzept ausgearbeitet. Wir haben uns mit den Themen wie Lernraum/Lernumgebung, Coaching, «Roter Faden» (alle Bausteine) und mit der Gestaltung von Lerneinheiten auseinandergesetzt und entsprechende Umsetzungen beschlossen. Für die Qualitätssicherung ist die Q-Gruppe zuständig. Sie legt jeweils einen gemeinsamen Entwicklungsschwerpunkt für alle Stufen fest. Wir arbeiten stufenintern nach dem Q-Zyklus und evaluieren die Arbeit Ende Schuljahr.

Seit Sommer 2005 ist die swiss unihockey-Schule in die Sekundarschule integriert. Das prägt auch unsere Unterrichtsstruktur (➡ Impuls 7):

Verschiedene Schulentwicklungsschritte sind heute feste Bestandteile des Unterrichts:
Ebene Schülerinnen und Schüler: Projekte, Lernarrangements/Lerndokumentation/Lernbegleitung
- Pro Jahr je vier Sonderwochen – verbunden mit jahrgangsklasseninternen Projekten (➡ Impuls 7)
- Lernagenda
- Wahlfächer (➡ Impuls 7)
- Berufswahltagebuch
- Abschlussarbeit
- Schulabschlussanlass (➡ Impuls 7)

Ebene Lehrpersonen: Pädagogische Teams
- Coaching als gemeinsame Haltung
- Teamentwicklung an gemeinsamen Weiterbildungen
- Installation von freiwilligen Teamevents

Nächste Schritte
- **Ganze Schule:** Gemeinsame Ausrichtung, Weiterentwicklung des roten Fadens;
- **Zyklus 1 und 2:** Pädagogische Teams, Annäherung Kindergarten/Primarschule;
- **Sekundarschule:** Entwicklung der Q-Arbeit, vermehrte Verantwortungsübernahme der Lehrpersonen für die eigene Unterrichtsqualitätsentwicklung.

Abschlussarbeit: Modell einer Unihockeyhalle

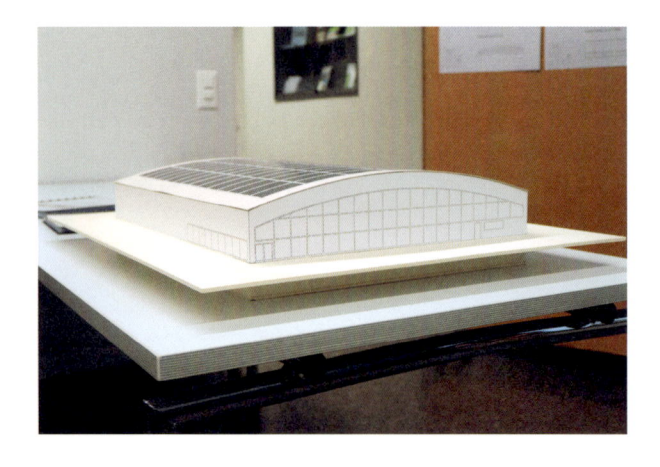

Abschlussarbeit: Bett

Literatur

Achermann, Edwin (1992). Mit Kindern Schule machen. Zürich: LCH

Achermann, Edwin & Gehrig, Heidi (2011). Altersdurchmischtes Lernen – Auf dem Weg zur Individualisierenden Gemeinschaftsschule. Bern: Schulverlag plus

Althof, Wolfgang & Stadelmann, Toni (2009). Demokratische Schulgemeinschaft. In: Edelmann Wolfgang et al. (Hrsg.). Praxisbuch Demokratiepädagogik. Weinheim, Basel: Beltz

Asdonk, Jupp et al. (2017). Demokratie leben und lernen – Erfahrungen der Laborschule Bielefeld. Düsseldorf: Fraktion Bündnis der Grünen im Landtag NRW

Baeschlin, Marianne & Baeschlin, Kaspar (2001). Einfach, aber nicht leicht. Leitfragen für lösungsorientiertes Arbeiten in sozialpädagogischen Institutionen. Winterthur: ZLB – Zentrum für lösungsorientierte Beratung

Beutel, Silvia-Iris & Beutel, Wolfgang (2010). Beteiligt oder bewertet? Leistungsbewertung und Demokratiepädagogik. Schwalbach: Wochenschau

Beutel, Wolfgang et al. (2013). Katalog Merkmale demokratiepädagogischer Schulen. Hamburg: Landesinstitut für Lehrerbildung und Schulentwicklung

Bohl, Thorsten & Kucharz, Diemut (2010). Offener Unterricht heute – Konzeptionelle und didaktische Weiterentwicklung. Weinheim, Basel: Beltz

Bonfadelli, Heinz (2004). Medienwirkungsforschung 1 – Grundlagen und theoretische Perspektiven. Konstanz: UVK

Booth, Tony & Ainscow, Mel (2017). Index für Inklusion. Ein Leitfaden für Schulentwicklung. Weinheim, Basel: Beltz.

Brade, Janine & Krull, Danny (2016). 45 Lern-Orte in Theorie und Praxis – Ausserschulisches Lernen in der Grundschule für alle Fächer und Klassenstufen. Hohengehren: Schneider

Buholzer, Alois et al. (2012). Kompetenzprofil zum Umgang mit heterogenen Lerngruppen. Zürich, Berlin: LIT Verlag

Bundesverfassung der Schweizerischen Eidgenossenschaft vom 18. April 1999 (Stand 17. 2. 2017) https://www.admin.ch/opc/de/classified-compilation/19995395/index.html

Cicero, Marcus Tullio. Pro Cluentio LIII (gutzitiert.de/zitat_autor_marcus_tullius_cicero_thema_gesetz_zitat_37106.html)

Croci, Alfons et al. (1995). ELF – ein Projekt macht Schule. Luzern: Kantonaler Lehrmittelverlag

Daepp, Christiane (2017). Raum für eigene Ideen. In: Mitreden – Mitbestimmen – Mitgestalten – Partizipation von Kindern und Jugendlichen. Stiftung Mercator Schweiz – Magazin 02/17. Zürich: Stiftung Mercator

DeGeDe (2014). ABC der Demokratiepädagogik. Berlin, Jena: DeGeDe

de Haan, Gerhard et al. (2007). Qualitätsrahmen Demokratiepädagogik – Demokratische Handlungskompetenzen fördern, demokratische Schulqualität entwickeln – Heft 2: Demokratische Handlungskompetenz – Begründungen, Konzeption und Lernarrangements (mit CD-ROM). Weinheim, Basel: Beltz

Deutsches Institut für Menschenrechte et al. (2017). Reckahner Reflexionen zur Ethik pädagogischer Beziehungen. Reckahn: Rochow-Edition

Edelstein, Wolfgang et al. (2007). Demokratische Handlungskompetenz. Der Beitrag der Demokratiepädagogik zur allgemeinen Bildung. In: de Haan et al. (2007). Qualitätsrahmen Demokratiepädagogik. Weinheim, Basel: Beltz

Edelstein, Wolfgang (2009). Was aber ist Demokratiepädagogik? In: Edelstein et al. Praxisbuch Demokratiepädagogik. Weinheim, Basel: Beltz

Edelstein, Wolfgang (2014). Demokratiepädagogik und Schulreform. Schwalbach: Debus Pädagogik

Ender, Bianca & Noriller, Bernhard & Strittmatter, Anton (2013). Teamarbeit zielgerichtet führen. Grundsätze, Methoden, Praxistipps. Bern: Schulverlag plus

Europäische Gemeinschaften (2008). Comenius Schulpartnerschaften. Handbuch für Schulen Luxemburg. Amt für amtliche Veröffentlichungen der Europäischen Gemeinschaften

Fahrenberg, Jochen (2006). Annahme über den Menschen – Eine Fragebogenstudie mit 800 Studierenden der Psychologie, Philosophie, Theologie und Naturwissenschaften. Freiburg i. Br.: Universität Freiburg

Fatke, Reinhard & Schneider, Helmut (2005). Kinder- und Jugendpartizipation in Deutschland. Daten, Fakten, Perspektiven. Gütersloh: Bertelsmann Naturwissenschaften. Freiburg i. Br.: Albert-Ludwigs-Universität Freiburg i. Br. Institut für Psychologie.

Fehr, Wolfgang (2016). Wissen, Können, Haltungen – Kompetenz: ein Begriff mit drei Stellen. In: Gemeinsam Lernen – Zeitschrift für Schule, Pädagogik und Gesellschaft, 3/2016. Schwalbach: Debus Pädagogik

Feuser, Georg (1995). Behinderte Kinder und Jugendliche. Zwischen Integration und Aussonderung. Darmstadt: Wissenschaftliche Buchgesellschaft

Feuser, Georg (2012). Der angesägte Baum – Treibe einen Keil hinein! In: Das können wir hier nicht leisten – Wie Grundschulen doch die Inklusion schaffen können. Reinhard Stähling, Barbara Wenders (Hrsg.). Hohengehren: Schneider

Fritzsche, Peter K. (2007). Menschenrechte und Mut – ein enges Verhältnis – 10 Thesen. In: von Carlsberg et al. (2011) «Hätte ich doch nicht weggeschaut!» Zivilcourage früher und heute. Augsburg: Brigg Pädagogik

Gardner, Howard (2013). Intelligenzen: Die Vielfalt des menschlichen Geistes. Stuttgart: Klett-Cotta

Gollob, Rolf (2011). Demokraten und Demokratinnen fallen nicht vom Himmel. Was kann KU/PS leisten? In: Reinhardt, Volker. Demokratie und Partizipation von Anfang an. Hohengehren: Schneider

Graf, Christian et al. (2013). Projektorientiert arbeiten – Eigenständigkeit und Kooperation fördern. Bern: Schulverlag plus

Grunder, Hans Ulrich & Gut, Adolf (2011). Zum Umgang mit Heterogenität in Schule und Gesellschaft – Band 2. Hohengehren: Schneider

Hafeneger, Benno (2013): Anerkennung, Respekt und Wertschätzung. In: Beschimpfen, blossstellen, erniedrigen – Beschämung in der Pädagogik. Frankfurt am Main: Brandes & Aspel

Hagstedt, Herbert (2003). Lernen durch Lehren – zwischen Reformanstrengungen und Forschungsbedenken. In: Laging, Ralf (2003): Altersgemischtes Lernen in der Schule. Hohengehren: Schneider

Haller, Reinhard (2015). Die Macht der Kränkung. Wals bei Salzburg: Ecowin

Herrmann, Ulrich (2006). Lernen findet im Gehirn statt – Die Herausforderung durch die Gehirnforschung. In: Ralf Caspary (Hrsg.). Lernen und Gehirn: Der Weg zu einer neuen Pädagogik. Freiburg i. Br.: Herder

Himmelmann, Gerhard (2007). Demokratie Lernen als Lebens-, Gesellschafts- und Herrschaftsform. Schwalbach: Wochenschau Verlag

Himmelmann, Gerhard (2007). Anerkennung und Demokratie-Lernen bei John Dewey. In: Hafeneger et al. (2013). Pädagogik der Anerkennung. Schwalbach: Wochenschau Verlag

Honneth, Axel (1994). Kampf um Anerkennung. Zur moralischen Grammatik sozialer Konflikte. Frankfurt am Main: Suhrkamp

Hüther, Gerhard (2014). Wie funktioniert das Lernen im Kopf? In: Pädagogik: 2010/4. Weinheim, Basel: Beltz

Ingenkamp, Karlheinz (1972). Zur Problematik der Jahrgangsklasse. Eine empirische Untersuchung. Weinheim, Basel: Beltz

Jenzer, Carlo (1991). Die Schulklasse – Eine historisch-systematische Untersuchung. Bern: Peter Lang

Kahl, Reinhard (2004). Treibhäuser der Zukunft – Wie in Deutschland Schulen gelingen. DVD 2, Fokus 3 Heterogenität. Basel, Weinheim: Beltz

Kaiser, Astrid & Lüschen, Iris (2014). Das Miteinander lernen – Frühe politisch-soziale Bildungsprozesse. Hohengehren: Schneider

Kirchschläger, Peter G. & Kirchschläger, Thomas (2013). Partizipation und Mitbestimmung auf der Stufe 4–8. In: 4bis8 Fachzeitschrift für Kindergarten und Unterstufe, Nr. 1/2013. Bern: Schulverlag plus

Krappmann, Lothar (2016a). Menschenrechtliche Handlungsbefähigung – eine völkerrechtliche Bildungspflicht. In: Weyers, Stephan & Köbel, Nils. Bildung und Menschenrechte. Wiesbaden: Springer

Krappmann, Lothar & Petry, Christian (2016b). Worauf Kinder und Jugendliche ein Recht haben – Kinderrechte, Demokratie und Schule: Ein Manifest. Schwalbach: Wochenschau

Kraus, Josef (2006). Was hat Bildung mit Gehirnforschung zu tun? In: Ralf Caspary (Hrsg.). Lernen und Gehirn: Der Weg einer neuen Pädagogik. Freiburg i. Br.: Herder

Krumm, Volker et al. (2002). Geht es Ihnen gut oder haben Sie noch Kinder in der Schule? https://www.sbg.ac.at/erz/salzburger_beitraege/herbst%202002/krumm_202.pdf (21.1.2012)

Largo, Remo (2010). Lernen geht anders. Hamburg: Körber-Stiftung

LCH (2008). Berufsleitbild und Standesregeln – Standesregel 9. Zürich: Dachverband Lehrerinnen und Lehrer Schweiz

Lehrplan 21 (2016). Grundlagen – Überfachliche Kompetenzen und Bildung für Nachhaltige Entwicklung. Luzern: EDK Geschäftsstelle

Lehrplan 21 (2016). NMG – Didaktische Hinweise. Luzern: EDK Geschäftsstelle

Lemme, Martin & Körner, Bruno (2017). «Neue Autorität» in der Schule. Präsenz und Beziehung im Schulalltag. Heidelberg: Karl-Auer

Lemme, Martin & Körner, Bruno (2018). Neue Autorität in Haltung und Handlung. Ein Leitfaden für Pädagogik und Beratung. Heidelberg: Carl Auer

Liessmann, Konrad Paul (2014). Geisterstunde. Die Praxis der Unbildung. Eine Streitschrift. Wien: Zsolnay

Lind, Georg (2015). Moral ist lehrbar. Berlin: Logos

Malaguzzi, Loris (2009). In: Flower, Nancy et al. Compasito – Handbuch zur Menschenrechtsbildung mit Kindern. Berlin: Deutsches Institut für Menschenrechte

Mandela, Nelson. Rede vor dem US-Kongress, 26. Juni 1990, zitiert nach https://igfm.de/mach-mit/apelle/was-ist-aus-ihnen-geworden/nelson-mandela

Martinek, Daniela (2014). Selbstbestimmt lehren und lernen – Lehrer/innen zwischen Autonomie und beruflichem Druck. Hamburg: Dr. Kovac

Matter, Bernhard (2017). Heterogenität für Lernprozesse nutzen – Ein Konzept für den jahrgangsgemischten Mathematikunterricht – Referat Fachtagung «Math-AdL», PHTG, 22.5.2017. Chur: PHGR, Ressort Schule und Technik, Folie 23

Maywald, Jürg (2012). Kinder haben Rechte. Weinheim & Basel: Beltz

Müller, Andreas (2014). Schule kann auch anders sein. Personalisiertes Lernen: Das Modell Beatenberg – Eine hintergründige Praxisbeschreibung mit vielen Beispielen und Materialien. Bern: hep

Müller, Andreas (2015). Selbstwirksamkeit. LearningFactory. Vortrag, Folie 4.

Müller, Jörg Paul (1993). Demokratie und Gerechtigkeit. München: dtv-Wissenschaft

Nida-Rümelin, Julian (2014). Der Akademisierungswahn – Zur Krise beruflicher und akademischer Bildung. Hamburg: Körber-Stiftung

Ode, Erik (2005). Bildung als Widerstand – zur Aktualität eines humanistischen Menschenbildes. In: Horst Philipp Bauer, Jost Schieren (Hrsg.): Menschenbild und Pädagogik. Weinheim, Basel: Beltz-Juventa

Oelkers, Jürgen (1993). John Dewey. Demokratie und Erziehung. Weinheim, Basel: Beltz

Omer, Haim & von Schlippe, Arist (2010). Stärke statt Macht – Neue Autorität in Familie, Schule und Gemeinde. Göttingen: Vandenhoeck & Ruprecht

Oser, Fritz & Althof, Wolfgang (2001). Moralische Selbstbestimmung – Modelle der Entwicklung und Erziehung im Wertebereich. Stuttgart: Klett-Cotta

Pätzold, Henning (2019). Verantwortungsdidaktik. In: Grunder, Hans-Ulrich et al. (Hrsg.). Lehren und Lernen im Unterricht – Professionswissen für Lehrerinnen und Lehrer – Band 2. Hohengehren: Schneider

Paulus, Georg et al. (2013). Systemisches Konsensieren. Holzkirchen: DANKE-Verlag

Peschel, Falko (2007). In: Georg Lind (2007). Wozu eigentlich «Offener Unterricht»? Schulmagazin 5–10, 2/2007

Peschel, Falko (2011). Offener Unterricht – Idee – Realität – Perspektive und ein praxiserprobtes Konzept zur Diskussion. Teil I: Allgemeindidaktische Überlegungen. Hohengehren: Schneider

Peschel, Falko (2011). Der Wandel des Bildungsbegriffes – der Wandel der Fächer. In: Offener Unterricht – Idee – Realität – Perspektive. Teil II: Fachdidaktische Überlegungen. Hohengehren: Schneider

Pestalozzi, Johann Heinrich (1807). Wochenschrift für die Menschenbildung. Zitiert im Referat von Roger Vaissière (2008). Pestalozzi und Bildungspolitiker. Langenthal: Pestalozzi-Symposium

Prengel, Annedore (2013a). Die Sehnsucht der Kinder nach Anerkennung – Darstellung aus verschiedenen Zeiten. In: Krappmann et al. (Hrsg.). Die Sehnsucht der Kinder nach Anerkennung – Kinderrechte in Geschichte und Gegenwart. Reckahn: Rochow-Museum

Prengel, Annedore (2013b). Pädagogische Beziehungen zwischen Anerkennung, Verletzung und Ambivalenz. Opladen: Verlag Barbara Budrich

Radatz, Sonja (2009). Veränderungen verändern: das Relationale Veränderungsmanagement. Wien: Verlag systemisches Management

Raemy, Georges (2018). Das Familienklassenzimmer. In: Schulinformationen, Januar 2018. Hünenberg: Gemeinde Hünenberg

Rasfeld, Margret & Breidenbach, Stephan (2014). Schulen im Aufbruch, eine Anstiftung. München: Kösel

Rasfeld, Margret & Spiegel, Peter (2012). EduAction – Wir machen Schule. Hamburg: Murmann

Reichenbach, Roland (2013). Für die Schule lernen wir – Plädoyer für eine gewöhnliche Institution. Seelze: Kallmeyer

Reichenbach, Roland (2017). Die Betonung der Unterschiede und die Anerkennung von Gleichwertigkeit. Ein Essay. In: Beiträge zur Lehrerinnen- und Lehrerbildung 35 (1). Innsbruck: Studienverlag

Reusser, Kurt et al. (2013). Erfolgreicher Unterricht in heterogenen Lerngruppen auf der Volksstufe des Kantons Zürich. Zürich: Universität Zürich, Institut für Erziehungswissenschaften

Rolff, Hans-Günther (2010). Trugschlüsse in der Individualisierungs-Politik. In: Individualisierung – was sonst? Journal für Schulentwicklung 3/2010. Innsbruck: Studienverlag

Rougemont de, Denis (2012). Die föderalistische Haltung. Montezillon: L'Aubier.

Rüegsegger, Ruedi (2009). Warum kooperatives Lernen viel bewirkt. Pädagogik, 61 Jg., 12/2009. Weinheim: Beltz

Schirp, Heinz (2011). Wie lernt unser Gehirn Werte und soziale Orientierungsmuster? In: Volker Reinhardt (Hrsg.). Demokratie und Partizipation von Anfang an. Hohengehren: Schneider

Schmid, Peter A. & Schmuckli, Lisa (2014). Gemeinsam an Werten arbeiten – Ethisches Verfahren als Motor der Schulentwicklung. Bern: Schulverlag plus

Schütze, Dorothea & Hildebrandt, Marcus (2006). Partizipations- und Aushandlungsansätze im Berliner BLK-Vorhaben «Demokratie lernen und leben» – Demokratische Schulentwicklung – Begleitheft zum Praxisbaukasten. Berlin: RRA Berlin

Schütze, Dorothea et al. (2007). Das Aushandlungsmodell – ein partizipativer Ansatz demokratischer Schulentwicklung. In: Angelika Eikel, Gerhard de Haan (Hrsg.). Demokratische Partizipation in der Schule ermöglichen, fördern, umsetzen. Schwalbach: Wochenschau Verlag

Schulamt Stadt Zürich (2013). Praxisleitfaden SchülerInnen-Partizipation. Zürich: Schulamt

Schulverbund Blick über den Zaun (2007). Was ist eine gute Schule? Leitbild und Standards. Hamburg: Universität Hamburg

Schulz von Thun, Friedemann (2005). Miteinander reden 2 – Stile, Werte und Persönlichkeitsentwicklung. Hamburg: Rowohlt

Schumacher, Lutz (2008). Wodurch wird die Bereitschaft von Lehrkräften zur Mitarbeit an Schulentwicklungsprojekten beeinflusst? In: Lankes, Eva-Maria (2008). Pädagogische Professionalität als Gegenstand empirischer Forschung. Münster: Waxmann

Schwab, Franziska (2017). Fragt doch uns! In: Pädagogische Zeitung Bildung Bern – Schulpraxis 3/17. Bern: Bildung Bern

Seifert, Anne & Zentner, Sandra (2013). Service Learning – «Lernen durch Engagement». Methoden, Qualität, Beispiele und ausgewählte Schwerpunkte. Weinheim: Freudenbergstiftung

Senge, Peter (2018). Die fünfte Disziplin. Stuttgart: Schäffer-Poeschel

Solzbacher, Claudia et al. (2014). Förderung durch Beziehungsorientierung. Bad Heilbronn: Julius Klinkhardt

Studtmann, Katharina (2017). Ausserschulisches Lernen im Politikunterricht. Schwalbach: Wochenschau Verlag

Thurn, Susanne (2010). Leben, lernen, leisten in jahrgangsübergreifenden Gruppen. In: Buholzer, Alois et al. Alle gleich – alle unterschiedlich. Zum Umgang mit Heterogienität. Zug: Klett und Balmer

Ullrich, Wolfgang & Brockschnieder, Franz-Josef (2009). Reggio-Pädagogik auf einen Blick – Einführung für Kitas und Kindergarten. Freiburg im Breisgau: Herder

Wagener, Matthea (2014). Gegenseitiges Helfen – Soziales Lernen im jahrgangsgemischten Unterricht. Wiesbaden: Springer

Weinert, Franz E. (2011). In: Kalcics, Katharina & Wilhelm, Markus (2017). Lernwelten NMG. Ausbildung. Bern: Schulverlag plus

Wenzel, Sascha (2015). Ein Quadratkilometer Bildung. Berlin: Freie Universität Berlin. Master Demokratiepädagogik und Soziales Lernen. PPP

Weyers, Stephan (2016). Der dreifache Charakter der Menschenrechte. In: Weyers & Köbel. Bildung und Menschenrechte. Wiesbaden: Springer

Wydler, Marianne (2012). Mischung macht's reicher. In: Bildung Schweiz 2/2012. Zürich: Dachverband Schweizer Lehrerinnen und Lehrer LCH

Zehnpfennig, Hannelore & Zehnpfennig, Helmut (1992). Was ist «Offener Unterricht». In: Landesinstitut für Schule und Weiterbildung (Hrsg.). Schulanfang. Soest: Landesinstitut für Schule und Weiterbildung

Zergiebel, Mark (2016). Merkmale gemeinsamen Lernens. In: Gemeinsam Lernen – Zeitschrift für Schule, Pädagogik und Gesellschaft, 4/2015. Schwalbach: Debus Pädagogik

Schulverlag plus AG

Bern (Hauptsitz)
Belpstrasse 48
Postfach 366
CH-3000 Bern 14
Tel. +41 58 268 14 14

Buchs AG
Amsleracherweg 8

CH-5033 Buchs AG
Tel. +41 58 268 14 14

www.schulverlag.ch
info@schulverlag.ch

schulverlag plus

Impulse zur Unterrichtsentwicklung

Edwin Achermann, Heidi Gehrig

Altersdurchmischtes Lernen
Auf dem Weg zur Individualisierenden Gemeinschaftsschule
1. – 6. Schuljahr

Das Buch erweitert auf der Basis früherer Publikationen von Edwin Achermann das Konzept der «Individualisierenden Gemeinschaftsschule mit altersdurchmischtem Lernen», indem in Zusammenarbeit mit Heidi Gehrig zu den vier Bausteinen für den Unterricht vier analog strukturierte Bausteine für das Zusammenleben vorgestellt werden. Die Publikation in der Reihe «Impulse zur Unterrichtsentwicklung» ist eine detaillierte Orientierungs- und Umsetzungshilfe für altersdurchmischtes Lernen in der Primarstufe.

2015, 180 Seiten, A4, farbig illustriert, broschiert; CD-ROM, Einzellizenz, hybrid
ISBN 978-3-292-00663-9

Edwin Achermann

Altersdurchmischtes Lernen entwickeln
Knacknüsse und Lösungsansätze
1. – 6. Schuljahr

Im AdL stecken Knacknüsse: Sich vom Klassendenken lösen, für Unterrichtsplanung, Lernsteuerung, Unterricht und Zusammenleben passende Formen finden. Die Karten mit vier «Spielanleitungen» ermöglichen Gruppen von Lehrpersonen spannende Gespräche zu achtzehn Lösungsansätzen mit vielen Praxisvorschlägen. Die Karten passen zum Buch «Altersdurchmischtes Lernen – Auf dem Weg zur Individualisierenden Gemeinschaftsschule». Sie können auch ohne Buch eingesetzt werden.

2013, 20 Karten, A6; 108 Karten, A7; 48 Spielfiguren; Broschüre, 24 Seiten, A6, farbig illustriert, in Schachtel
ISBN 978-3-292-00762-9

---

www.schulverlag.ch